河南大学研究生教育教学改革研究与实践重点项目（SYL2025YJSJG04）
河南大学研究生教育教学改革研究与实践项目（YJSJG2022XJ028）
河南省教师教育课程改革课题研究项目（2025-JSJYZD-160）
河南省研究生课程思政示范课（YJS2024SZ26）

硕士研究生应该知道的事

Things Master's Students Should Know

丁志伟◎著

中国经济出版社
CHINA ECONOMIC PUBLISHING HOUSE
北京

图书在版编目（CIP）数据

硕士研究生应该知道的事 / 丁志伟著. -- 北京 ：中国经济出版社，2025. 8. -- ISBN 978-7-5136-8261-9

Ⅰ. G645.5

中国国家版本馆 CIP 数据核字第 2025WG8152 号

责任编辑　丁　楠　马伊宁
责任印制　李　伟
封面设计　久品轩

出版发行　中国经济出版社
印 刷 者　北京艾普海德印刷有限公司
经 销 者　各地新华书店
开　　本　710mm×1000mm　1/16
印　　张　19
字　　数　311 千字
版　　次　2025 年 8 月第 1 版
印　　次　2025 年 8 月第 1 次
定　　价　79.80 元
广告经营许可证　京西工商广字第 8179 号

中国经济出版社　**网址** http://epc.sinopec.com/epc/　**社址** 北京市东城区安定门外大街 58 号　**邮编** 100011
本版图书如存在印装质量问题，请与本社销售中心联系调换（联系电话：010–57512564）

序

再过几天就该 2025 年全国硕士研究生招生考试了，我突然收到老丁的《硕士研究生应该知道的事》书稿并邀请我为之作序。我颇感意外，因为他和我说这件事也就在 2 个月前，没想到他完成得这么快。之前，我虽然关注过“老丁说研究生”“老丁说地理”的抖音号，也常开玩笑地说“老丁，你抖音很抖啊”，但对其系统性的思想和撰写这本书的意义并不是很明确。为深入了解这本书的逻辑和表达的核心思想，我静下心认真阅读了全稿，发现其对研究生入学后面临的各种问题进行了解疑，给出了老丁对研究生过好 3 年生活的理解和建议，体现了老丁作为研究生导师的仁爱之心和良苦用心，也反映了他作为 30 多万粉丝“达人”的网络思政育人魄力。

作为国家创新性人才培养的重要支撑，研究生的学习状态、培养质量和心理健康水平直接影响着高学历人才创新活力的释放和高水平科研成果的产出，因此国家出台了《加快新时代研究生教育改革发展的意见》等文件关注研究生的身心健康水平。正如习近平总书记强调的，研究生教育在培养创新人才、提高创新能力、服务经济社会发展、推进国家治理体系和治理能力现代化方面具有重要作用。因此，在新时代背景下，关注研究生面临的学习压力、生活状态、心理困惑和情感问题，并给出排解方案和解决之策，有助于提升研究生的适应能力和情商水平，从而助力其在健康的心理状态支撑下挑战科研难题并产出高水平科研成果。丁志伟教授作为教育部首批“全国高校黄大年式教师团队”的核心成员以及河南省的教学标兵、高校哲学社会科学创新人才、学术技术带头人等，通过自己与一线粉丝的留言交流和评论互动，写出了这样一份沉甸甸的“答案”，真正成了以学生成长为中心的教师示范，令人敬佩！

2024 年 11 月 21 日，教育部公布，2025 年全国硕士研究生报名人数为 388 万，虽然较 2024 年有所下降，但这么庞大的研究生培养人数着实考验着我国研究生教育水平。研究生需要在导师指导下从事具有挑战性的科研任务且需要完成系统性的学位论文，不仅承受着较大的学业压力和较高的毕业要求，更面临着师生相处、生活困惑、就业担忧等心理层面的考验。在这种环境下，研究生很容易在面临科研挑战和人际交往时产生各种问题。平时，在新闻消息和学校师德教育中，我们经常看到一些研究生与导师相处的负面案例，足见研究生在学习、生活和心理方面面临的压力。因此，发挥网络思政名师的示范和言传身教作用，了解研究生的思想状况并进行科学引导和排忧解纷，有利于导师以良好的思想品格和人格魅力引领、影响和鼓舞研究生。丁志伟教授通过自身的影响进行网络新风育人，真正发挥了网络思政育人的示范作用。

《硕士研究生应该知道的事》一书包括四篇：基础认知篇、师生相处篇、横向课题篇和爱情婚姻篇，不仅明确了研究生阶段应格外重视的核心任务、学习重点和学术目标，而且剖析了研究生在师生交流、同学相处、爱情婚姻等方面应注意的细节，对研究生关注的问题给予了回答，将心理健康教育与思想政治教育进行了有机融合，为即将读研的大学生和在读的研究生提供了一本随时可以翻阅的参考书。

通过丁志伟教授已经出版的《大学生应该知道的事》《研究生是如何炼成的》等著作，还有即将出版的这本书，以及未来博士研究生相关著作，足见其对研究生培养工作的重视和愿意为学生“谈心式”交流的导师初心。

丁志伟教授主持了教育部产学合作协同育人项目、河南省研究生课程思政示范课和河南省本科教学思政样板课，不仅是专业教学改革的引领者和践行者，更是网络阵地的一线示范者和思政育人者，期望其出版更多著作和论文，释放新时代网络育人的更多能量，做好网络工作的先行官。然而，网络思政也充满了挑战和粉丝的“挑剔”，期望大家对老丁多一些理解和包容，避免过分期待带来一些不必要的麻烦和争议。

新时代需要新的教书育人模式，希望老丁继续发挥教学名师的网络思政效应，多出好视频、多出好书，为广大研究生和准研究生提供更多的“老丁式唠叨”和“粉丝份期待”。

加油，老丁！

（国家“万人计划”教学名师）

2024 年 12 月

前　言

今天是 2024 年 12 月 16 日，是河南大学地理科学与工程学部在郑州龙子湖校区成立揭牌的日子。这是一件令河南大学地理学人激动的事，因为新的学科发展模式蕴含着新活力，也彰显着百年河大地理学再出发的新动能。当然，我心里还有一件非常高兴的事，那就是《硕士研究生应该知道的事》终于完稿，了却了我想把抖音号“老丁说研究生”解答粉丝提问的视频整合成系统性专著的愿望。中国经济出版社编辑在 2024 年催促我不下 10 遍，总问我到底什么时候可以完稿，使得“什么时候能完成呀”“这个月底能提交吗”之类的话经常在我耳畔响起。今天，我终于吐了一口气，因为历经一年多的稿子终于要付梓了，谢谢出版社给予的支持和关心。

我虽然出版了《研究生是如何炼成的》《大学生应该知道的事》等著作，为学生的论文写作、文字表达、心理问题和就业指导等方面的答疑提供了一些帮助，但我更想出版一本关于研究生如何过好三年生活的书，因为有太多的准研究生和研究生粉丝遇到了师生相处、社交恐惧、同学竞争、情感烦恼等方面的问题。例如，一些大学生在没有上研究生之前，由于对研究生学习、生活、科研等各方面的情况不了解，陷入了“假想”困境，出现了“我该如何面对导师”“我该如何提升自己的表达”“我不会组会汇报怎么办”等问题；一些研究生入学一段时间后，觉得自己与他人交流的能力很差，往往理解不了导师或者同学的说话重点，产生了“我该如何适应导师”“我该如何与同学相处”“我怎么这么不喜欢自己”等心灵之问，急需找到一些提升自己情商的方法；一些研究生在面对自己的情感问题时不知所措，甚至恐惧与异性相处，所以想找知心人聊聊当下的恋爱心结和婚姻大事，以更好地适应未来的情感世界；一些研究生担心毕业之后不能适应职场，产生了“我该如何更好地适应工作环境”的毕业前担忧。针对上述准研究生和研究生面临的疑虑和困惑，本书分基础认知篇、师生相处篇、横向课题篇、爱情婚姻篇四篇进行了剖析，以谈话式和感悟式的语言道出了我关于研究生成长的一些见解和应对方法，希望对身处迷茫的准研究生和研究生有所帮助，也希望为研究生的心理健康提供一些过来人的建议。

可惜的是，由于时间和篇幅的限制，我本来打算撰写的第五篇“就业指导篇”不在本书中展现了，将与下部《博士研究生应该知道的事》融合撰写，为大家留个念想。我想说的是，虽然本书具有一定的解疑参考性，但很多研究生关心的具体问题并没有得到完全解答，因为每个研究生的关注重点和思维方式有差异。值得一说的是，本书是从导师的角度撰写的，目的是立德树人，如果没有深入考虑学生内心期盼的事和想要解答的疑问请见谅，后续我将在抖音号“老丁说研究生”持续答疑。教育是一朵云推动另一朵云，一棵树摇动另一棵树，希望我的一些心语能使研究生有所感悟，也希望我的这本书能为研究生心理健康提供一些支撑。

感谢河南大学地理科学与工程学部、环境与规划国家级实验教学示范中心、黄河中下游数字地理技术教育部重点实验室、河南大学区域发展与规划研究中心等平台给予的支持，感谢河南大学党委组织部、党委宣传部（新闻中心）、党委教师工作部、研究生院、教务处、学生处、教师教学发展中心、学科建设处、发展规划处、科学技术研究院、人文社科研究院、就业创业指导中心、校团委、招生办公室等职能部门提供的帮助，感谢河南大学地理科学学院区域与城市科学系“课程思政标杆基层教学组织”、河南大学“明德”网络思政育人工作室等思政育人平台的支持。此外，由于书稿一些内容基于“老丁说研究生”抖音号视频内容整理而成，感谢马芳芳、罗婉琳、王芳、卞荷雨、王洁、杨振凯、王世鹏、王芸彪、本楚岑、吴知宣等研究生在整理中付出的辛苦工作！最后，感谢为书稿策划、编辑和出版的中国经济出版社编辑们，尤其感谢丁楠编辑在繁忙工作中提供的及时交流、耐心解答和及时催促！

不知不觉，马上到参加河南大学龙子湖校区地理科学与工程学部成立揭牌的时间了，我要出发了！新学部、新动能、新发展，我要带着新的责任和担当投入百年河大地理再出发的新征程。祝贺学部成立！愿学部发展如河南大学学术副校长、地理科学与工程学部主任刘彦随教授所述“学部统筹学术兴、学科专业方向明、学科筑峰学界赢、学者团队踔厉行”，为中国地理学科工程化发展提供新的模式。

由于个人学识和能力所限，书中内容难免有不足甚至谬误之处，敬请读者和粉丝多多指正！

丁志伟

2024年12月

目 录

C O N T E N T S

爱情婚姻篇 225

基础认知篇

1.研究生期间重要的事

有些研究生一味地跟着导师写论文、忙项目，即使是重要的专业课也不去上，最后因为某一门课没有及格或者重要的社会实践活动没有参加，致使自己延期毕业甚至无法毕业，白白浪费了三年的好时光；有些研究生不重视毕业大论文的写作，外审出了问题，答辩一塌糊涂，导致自己不能通过论文答辩；有些研究生不遵章守纪，甚至抄袭和剽窃，被剥夺申请学位的权利，让人唏嘘不已。那么，研究生期间重要的事情都有什么呢？丁老师帮大家梳理几点。

1.1 学分与学位

从研究生培养的基本要求看，只有修够学分才能满足毕业的基本要求，申请获得研究生毕业证，因此学分是保障研究生顺利毕业的基本条件。也就是说，某一门课没有及格或者缺少某个实践环节都有可能影响毕业。

研究生正常毕业会获得“双证”（即毕业证和学位证），因此，除了要修满学分外，研究生还需要通过学位论文的写作和答辩。学位论文写作需要经过选题、开题、中期考核、预答辩、外审、答辩等诸多环节，因此，研究生只有高度重视才能系统地完成学位论文的撰写工作，如果想花费两三个月的时间“猛冲”“快干”，很多时候是不能通过学位论文答辩的。也就是说，除了正常的学业课程学习外，研究生最重要的一件事就是在导师的指导下完成学位论文的写作，无论这个过程是苦还是甜，你都要达到学位论文的写作要求并顺利通过答辩，否则你拿不到“双证”，很多单位就没有办法让你顺利入职，你申请博士研究生也会受限。

1.2 学习与相处

研究生期间，研究生需要具备独立开展科研工作的能力，可通过做实验、社会实践、野外观察等活动科学设计研究或者搭建实验体系，之后通过论文写作进行科学表达，从而达到对科学问题的新认知、新突破或者颠覆已有的认知。在这个培养过程中，研究生要在导师的引领下实现三个“独立”。**一是独立地进行文献述评**。研究生需要对已有的研究成果进行归纳总结，剖析研究的共同点、不同点，找到研究的新方向或者趋势动态，为自己的选题和科研突破提供支撑。**二是独立地进行科学实验**。研究生根据文献述评、技术方法、科学实验等找到突破点之后，在导师的指导下独立地设计技术路线，按照研究思路和框架结构进行科学实验，从而形成自己的研究报告。**三是独立地进行论文写作**。研究生需要对实验结果进行科学语言表达和规范化展示，在不断的训练中实现文字表达能力的提升和论文写作质量的提高，从而达到高质量论文发表和毕业学位论文的要求。

有人问丁老师，如何快速地适应研究生的生活？丁老师见解如下：

1.2.1 要适应与导师相处

研究生阶段，你的第一负责人是导师，你几乎天天和导师打交道，因此你需要适应与导师交流的时间安排和谈话方式。也就是说，你是受导师安排和管理的，因为有一些重大的科研节点是需要投入大量时间和心血的，所以学术探讨、探亲访友、看病回家等事情都需要向导师汇报。当然，你也不要有什么负担，遇事向导师汇报、请假、沟通和探讨就可以了，因为良好的师生关系不仅有利于你科研上的进步，而且有利于你身心的健康成长。

1.2.2 要快速地实现自己做主

研究生阶段虽然没有人强迫你去作研究和读文献，但是如果没有一个好的学术问题引领着你在科研方面前进，并且没有相应的匹配技能，也不知道自己天天在干什么，那么你可能白白浪费了宝贵的研究生学习时光。所以，如果导师给了一个好的选题或者研究方向，你一定要认真地梳理文献并进行科研尝试，独立自主地进行科研实验，只有这样你才能在这个方向进行科学的探索和探索性实验，研究出很多创新性甚至是标志性的学术成果。

1.2.3 要适应自己的不适应

在研究生学习生活的前期，导师给你安排科研任务不是以你为中心的，而是以导师为中心的，因为导师能从你的学术基础、科研技能和领悟力等方面判断你的学术成长轨迹，所以你尽量按照导师给你的节拍和时间点进行任务反馈。如果导师给了时间点让你反馈完成质量，那么你应该提前按照时间点进行阶段性反馈，不要超过时间点多日不反馈。如果你按照时间点反馈或者及时与导师电话沟通，那么不论你做得质量如何，导师都会给你指引方向和修改方法，甚至直接给你修改。建议研究生不要总是按照自己的节奏进行“想当然”的处理，而应按照导师给定的时间点、任务进程、要求质量等进行反馈。

1.2.4 要适应在孤独中大道求索

研究生的学习生活是自我探索、自我提升和自我救赎的过程，你不仅会遇到科学问题的挑战和做不出理想结果的种种压力，而且会承受实验进程不顺利时的辗转难眠。丁老师想告诉大家的是，你一定要保持内心的一份热爱和执着，静下心来，深耕一域，大道求索方得真知，所以你要耐得住这份寂寞和苦熬。你心静了，自然能行稳致远，甚至将来就成为一方大家。

1.3 小论文与大论文写作

小论文是申请学位论文前要完成的期刊小论文，对锻炼研究生的写作水平和支撑毕业论文具有重要意义，通过撰写和发表小论文可以让研究生理解学术论文的基本范式，也可以为毕业大论文的撰写提供前期的实验支撑和写作储备。因此，当下很多高水平大学的研究生培养方案是要求发表小论文的，普通院校可能就是一篇普通期刊论文，“双一流”高校可能是核心论文或者SCI 高水平论文。所以研究生要想顺利毕业，必须完成规定的小论文发表任务。如果研究生完成不了学位论文，那么只能取得研究生结业证，因为很多学校规定只有取得硕士学位才发研究生毕业证，所以完成毕业学位论文的写作就显得非常重要了。有研究生问，不想写小论文，应付地把大论文完成可以吗？丁老师认为不太可行，毕竟论文是一步步锻炼出来的。

1.3.1 时代不允许

当今研究生培养单位对论文的质量要求越来越高。每个学校的毕业学位论文都要进行抽检，不仅有学校的评定委员会抽查，还有省级、教育部的学位论文抽检，所以各个培养单位对研究生的毕业论文都有严格的审查制度，害怕论文出现问题影响学校的招生宣传和指标分配名额。

1.3.2 导师不允许

导师要对得起这份职业的使命和培养学生的初衷，他会按照学校的培养要求指导你的小论文和大论文写作。导师与学生是利益共同体，如果学生学位论文抽检不合格，那么会影响导师的声誉和来年的招生指标。

1.3.3 毕业不允许

有些学校要求研究生毕业必须发表一篇中文核心论文或者 SCI 论文才能申请学位论文答辩，甚至有些学校要求有专利或参编著作，所以你想混三年毕业也是不现实的。在这种情况下，作为研究生的你，为了毕业要主动参与导师的项目，提前谋划小论文的撰写与发表，提升研究成果质量以满足毕业学位论文的外审和抽查。

1.3.4 同学不允许

在研究生学习比拼中，一个重要的指标就是奖学金的竞争，因为它不仅可以解决你不向家里要生活费的烦恼，还可以体现你的学业成绩，在毕业后的求职中获得求职单位的认同。试想，你周边的同学都在努力向上，并且通过发表论文获得了研究生不同层次的奖学金，你就会有心理落差并形成追赶的意识。如果你得不到任何一项奖学金，那么不仅你的生活保障受到挑战，而且你会受到导师的催促、家长的无形压力和同学的相处压力等，使你不得不提高自身的诉求，所以研究生想毕业也不容易。

1.4 适应压力

很多研究生在读研期间最大的烦恼就是读不下去，理由多半是导师给的科研压力太大或者小论文完成不了，感觉自己很累，适应不了研究生生活，想退学。针对这个问题，丁老师给出以下四个方面的看法和建议。

1.4.1 研究生是“研究”毕业的

不同于本科生，研究生需要在学术领域不断静心思考和创新探索，因此“研究”的这个身份需要研究生阅读大量文献，只有梳理出科学问题的线索，才能开展真正的科研。研究生没有这个“研究”大格局，天天想着出去玩、看电影或者社交等，是无法静下心来搞研究、求创新的，也会引发很多师生相处方面的矛盾。在这种边玩边读研的学习环境下，一些研究生在写小论文或者毕业论文时会陷入论文写作太难、研究太枯燥的心理魔咒，认为研究生生活很痛苦。如果作为研究生的你在开学时就把毕业作为第一要务，认为自己像科学家一样是搞研究的，就没有那么多压力了。

1.4.2　研究生是独立探索的

研究生需要围绕一个研究领域深入地钻研才能出成绩，这就要求研究生在学习过程中在导师的指导下独立探索科学问题背后的规律，而不是机械、被动地接受知识。如果你明白了这个问题，就会向导师请教深入研究探索的方法，提出自己的疑问，而不是指望导师教给你具体的技能、方法，甚至逐字逐句地给你修改语言和段落。

1.4.3　研究生是师生一体的

有些导师能察觉学生技能的缺乏和文字写作功底的缺失，会通过单独开发课程的方式提升学生的科研素养，言传身教地感化学生自我探索，因而这类学生成长得会快一些。所以，研究生最重要的一件事是选择一个匹配的导师。如果你在选导师的时候放了水，那么你读研的生活可能会产生各类问题，因为你选择的导师决定了你的培养模式和论文写作质量，也在很大程度上决定了你未来的走向和心理成长的空间。

1.4.4　研究生是心满阳光的

研究生在这个年纪本应该是充满活力、阳光向上的青年，但很多学生受困于研究的压力和求索的坎坷，读着读着就没有动力了，甚至死气沉沉。丁老师认为无论你遇到什么样的导师，研究的选题多难，遇到了多少同学是非，你都要保持阳光的心态和积极上进的状态，在努力上进的拼搏和心平气和的探索中你就明白了读研的目的，不会局限于一时一地的困扰和得失。

粉丝留言：

自己的女儿读研二，她的导师前两天说让她停止手中的这个项目，让另外一个学妹接手。女儿很难过，说自己每天很认真地做项目，感觉自己再坚持一段就会出成果，导师这个时候让她放弃，心里很不甘。

老丁心语：

老丁简单谈五个方面。**第一，不要乱猜导师对事情的安排。**有些导师单纯觉得这件事让另外一个同学做更合适，没有考虑那么复杂，并不是因为你的能力不行。其实，你觉得做得不好或者导师对你的认可度不高，这都是你内心的假想，所以请不要猜来猜去，最后把自己猜抑郁了，受苦的还是你自己。**第二，不要错误领会导师的真实意图。**科研项目不仅注重科研能力的培养，而且注重与人交流能力的提升，所以导师选择其他人可能会从多方面评估，或许让某个人执行可能推进更顺利一些，或许是从推进项目总体进展方面考虑的。所以，导师改变人选，不单单从你投入的时间来衡量，还从任务完成质量出发，不要从“你觉得合适不合适”角度判断导师的行为或者改变导师的决策。**第三，不要不沟通而瞎猜忌。**正确的做法是和导师约个时间，彼此把内心的想法表达出来。如果你一味抱怨且不向导师反馈，那么你多半会产生理解偏差，建议你多和导师沟通，少一些瞎琢磨，从师生相互尊重的角度让事情向良性的轨道发展。**第四，不要不理解导师的良苦用心。**研究生阶段最重要的一个任务就是完成毕业论文并获得硕士学位，其他方面对学位论文的支撑度是很小的，所以请你不要因小事影响到毕业论文的进程。也就是说，导师多半是从不影响你的学位论文写作质量出发决策的。**第五，不要束缚自己的人生选择。**研究生知识探索时间长了、科学写作时间长了、做实验理数据的时间长了，自然和周边人交流的时间就少了，社会很多层面的事也就有可能想不通了。因此，对于导师安排的任务，你正常交流就可以，不要逃避、不要沉默，出现问题一定要及时沟通，出现了特别复杂的问题一定要多沟通几次，因为很多事情就是在沟通中解决的。如果你一味地“假想”和错误地会意，那么很容易陷入“总想不明白”的循环中。

2. 研究生干部的得失

2.1 研究生干部的类型

从简单分类看，研究生干部主要分为研究生会干部、年级负责人和班级负责人三类。院研究生会和学校学生会类似，由研究生会主席团（主席、副主席等）、办公室（秘书处）、学术部、组织部、文艺部、体育部、外联部等组成。如果研究生有意愿为学院的学生管理工作服务，那么可以竞选研究生会主席团（主席、副主席）、办公室（秘书处）、组织部等部门职位，以锻炼组织、协调、管理和社交能力。如果研究生有某些专长且喜欢组织大家进行活动，那么可以竞选学术部、文艺部、体育部等部门干部，为学院各项事业的高质量发展贡献力量。年级负责人的职责是管理、协调各个专业负责人的事务，在研究生阶段主要处理一些提交材料、发布通知、组织活动等事务。班级负责人主要负责班级活动、作业提交、对接专业课导师等。有些学校除设置班级负责人之外，还会设置学习委员的职位。学习委员与任课导师接触得会比较多，因为涉及点名、交作业、做实验、安排期末考试，以及调课、安排实验场地等事宜。

2.2 导师是否同意自己的研究生当干部

有些研究生觉得担任干部可以在评选奖学金的过程中获得优势，或者在入党、日后考公务员的过程中获得认可，因此考上研究生之后就想着担任干部。然而，担任干部必然会占用一些科研时间。所以，丁老师提出这样一个问题：你的导师同意你担任干部吗？建议研究生在竞聘干部之前先征询导师的意见，因为导师在很大程度上引领着你今后的科研之路。你担任干部后必然忙于公务，若导师在处理一些重大实验数据或者攻坚一些科研任务时需要你助力，而你却在参与学院的干部会议或者管理一些你脱不开身的事情，那么导师对你的认可度可能会下降或者不把一些重要的科研任务交给你，你的科研潜力或者挑战能力就会在师生互动培养的过程中下降很多。当然，不排除一些特别优秀的研究生，不仅能很好地处理日常干部管理事宜和科研上进之间的关系，也能通过一定的情商赢得导师的尊重和信赖，但大多数人很难两全。丁老师的建议是，如果你有担任干部的想法且这对今后个人发展有很大帮助，就要和导师进行一次深谈或者电话沟通，因为导师会从你的角度给你建议或者提出他的解决之法，也可以避免你不经过导师的允许就担任干部带来的不利影响。

2.3 研究生干部工作的苦与累

2.3.1 要理解科研之苦和管理之苦的不一样

研究生干部一般要参与一些具体的管理活动，负责日常的班级事务管理，如通知学生交作业、组织集体活动等，因而很多时候是处理人与人之间关系或者打交道方面的事情，一旦处理不好或者不公正，就会让人议论你或者责骂你，甚至会出现纠纷或群体性事件。你在成功竞选干部后，一定要先理解这个层面的问题，学着适应与人打交道，避免做一些过激的行为或者说一些不合时宜的话，因为这会涉及你的信誉和别人的认可问题。而你在从事科学研究时，主要聚焦如何进行实验论证、数据分析和方案设计，因此你的苦和累是与科研问题相连的，是解决不了问题、设计不出方案、分析不出结果的痛和累。管理人员与难缠、纠结、愤怒之人交流之苦在于，自己的责任心不被他们理解，自己的做法明明是对的但大家仍是怨言常在，这是调解矛盾和读懂人心之苦；科研之苦在于自己追寻的方向没有标准答案，自己的付出没有最优解、没有可供参考的实现路径，是不涉及人心复杂的求索追“道”之苦。

2.3.2 要理解甘蔗没有两头甜，受累是应该的

有同学说，担任干部之后，我可以额外投入一些时间提升科研的效率和产出的成果质量，从而实现担任干部和学业进步的双丰收。这个设想是好的，也有实现的可能性，但往往是很难的，这是因为研究生的第一重任是学业和顺利毕业，所以投入科研一线的时间才是第一位。而你经历了人与人交流的

苦之后，往往让自己没有一个纯粹和平静的心从事科学研究，从而迷失在现实利益的得失和计较中。丁老师认为，正确的做法应该是以三年的学术进步和产出高质量科研成果为主，如果自己学有余力或者从事一些不占用太多科研时间的小管理工作，那么是可以接受的，因为你的心还是沉醉在科研道路上的，那些零碎的管理工作不会影响你的初心和科研赤子梦。总之，甘蔗没有两头甜，你要选择好人生发展路径，不要想当然地“我能处理好”就忙于担任干部，否则你很容易陷入左右为难、不堪重负的人际旋涡和自责中。

2.3.3 自己的选择，要承受生活的锻炼

你既然选择了担任研究生干部，就要平衡好管理、学习和导师的关系，因为管理的事很容易占据零碎的时间且很考验个人承受能力，一旦处理不好就会导致自己情绪焦虑和他人无理的纠缠。而在心烦意乱处理日常琐事时，导师恰巧又给你安排了重要的科研任务，你很容易陷入科学研究和日常工作难以平衡的矛盾中，经常为自己时间安排不妥而揪心不已。此时，你就要承受干部身份带给你的压力和责任，在平衡好自己的心态后，努力让自己多投入些时间提升自己的能力，为下一次同类事情的发生提供技能和处事的经验支撑。更有甚者，导师安排你去处理一件重要事情或者进行一次科研攻关任务，而学院这边又让你必须参加一个重要会议或者加班完成一件急事，那么你可能陷入两难之中，无论你怎么平衡都会让某一方不悦或者伤了某人的心，最后两头都不念你的好。所以，你既然担任干部，就要在提升科研能力的同时让自己的情商和处事能力快速提升，否则很容易陷入纷繁的琐事中难以抽身且出力不讨好。

2.4 研究生干部荣誉的得与失

2.4.1 荣誉来自群众，不要有官架子

由于干部在平时的工作中投入了很多心血、精力和服务，且为学院的一些重大事件贡献了力量，加上学业上表现优异时，因此其会在一些研究生奖学金、三好学生、优秀干部等荣誉评定获得加分。但你要牢记，这些荣誉的获得是同学对你日常工作和相处交流的认可，也是对你敬业态度、服务意识和人品的认可，不要以为是你的“官”给你带来的荣誉认可，如果脱离了群众，就会被同学唾弃和指责，也就失去了担任干部的价值和意义。

2.4.2 利益、价值虽属于你，但要忍受指责

担任干部的同学可能会在评优评先中被照顾，在办理各种事情的过程中得到处事能力和团结协作能力的提升，甚至在一些集体活动或者日常琐事中获取某些潜在的价值和利益，但你要重视与同学的关系，避免出现自己高高在上或者看不起哪个同学的情况。当同学对你抱怨工作做得不好或者指责你没有重视他们某些方面利益的时候，你要虚心接受批评并分析被指责、被批评的原因，而不是一味地解释、反驳或者对立，当你忘却了岗位职责意识时，你的干部之路也就走不长远了。

2.4.3 奖励、成绩是一种证明，但有时也算不了什么

有些同学担任干部的目的很简单，就是获得一些奖励、成绩或者考公、选调的资格，对这个岗位的热爱没有那么高，对同学的诉求也不是很关心，只是很功利地为自身利益着想，虽然最后获得一些利益，却失去了长远发展的机会和同学的信赖，在漫长的人生成长道路上也“泯然众人矣”。很多同学虽然没有担任干部，但学业实力超群、情商高或者经商意识强、吃苦耐劳、有韧性，但最后在人生拼搏中找到了自己的一方天地，庆幸自己当初没有为了那点名和利忘了自己的初心。漫漫人生路，如果你仅仅是为了一己私利担任干部或为了获得荣誉后走入职场，没有精湛的技艺、为人民服务的决心、长久的职业规划和人生归属感，那么这些奖励、成绩对你人生长远的贡献就不会太多。

2.5 研究生干部考公考编有哪些优势

从考公考编的角度来看，多数岗位只会对党员身份、专业对口、计算机水平、英语水平等有要求，少数岗位会对学生干部有特殊要求，因而学生干部经历与考公并没有完全的关联性，也就是说，只要符合岗位要求就可以报考，这跟是不是学生干部无关。从考事业编制的角度来看，主要是针对符合报考条件并报名参加考试的人，报考条件不一定包括干部经历，只有少数机关，如组织、纪检部门的公务员有这个硬性要求，多数机关没有要求。但是，从报考选调生的要求来看，组织部一般要求报考者是应届生且要有班干部或者优秀学生奖励的证明，所以，在研究生阶段担任干部对报考选调生有很大的帮助。究其原因，选调生是省委组织部的后备干部，其人事权归省委组织部管辖，因此对报考者的干部经历非常看重。报考选调生的同学在录用后，

先下派到基层进行锻炼、考评，然后再进行调动，由于选调生具有特殊身份的国家干部属性，其资格审查和报考条件是极其严格的。此外，从参加公务员考编和选调生的面试环节来看，担任干部的学生，在面试表现、素养提升、应试技巧和情商反应方面会比普通学生更具优势，因为这些学生在平时有更多得到管理能力、组织协调能力和重大场面锻炼的机会。

粉丝留言：

上研究生了，不担任干部是不是会失去很多机会？如果担任了，是不是会很忙，反而耽误了学业？

老丁心语：

老丁在硕士研究生阶段不仅没有担任学生干部，而且没有刻意追求奖学金和荣誉，这缘于老丁在本科阶段的不愉快经历。那时，尽管老丁在学业上表现优秀，但由于某些班干部有加分项，老丁的综合排名并不是第一，总是在第二、第三的样子。这种评优评先可能导致同学间存在一定的矛盾，让老丁也感到非常不适，因此，在研究生阶段，老丁不想卷入所谓的“争名逐利”中，坚定自己不再参与任何学生组织的活动，而是全身心投入科研和学术中。分散精力加入研究生会，不仅有可能影响学术成果的产出，还很容易让自己沾染上一些不必要的世俗之气，从而使自己的学术之心不再纯粹。幸运的是，在研究生期间，通过导师的引领和自我的坚持，无论是软件学习还是论文写作，老丁都有充足的时间与充沛的精力投入其中并且取得了一些成果。当时，虽然学院不要求研究生一定要发小论文，但老丁在钻研学术的过程中顺利发表了几篇论文并得到了导师的认可，这也为后来攻读博士研究生奠定了基础。

总的来说，老丁想结合个人经历告诉大家，为了保持学术的纯粹性和科学研究的探索性，研究生应避免因世俗的利益得失而损害自身的学术潜力。也就是说，对于那些希望在科学道路上走得更远的学生而言，最好还是将精力集中在学术研究上，否则很容易离自己的学术期望越来越远，希望大家能记住这份劝诫。

3. 研究生奖学金的评选

研究生奖学金作为国家、学校奖励给优秀学生的一种重要资助奖金，不仅可以为研究生高质量成长提供资金层面的支持，也可以增强研究生开展科学研究和取得高质量成果的荣誉感。此外，研究生奖学金尤其是国家级奖学金涉及的额度达到万元以上（一般硕士研究生每生每年 2 万元，博士研究生每生每年 3 万元），使得学生对奖学金物质层面的获得感和功利性增强，也使得研究生奖学金评选涉及更多复杂的因素。因此，本章重点剖析一下研究生奖学金，以期帮助研究生正确看待奖学金评选。

3.1 研究生奖学金的种类

3.1.1 国家奖学金

研究生国家奖学金由中央财政出资设立，用于奖励普通高等学校中表现优异的全日制研究生，相关规定可查阅《研究生国家奖学金管理暂行办法》（财教〔2012〕342 号）。根据该办法的具体内容可知，该政策自 2012 年秋季学期开始执行，**硕士研究生国家奖学金奖励标准为每生每年 2 万元；博士研究生国家奖学金奖励标准为每生每年 3 万元。**文件显示，研究生国家奖学金每年奖励 4.5 万名在读研究生，其中，博士研究生 1 万名，硕士研究生 3.5 万名。然而，该办法在具体的执行过程中会有所调整，如里面内容所述的“财政部、教育部根据各高等学校研究生规模、培养质量以及上一年度研究生国家奖学金执行情况，制定研究生国家奖学金年度分配名额和预算”。全国学生资助管理中心于每年 3 月底前，提出研究生国家奖学金名额分配建议方案，报财政部、教育部审定。值得说明的是，该文件第八条指出，“研究生国家奖学金名额向基础学科和国家亟需的学科（专业）倾斜。高等学校要统筹研究生国家奖学金和其他研究生奖学金的名额分配、评审和发放工作，充分发挥各类奖学金的激励作用”。

从申请的基本条件来看，须满足以下四个条件：①热爱社会主义祖国，拥护中国共产党的领导；②遵守宪法和法律，遵守高校规章制度；③诚实守信，道德品质优良；④学习成绩优异，科研能力显著，发展潜力突出。从申请、评审和发放流程来看，研究生国家奖学金每年评审一次。学生提交申请后，高校负责组织评审，并于每年 11 月 30 日前将当年研究生国家奖学金一次性发放给获奖学生，同时为获奖学生颁发证书。

从评选机制来看，该文件第十条指出，“高等学校应成立研究生国家奖学金评审领导小组，由校主管领导、相关职能部门负责人、研究生导师代表等组成。评审领导小组负责按照本办法有关规定制定本校研究生国家奖学金评审实施细则；制定名额分配方案；统筹领导、协调、监督本校评审工作；裁决学生对评审结果的申诉；指定有关部门统一保存本校的国家奖学金评审资料”。同时，第十一条指出，“高等学校下设的基层单位（院、系、所，下同）应成立研究生国家奖学金评审委员会，由基层单位主要领导任主任委员，研究生导师、行政管理人员、学生代表任委员，负责本单位研究生国家奖学金的申请组织、初步评审等工作”。

从评审流程来看，研究生国家奖学金每年评审一次，所有符合该办法规定条件的全日制攻读硕士、博士学位的研究生均有资格申请。有意愿申请国家奖学金的研究生，本人应如实填写《研究生国家奖学金申请审批表》，向所在基层单位评审委员会提出申请。硕博连读研究生在注册为博士研究生之前或通过攻读博士学位资格考试前，按照硕士研究生身份申请国家奖学金；注册为博士研究生后或通过攻读博士学位资格考试后，按照博士研究生身份申请国家奖学金。直博生和招生简章中注明不授予中间学位的本硕博、硕博连读学生，根据当年所修课程对应的学位层次阶段确定身份参与国家奖学金的评定。在选修硕士课程阶段按照硕士研究生身份参与评定，进入选修博士研究生课程阶段按照博士研究生身份参与评定。

从保障机制来看，研究生国家奖学金的评审工作，应坚持公开、公平、公正、择优的原则，严格执行国家有关教育法规，杜绝弄虚作假行为。基层单位评审委员会主任委员负责组织委员会委员对申请国家奖学金的学生进行初步评审。评审过程中，应充分尊重本基层单位学术组织和研究生导师的推荐意见。基层单位评审委员会确定本单位获奖学生名单后，应在本基层单位内进行不少于 5 个工作日的公示。公示无异议后，提交高等学校研究生国家奖学金评审领导小组进行审定，审定结果在高等学校全范围内进行不少于 5 个工作日的公示。

从评审仲裁来看，该文件第十五条指出，“对研究生国家奖学金评审结果有异议的学生，可在基层单位公示阶段向所在基层单位评审委员会提出申诉，评审委员会应及时研究并予以答复。如学生对基层单位作出的答复仍存在异议，可在高校公示阶段向研究生国家奖学金评审领导小组提请裁决”。

3.1.2 学业奖学金

2013 年 8 月 12 日，财政部、教育部正式印发《研究生学业奖学金管理暂行办法》，从 2014 年秋季学期开始设立研究生学业奖学金，以奖励支持表现良好的研究生（全日制研究生且具有中华人民共和国国籍）更好地完成学业。中央高校应按规定统筹利用财政拨款、学费收入、社会捐助等，奖励支持表现良好的研究生更好地完成学业。从 2014 年秋季学期起，中央财政对中央高校研究生学业奖学金所需资金，**按照博士研究生每生每年 10000 元、硕士研究生每生每年 8000 元的标准以及在校生人数的一定比例给予支持**，所需资金按照预算管理程序列入年度部门预算。中央高校根据研究生收费标准、学业成绩、科研成果、社会服务以及家庭经济状况等因素，确定研究生学业奖学金的覆盖面、等级、奖励标准和评定办法（可分档设定奖励标准），报财政部、教育部备案。**研究生学业奖学金标准不得超过同阶段研究生国家奖学金标准的 60%。研究生学业奖学金名额分配应向基础学科和国家亟须的学科（专业、方向）倾斜。**中央高校应根据实际情况，对研究生学业奖学金覆盖面、等级和奖励标准进行动态调整。

从申请的基本条件来看，须满足以下四个条件：①热爱社会主义祖国，拥护中国共产党的领导；②遵守宪法和法律，遵守高等学校规章制度；③诚实守信，品学兼优；④积极参与科学研究和社会实践。直博生和招生简章中注明不授予中间学位的本硕博、硕博连读学生，根据当年所修课程的层次阶段确定身份参与学业奖学金的评定。在选修硕士课程阶段按照硕士研究生身份参与评定，进入选修博士研究生课程阶段按照博士研究生身份参与评定。值得说明的是，获得研究生学业奖学金奖励的研究生，可以同时获得研究生国家奖学金、研究生国家助学金等其他研究生国家奖助政策以及校内其他研究生奖助政策资助。

从评审机制来看，中央高校应建立健全与本校研究生规模和管理机构相适应的研究生学业奖学金评审机制。中央高校应成立研究生学业奖学金评审领导小组，由校主管领导、相关职能部门负责人、研究生导师代表等组成。评审领导小组按照该办法有关规定，负责制定本校研究生学业奖学金评审实施细则，制定名额分配方案，统筹领导、协调和监督本校评审工作，并裁决有关申诉事项。中央高校下设的基层单位（院、系、所等）应成立研究生学业奖学金评审委员会，由基层单位主要领导担任主任委员，研究生导师、行政管理人员、学生代表担任委员，负责本单位研究生学业奖学金的申请组织、初步评审等工作。基层单位研究生学业奖学金评审委员会确定本单位获奖学生名单后，应在本基层单位内进行不少于 3 个工作日的公示。公示无异议后，提交学校研究生学业奖学金评审领导小组审定，审定结果在全校范围内进行不少于 2 个工作日的公示。

从评审仲裁来看，对研究生学业奖学金评审结果有异议的，可在基层单位公示阶段向所在基层单位评审委员会提出申诉，评审委员会应及时研究并予以答复。如申诉人对基层单位作出的答复仍存在异议，可在学校公示阶段向研究生学业奖学金评审领导小组提请裁决。

3.1.3 优秀奖学金

研究生优秀奖学金是专门奖励优秀硕士研究生和博士研究生的奖学金，享受研究生优秀奖学金的研究生不仅要具备普通奖学金获得者的基本条件，还应在专业学习和研究中成绩突出，因此该奖学金涉及德智体美劳等多个维度的综合评价。一般而言，优秀研究生奖学金每年评审一次，按照在校生总数的 10%~20% 进行评选，每生奖励虽然在不同的学校奖励标准不一，但一般不超过 3000 元，用于奖励本年度各类评先评优中获奖的同学。由于每个学校的文件标准不一，请大家查阅所在高校的研究生院或者研究生处文件核准。

3.1.4 专项冠名类奖学金

有的学校设立了专项奖学金，一般由知名校友捐助或者由企业资助，以奖励在每个领域表现出色或者有创新成果的优秀研究生。例如，全国知名的武汉大学雷军奖学金，卓越奖学金——10 万元 / 人，奖励硕士研究生 3 人、博士研究生 3 人；腾飞奖学金——2 万元 / 人，奖励硕士研究生 12 人、博士研究生 12 人。河南大学设立侯镜如奖学金，自 2015 年度起，河南大学接受侯氏基金会收藏之书画的资助，每年筹资 30 万元，设立专门账号，专款专用，奖励全日制在校学习期满一年以上的研究生，每年评选一次，奖励 100 人，奖励标准为 3000 元 / 人。专项冠名类的奖学金每个学校都有不同的奖励标准、评选流程，请大家查阅所在高校的研究生院或者研究生处文件核准。

3.2 不必因奖学金患得患失

3.2.1 要不要评选奖学金

奖学金是对学生全方位表现的衡量，不仅需要你学业成绩优异、活动表现出彩、在集体项目中有较大贡献，而且需要你获得高质量的科研成果。如果你没有满足上述基础条件且做得足够优秀，那么你大概率要花费太多的心思和精力竞选奖学金，这不仅劳心劳神，而且容易让自己丧失科研最初的那份热情。如果你的学业成绩本身就表现出强有力的竞争力，那么你可以重点在科研方面围绕一个研究点进行突破并产生高水平的论文，这种情况是很有希望和竞争力的。然而，如果你的学业成绩一般且参与的集体活动较少，你所在的团队没有领先的研究方向和前期成果支撑，你前几届的师兄师姐也没有像样的论文，那么建议你不要投入太多的心血于此，因为高质量的科研成果不是你想有就有的，而是需要前沿的研究方向、前期的高质量探索和集体智慧共同支撑。总之，你要问问自己的内心，看看自己的学业表现，评估一下自己的科研产出潜力，不要不顾一切地为此疲于奔走，过于追求结果。

3.2.2 是否要全心系于奖学金

研究生培养最大的一个目的，就是让你学会一种科学研究的思维方式、科学逻辑和践行方案，而不是让你为了那点名利却没有学到真正的学业技能，从而失去“研究生”这三个字真正的含金量。试想，有多少人通过努力考上“博士研究生”，有多少人通过研究生阶段的锻炼走向人生职场的另一面成功并在不同的岗位上熠熠生辉呢？人在研究生阶段的价值追求是知识和精神层面的一种升华，而不是让你为了这点奖学金、这张文凭而忘却你真正追求的梦想或者是更好的发展方向。事实上，很多学习一般但有真正内心追求的研究生毕业后反而更适应职场的规则、社会的需要和人情世故的往来，最终成就了不一样的自己，闪耀了一片天地。一旦你明晰了这个道理，明白未来的工作岗位并非只看这份荣誉，那么你在研究生成长过程中就会少很多不正当的竞争之心，少将很多心血聚焦在不该奋斗的方向上，也就理解了研究生学业成长、科研训练和人生上进的真谛。

3.2.3 想要成为什么样的人

过分追求奖学金可能会使研究生忽视自我探索和兴趣发展的重要性，导致他们的学习动机从对学术的兴趣、科研的敬畏和精神上的进取转变为对外在物质奖励的追求。这种动机的转变可能会损害研究生的创新能力和批判性思维，使得“两性一度”（高阶性、创新性和挑战度）的学术能力提升受到阻碍，进而使他们更倾向于追求那些能够直接带来奖学金成果的研究，而不是真正感兴趣的领域。最终，他们可能会失去成为卓越科学家的潜力，丧失追求真理、不畏艰险的动力和高尚精神。最危险的是，一些研究生可能会采取不诚实或不公正的手段提高自己的竞争力，如抄袭、伪造数据或贬低其他同学等，这种行为不仅会损害个人声誉、丧失职业道德感，还会对整个学术界造成负面影响。

3.2.4 没有奖学金又能如何

有些研究生为了获取奖学金，整日沉迷于如何获得多一些的积分、如何多产生高质量成果、如何比其他同学更加优秀的盲目攀比中，导致自己产生心理焦虑、压力和抑郁等情绪。即使这些研究生最终获得了那份奖学金，也会让自己的身心健康处于不利、不正常的状态，那么赢了它又有何意义？一些研究生为了提高获奖机会和概率，长时间拼命学习和熬夜科研，导致自己陷入孤寂无友的状态，减少了与家人、朋友和同学的互动，陷入自我封闭的“闭关修炼”状态。有些研究生通过一些利益交换、不正当竞争获取了奖学金，但在之后陷入深深的自责和迷茫中，觉得自己亏欠了这方又弥补不了那方，产生了价值目标的自我怀疑和自我批评，丧失了曾经纯粹的心和对科研炽热的爱，那么赢了它又有何意义？追求奖学金不应以牺牲我们生活中更重要的价值为代价，也不能以牺牲人生发展的方向和丧失人性的闪光点与可贵品质为代价，否则人们会陷入不正常的价值利益链和不健康成长的人生轨道，那么赢了它又有何意义？作为教育者和学者，我们有责任引导研究生追求全面发展，不仅要让他们在学业上有所建树、学术上获得成就、人生上走向成功，还要让其在身心健康、人际关系、长远发展和职业道德等方面保持平衡。只有这样，奖学金才能真正成为学生通往成功道路上的助力和动力，而不是成为他们人生旅途中的阻碍。

3.3 奖学金的是与非

在现实层面或者新闻报道中，有些研究生在评上奖学金后会请同学吃饭或者畅玩一次，但部分研究生可能认为这样过分炫耀，所以，请获得研究生奖学金的同学多一些思考，不要过分地张扬，否则容易让其他研究生猜测你有其他方面的利益交换以及获取方式的不正当性，从而让奖学金评选及其荣耀沾染上世俗的污垢。上述是获得奖学金后的一些是非，而在评选过程中的是非也不少，伤了很多同学的心。例如，一些研究生为了能够评选上奖学金，诬蔑同学造假或者学术不端，不仅招来同学的嘲讽，而且让其他同学深陷是非争议中；一些研究生为了评选奖学金购买代写机构的论文，或者让ChatGPT 生成一篇论文，最后这篇论文被举报或者被其他人打报告，让自己丧失了长远的学术生涯，还抱怨别人的不是；一些研究生为了获得更多评选奖学金的学术活动积分而虚报活动次数，被同宿舍或者知情的同学举报了，最后同学之间的关系受到很深的伤害，难以修复；一些研究生抱怨导师论文没有署自己的姓名，自己明明没有贡献还怨恨导师不公平，惹得同门对其意见越来越大；一些研究生为了自己有更多的胜算，造谣别的同学有学术不端等问题，让很多人深陷泥潭看不清事情的原委；一些研究生为了自己的小利益，不管别人的成果如何真实、科学，总心存疑虑地向研究生院、学院投诉，给同学扣上“莫须有”的罪名……

希望大家在评选的过程中坚守底线，确保提交成绩、材料、论文等内容的真实性和准确性，避免一些不必要的是非缠身，让自己保持研究生那份善良、真诚、向上的初心，更有骨子里的坚守、诚信和正直。虽然说研究生奖学金评选是检验研究生学业是否优秀的一次考核，但也让我们看到研究生人性光辉或者黑暗的一面，映射出激励机制背后不同研究生追求的价值方向，因此这需要研究生管理者、研究生导师进行正确的引导和及时的纠正，以避免研究生这批精英人才在精神层面陷入不良的价值观体系。

粉丝留言：

在评选研究生奖学金时，我发现自己在一年级时既没有显著的论文成果，也没有参与过什么活动，甚至在社交能力方面也感到不足，从而产生了一种白白浪费了一年时间的沮丧情绪，甚至出现了抑郁倾向。

老丁心语：

针对这一情况，老丁想提供一些鼓励和建议。

首先，关于奖学金的评价体系，我们需要有一个清晰的认识。奖学金的评选不仅要看科研成果的质量，也要看学生在学习成绩、实践活动和个人素质等多方面的表现，是一个综合性的评价过程。如果你在科研方面进展缓慢且学业成绩不是那么优秀，那么你可以继续稳步推进研究让其保证你毕业就可以了，不必为能否获得奖学金而过分焦虑。有些导师带领的团队成果产出周期较长且付出的精力大，这使得他们的学生在短期内不能在奖学金评选中显现优势，但这并不意味着他们的工作没有价值。

其次，你的未来不应该被一时的得失左右。要始终牢记，毕业后，你的专业技能才是最关键的，虽然你没有获得奖学金，但如果你有可立足的技能、向上的态度、可贵的品质和出色的情商，那么毕业后你掌握的技能会呈现更多的价值，而非眼下是否获得荣誉。老丁建议你更加关注提升自己未来的专业技能和处事能力。

最后，保持一个开放和积极的心态很重要。如果你错过了评奖机会，可以将这一经验分享给你的学弟学妹，让他们从中受益，而非抱怨不公。也就是说，你不应该因为一时的挫折对自己失去信心，也不应对自己的未来产生过于悲观的判断，因为奖学金不是决定人生走向的唯一因素，真正重要的是你为未来职业规划所做的努力和准备。

总之，思想的前瞻、技能的精进和心态的平和是面对挑战取胜的关键因子。老丁相信，只要你躬耕一事、专于一技且锐意进取，少在意奖学金评选的得失而保持内心的笃定和宁静，你人生价值的灿烂瞬间就会实现，也终将会收获属于自己的一片天地。

4. 研究生换导师、转专业的指导

研究生可以换导师吗？什么情况下可以换？在充满挑战与机遇的研究生学习和科研历程中，选择一位合适的导师以及与个人兴趣及职业目标紧密相关的研究方向，对于研究生能否成功跨越学术门槛、取得创新性成果乃至实现未来职业发展目标具有至关重要的作用。一个慧眼识才的导师不仅能为研究生提供精准的学术指导和丰富的资源支持，而且能在研究生的职业生涯规划和个人成长的关键阶段给予深层次的见解与宝贵的建议。同样地，一个优秀的导师会极大地激发研究生的科研热情、研究兴趣和向上动力，也会极大地提高研究生的科研产出、研究质量和职业认同感，从而使其在未来纷繁复杂的职场竞争中保持专业的专注力和持续的上进力。然而，由于“受不了导师安排的研究方向”“我和导师的性格不合”“导师经常压榨我”等个人心理因素，以及与导师出现的各类矛盾，研究生想通过换导师完成接下来的研究生涯，以防止产生心理疾病和出现更大的矛盾。因此，本章重点解读一下研究生更换导师的相关政策、程序以及其他影响因素，以确保研究生顺利地度过三年的学习生活并获得硕士学位。

4.1　换导师的可能性与相关政策

如果研究生遇到了问题导师或者是师生之间产生了不可调和的矛盾，有没有不是在社会舆论压力和特殊事件影响下换导师可能性，有没有相关的国家文件、学校政策和具体规定？2020 年 9 月，教育部印发了《关于加强博士生导师岗位管理的若干意见》，明确指出各培养单位要明确导师变更程序，建立动态灵活的调整办法。因博士生转学、转专业、更换研究方向，或导师健康原因、调离等情况，研究生和导师均可提出变更导师的申请。对于师生出现矛盾或其他不利于保持良好导学关系的情况，培养单位应本着保护师生双方权益的原则及时给予调解，必要时可解除指导关系，重新确定导师。2020 年 11 月，教育部印发的《研究生导师指导行为准则》明确指出，要构建和谐师生关系，落实立德树人根本任务，加强人文关怀，关注研究生学业、就业压力和心理健康，建立良好的师生互动机制。不得侮辱研究生人格，不得与研究生发生不正当关系。同时，该文件明确对违反准则的导师，培养单位要依规采取约谈、限招、停招直至取消导师资格等处理措施；对情节严重、影响恶劣的，一经查实，要坚决清除出教师队伍。可见，无论是博士研究生导师还是硕士研究生导师，在发生指导不力引发师生矛盾或者学术不端、行为失范等情况时，研究生是可以申请更换导师的。

在教育部相关文件规定下，各高校也出台了相关研究生管理文件约束导师的行为，以促进和谐师生关系的建立，减少各类矛盾事件的产生。以北京大学 ×× 学院为例，其官网明确如因导师离职等原因须换导师，须经原导师、现导师、主管教学副院长签字同意。如需申请换导师，最晚必须在第三学年第一学期初完成。具体流程：①由学生本人提交表格“导师更换申请表（Thesis Advisor Change）”并签字确认；②由原导师和拟更换的新导师给出意见，签字确认；③由主管教学副院长批准；④提交至研究生管理办公室，并报教务处批准。因此，如果研究生在学习过程中出现转专业、更换研究方向或者师生矛盾的，经过本人申请和相关部门审核后是可以更换导师的。

这些政策和规定的实施，不仅体现了教育部门对学生个性化发展需求的重视和关心，而且提供了师生关系出现问题后的应对方案，为学生的学业进步、身心健康和顺利完成学业提供了制度文件支撑。在现代教育理念中，学生的个性化发展被视为教育的核心目标之一，高校允许学生因为自己兴趣和专长的改变，或者师生矛盾、研究生面临的心理压力以及社会事件的影响，选择更适合自己的研究方向和导师，不仅能为学生营造一个更加灵活、包容和更具支持性的学习环境，而且有助于学生更好地实现个人职业规划和学术追求，帮助其在未来的职业生涯中取得成功。

4.2 该如何换导师

如果研究生因导师出现了学术问题、调离工作岗位或者产生了违法犯罪事件需要更换导师，那么只需要走正确的流程，由学校或者学院统一解决就可以了。但现实中，很多研究生是因为“导师给我的压力有点大”“我有点不想学这个方向”等想法产生换导师的意愿，并不是因为产生无法调和的矛盾而必须换导师，这类换导师的请求往往会被学院、学校调解。此外，研究生换导师的决定往往伴随着学科组内部的平衡和教师内部关系的平衡，因为很多导师不理解到底是导师带学生的方式有问题还是学生自身能力不强或者性格脾气有问题，因而会产生两难的问题，一方面怕学生跟不上当前研究方向而费力不讨好，另一方面怕学生因为性格秉性难以改变而出现各类问题。也就是说，这一过程不仅涉及研究生未来研究方向的改变和学术成果产出的高低，还涉及人际关系的重新构建以及对既往师生关系的处理。因此，研究生在做出这个重要的决定之前，一定要进行深入的自我反思和反复权衡，以确保自己换导师的想法是正确的且未来能对自己的行为负责，也能确保自己在换导师之后实现科研质量大幅提升和顺利完成毕业任务。

4.2.1 反思矛盾的真正所在，笃定内心并走正确的流程

身在不利环境中的你，一定要认真思考想要换导师的根本原因。如果单单是因为研究理念不一致、工作方法冲突，或许是缺乏有效的沟通和必要的学术支持而产生的师生矛盾，那么你可以找导师多沟通、直面问题。如果确实是因为导师的管理方式使你身心不健康、学业不进步甚至产生心理疾病，那么你必须快速地结束这段师生关系。一旦做出这个决定，你就要提前了解学校、学院更换导师的正确流程，提交更换导师的申请和详细的更换理由，并尽快找一位能接纳你、体谅你且学术造诣较好的老师。因为，提前了解这些规则和流程，对于你快速调整心态、摆脱过往关系和成功申请新的导师非常重要。

4.2.2 评估新导师的科研实力，快速融入新的师生关系

研究生应该详细了解新导师的研究方向、工作风格及其对指导关系的期望，让其在选择你以后给你足够的重视和严格的管理，因为新的研究方向往往需要投入长时间进行适应、摸索和自学。同时，研究生保持与之前所带导师的和谐关系和礼貌相处也是不可或缺的，因为涉及日常事务性工作处理和研究方向的衔接问题。此外，还应该考虑换导师带来的连锁反应，包括研究课题的变化、科研经费的不确定性以及与同门师兄弟姐妹的关系等，因为这些因素考虑不清楚，在新的研究领域进展会十分缓慢。总之，研究生在做出最终决定之前，最好和学院主管领导、辅导员、班主任和研究生办公室负责

人进行深入咨询，因为他们可以提供关于换导师流程的详细信息和可能遇到的困难，也可以提供心理支持、排忧解难的方法和职业规划方面的建议。

4.2.3 坚定自己的学术初心，重拾信心再创新篇

对于所有正在考虑换导师的研究生来说，重要的是牢记自己的学术初心，将选择权掌握在自己手中，评估自己的学术初心是否还在，同时要明白这个决定伴随着不确定性和风险，要让自己在未来的学术和职业旅程中收获学术进步和科研动力，而不是一气之下不管不顾地葬送前程。一个思路缜密、具有理智思维的研究生应该以自己的学术进步为根本出发点，改正之前选择上和行动上的错误，走上一条更加适合自己学术成长的道路。在面对不得不换导师的情况时，研究生应该以开放的心态、积极的态度和克服重重困难的勇气迎接这一挑战，因为这不仅是一个学术上的转折点和思维上的转变点，也是一个人面对挑战、困难和压力方面的自我救赎，更是自我革新、敢于挑战的蜕变过程，并最终使自己在学术界或职业领域找到真正的位置。

4.3 转专业的可能性与相关政策

由于研究生在报考时就选定了专业甚至确定了研究方向，加之考研初试的科目和考核有严格要求，因此录取后换专业是不符合竞争考试要求的。例如，2006 年 11 月 10 日，教育部官网回答某位网友的问题时提出“原则上不能换专业”。然而，随着教育改革的不断推进、教育公平性诉求和师生关系的重塑等，关于转专业的国家文件不断出现，如《普通高等学校学生管理规定》（2017 年 2 月 4 日中华人民共和国教育部令第 41 号公布，自 2017 年 9 月 1 日起施行）第三章第三节第二十一条规定，“学生在学习期间对其他专业有兴趣和专长的，可以申请转专业；以特殊招生形式录取的学生，国家有相关规定或者录取前与学校有明确约定的，不得转专业。学校应当制定学生转专业的具体办法，建立公平、公正的标准和程序，健全公示制度。学校根据社会对人才需求情况的发展变化，需要适当调整专业的，应当允许在读学生转到其他相关专业就读。休学创业或退役后复学的学生，因自身情况需要转专业的，学校应当优先考虑”。

2020 年 11 月，教育部印发的《研究生导师指导行为准则》第四条“正确履行指导职责”指出，“遵循研究生教育规律和人才成长规律，因材施教；合理指导研究生学习、科研与实习实践活动；综合开题、中期考核等关键节

点考核情况，提出研究生分流退出建议。不得要求研究生从事与学业、科研、社会服务无关的事务，不得违规随意拖延研究生毕业时间”。因此，在上位文件支撑下，各高校根据出现的导师情况变动、研究生心理健康干预、社会事件的应对等制定了相应的转专业政策，如中国科学技术大学研究生院出台了《中国科学技术大学研究生转专业实施办法》（研字〔2022〕14 号），明确有下列情形之一的，可提出转专业申请，且只能完成一次转专业：①因学科（类别、领域）调整，研究生所在学科（类别、领域）发生变化；②研究生导师因工作调动或其他原因不能继续履行指导职责，且原专业无法调整安排其他人继续指导；③对身体健康情况有特殊要求的专业，学生身体健康情况发生变化，不宜在原专业继续学习；④休学创业或退役后复学的研究生，因自身情况需要转专业的；⑤其他特殊情况。同时，明确有下列情形之一的，不得转专业：①以特殊招生形式录取的，国家有相关规定或者录取前与学校有明确约定的；②有转专业记录或转学经历的；③研究生入学未满一学期的；④在校学习时间超过基本学习年限上限的；⑤处于保留学籍或休学期间的；⑥需办理退学手续的；⑦其他不符合国家招生、培养等政策规定的。每个学校都有其转专业的文件，条件都极其严苛，所以每个学校转专业成功的同学比较少见。值得说明的是，由于研究生不同类别之间的差异较大和转专业后的毕业难度较大，一般情况下，专业学位和学术学位不能互换、学科代码前两位不同的不能互换。

4.4 转专业的考虑因素

对于研究生而言，转专业无疑是一项重大的学术与职业决策，它不仅需要研究生围绕一个新的领域进行学术研究和科研攻关，而且需要他们面对新的师生关系进行磨合，因此，这个过程涉及学业、方向、关系和未来职业规划多个方面的重塑。此外，转专业并不是一个简单的过程，其通常涉及额外的学习要求、延长学习时间和潜在的经济负担。因此，不是因为心理健康、导师离职、社会事件或者其他不可抗力因素要求换专业的，研究生很难实现转专业。

4.4.1 是否真的身心健康出现了问题

如果是所在专业的实验环境、所用试剂或者其他因素导致自己身体出现了问题且难以继续开展工作，那么从身体健康的角度考虑研究生是可以申请转专业的；如果是师生间出现了不可调和的矛盾或者导师行为对你造成了身心伤害等，那么本着对学术研究负责和构建良性师生关系的原则，你可以申请转专业以保证自己能顺利毕业。此外，你应该充分评估自己对新专业的兴趣和热情是否能保持长久，因为兴趣是最好的老师，一时冲动带来的意气用事往往让自己失去对科研的兴趣和动力，从而让自己在新的专业领域难以适应或者需要付出极大的精力才能实现毕业目标。

4.4.2 要充分了解本校转专业的条件和流程

如前文所述，转专业涉及多种因素并面临极其严格的申请流程，不是你一时的不喜欢或者突发的一个念想就能实现的。同时，你要对新专业的课程要求、必修课和选修课的设置有一个全面的了解，以及是否需要额外的考试或申请程序，以确保你符合换专业的条件，且对整个转换过程所需的时间和精力投入有清晰的认识。

4.4.3 应该寻求专业的指导和建议

如果研究生面对不可抗力因素需要转专业，那么一定要与学院的主管领导、学术顾问、职业规划师或者在转专业领域有经验的教授进行交流，因为他们不仅可以帮助你更好地了解转专业面临的风险和挑战，而且他们会分享人生经验、分析行业趋势和市场需求，进一步让你明晰转专业的利弊，并提供宝贵的意见和建议，帮助你更好地选择符合未来发展方向的研究领域和规划自己的职业生涯。此外，在做出转专业决定之前，你还应该考虑自己的适应能力、学习能力和抗压能力，毕竟转专业需要你适应新的学习环境、知识体系和创新方向，这对于跨专业或者跨学科的你来说无疑是一个挑战。

无论是换导师还是转专业，都是重大的人生决策，需要你认真评估当前面临的情境、折磨和未来的长远打算，不要因为一时的意气用事葬送了自己的美好前程。如果你下定了决心，就请你通过深入的自我反思和专业的咨询建议走正确的流程，或者运用法律手段，翻开人生的新篇章。

粉丝留言：

感觉和导师相处太压抑，导师布置的任务重，自身压力大，甚至觉得导师在 PUA① 自己，能换导师吗？

---

① 多指一方对另一方的情感操纵和精神控制。

老丁心语：

老丁简单归纳了研究生可能想换的五类导师。**①“PUA”型导师。**这类导师可能会为研究生设定一个大的研究方向，却未能提供明确的指导思路或具体的步骤实现这一目标。研究生在缺乏明确指引的情况下异常辛苦，最终发现自己的努力并没有得到导师的认可，且经常感到目标遥不可及，加之缺乏有效的沟通渠道或者不知道向谁求助，从而陷入孤立无援的境地。**②严厉型导师。**在与这类导师互动时，研究生常常感到他们的工作不仅受到严格的审查，而且他们的个人能力很容易遭到质疑甚至贬低，使他们开始怀疑自己的学术能力和职业选择，进而影响他们的自信心、科研动力和追求上进的决心与勇气。**③忙碌型导师。**这类导师的日程表充满行政会议、社交活动和差旅往返，或是需要投入大量时间处理与教学和研究无关的事务，导致学生在学术指导和生涯规划方面感到被忽视。此外，当研究生在研究中遇到障碍或需要建议时，过于忙碌的导师可能无法及时提供反馈，使学生难以及时调整方向或改善方法，从而导致科研方向不聚焦或者科研效率低下。**④“散养”型导师。**这类导师手头的课题不多且科研上进的动力不强，对研究生的学术进展缺乏有效的指导且很难给予真正意义上的创新引导，因而研究生的科研进展经常不顺畅，并且在遇到困惑、难题时缺乏连贯、系统的指导，使研究生处于“散养”的状态。这种缺乏积极互动的学习体验可能导致研究生的研究兴趣、动力和持久力下降，对学术追求的热情也随之降低。**⑤“横向”型导师。**虽然研究生参与横向课题能有效地锻炼其知行合一和科研实践的能力，但花费过多的时间参与横向课题会降低学生的科研热情和对学术研究的认同，也会大量占用研究生的时间和精力，使研究生在进行专心科学研究时缺乏完整的时间和持续的动力。导师过度投入横向课题可能会减少所带研究生接触新兴领域和前沿科学的机会，使其没有足够的时间和精力探索自己真正的研究兴趣，从而影响他们的学术视野和创新能力。

5. 研究生考公务员的注意事项

2023 年 8 月，浙江某大学一名研究生以第一作者的身份在国际顶尖期刊 *Nature* 发表了一篇论文，引起了学界同人和研究生同学的高度赞誉。然而，虽然在 *Nature* 杂志上发表论文是很多科研工作者一生的梦想，但该生毕业后并未攻读博士研究生或者从事科研工作岗，而是考取了公务员到安徽宿州工作，这使很多研究生震惊不已并发出了“宇宙的尽头是编制，编制的尽头是公务员”的感慨。在就业压力大、博士学制延长、工作求稳定等多因素的共同作用下，很多硕士研究生不再想攻读博士研究生；而在读研期间投入大量时间准备申论、行测等方面的备考，会使研究生科学研究的动力和攻坚重大科研任务的能力双重下降。也就是说，两者是需要平衡的，因为研究生考公务员需要投入大量的时间进行备考，而进行科学研究也需要花费大量时间进行实验、数据分析和撰写论文。因此，两者兼顾，很容易让研究生陷入两难的境地。研究生该如何平衡报考公务员需要大量时间复习和撰写毕业论文需要投入大量心血之间的关系呢？本章丁老师从师生两个视角，结合研究生心理层面的一些感知，提出平衡备考公务员和撰写毕业论文的一些方法和策略。

5.1　要提前和导师沟通

一般而言，研究生到二年级下学期一开学或者毕业论文开题后就可以考虑和导师沟通这件事情了。究其原因，一方面，经过研究生阶段一半时间的学习，研究生能正确评估自己的学术能力和未来的科研潜力，也了解了科研工作人员每天的工作状态。另一方面，研究生对自己未来的职业规划有了初步的设想，能够判断自己到底走什么样的路径更好。那么，在这个时候，作为研究生的你和导师交流时表达自己未来的职业目标，让导师了解你内心的期盼和希望投入科研与应试准备方面的时间比例，导师就会给出自己的建议，帮助你平衡科研和找工作的时间，从而顺利找到工作并实现毕业目标。研究生三年级后，你需要投入更多时间来准备公务员考试，因为时间节点的压迫性和复习压力的要求，导致你无心投入更多的时间进行科研，因此，三年级开学后，你一定要和导师深入交流，让导师了解你的情况，少给你安排一些科研任务。最忌讳的是，你瞒着导师偷偷备考，自己的论文撰写进度缓慢且不愿花时间抓紧写作，那么最终的结果可能是毕业论文经常熬夜改写，准备考公务员的时间也不充足，以致两者都没有取得理想的成绩。

5.2 要加快毕业论文的进程

研究生毕业论文撰写一般需要经过开题、中期考察、外审、预答辩、答辩等环节，研究生需要全身心投入，以保障论文成果的科学性、先进性和规范性，毕竟创新性研究成果的产出是需要严格遵循程序和投入足够多的时间保障的。一般情况下，研究生开题报告通过之后就开始进行正式的研究，不仅要忙着做实验、分析数据和绘制图表，还要投入足够多的时间进行结果分析和归纳总结，因此每个步骤都需要研究生足够重视。如果你有考公务员的职业目标，那么你不仅需要在一年级投入足够多的时间锻炼科学思维、论文写作技巧和发表高质量的论文，还需要与导师多沟通以加强导师对你学术能力的指导和认可，因为只有拥有扎实的基本功才能确保你开题后实验流程准确、完成质量高，从而使你比其他研究生更快完成毕业论文。

试想，如果你的开题比别人成功，你的科研功底比别人强，你的意志力和情绪稳定性也比别人强，你的导师就会有足够的信心让你同时兼顾毕业论文写作和备考公务员，也会认可你在忙着备考的同时毕业论文完成的质量是合适的。也就是说，如果你有考公考编的打算，你需要在开题后加快进程，多向导师和同门优秀者请教，积极申请早做实验或者早分析数据，确保结果准确，为后续的文字撰写、图件绘制和格式规范留出充足时间。

如果你意识到自己在科研这条道路上资质和潜力不够，主动选择考公务员，那么你更需要早点和导师沟通，以确保你拿到相对简单一些的选题以加快科研进程，从而保障自己有额外的时间投入公务员考试。现实中有一类同学的考研目标就是拿个学历，对这个专业没有一点热爱之心且完全寄希望于导师的“手把手”指导，甚至渴望导师帮助其进行科学实验和数据分析而坐享其科研成果，以“自己就是咸鱼一条”“我不认真写，你难道不让我毕业”的心态去折磨导师。如果这类研究生在考公务员“思潮”的影响下，不管科研论文“死活”，直接去备考了，那么最后既可惜了导师的一番培育之心，也浪费了一个想读书做科研的有志之士的研究生指标。还有一类学生更令人担忧，自己什么都不想努力，就想“躺平”着混毕业，一不如意就去找导师诉苦“安排的任务太重”“自己的选题不好”“你为什么对我不够好”等，甚至以某些网红老师教的“老师，我的心理压力大，你不要逼我 × ×”威胁导师，让一些刚入职的导师不得不考虑学生的心理健康而多花时间在学生身上，以防止出现一些不可控制事件。

5.3　二年级下学期要有合理的安排

研究生三年级一入学就开始忙着备考和关注各个时间点的公务员考试，学习动机不强且面临着就业压力，因此其用于科研的时间、精力明显下降，科研的效率和推进流程也慢了很多。如果研究生在二年级上学期完成了开题，那么其在这个阶段投入足够的时间进行科研和写作，有助于解决三年学习过程中动力和精力不足的问题。在现实情况中，很多研究生以为还有一年半的时间写作，往往以“时间还很充裕”的心态慢悠悠地进行论文撰写，等到 7—8 月觉得应该努力的时候暑假又来了，假期的“玩乐”状态使其又放缓了一些科研进程，因此多数研究生是在三年级开学后才开始加快毕业论文写作进程的，在紧张的毕业氛围和找工作的压力下完成了毕业答辩并获得了硕士学位。因此，建议有考公务员打算的研究生，在第四个学期也就是二年级下学期强化自己的目标动机和计划安排，在压力下加快自己的论文写作进程，以留出足够多的时间让自己备战公务员考试。

丁老师一般给自己所带研究生的建议是，如果你有毕业后找工作或者考公务员的打算，你就要在 10 月以前提交给导师毕业论文初稿，让导师对你的论文质量有初步的认可并在两周内给出详细的批注，从而使你有的放矢地尽快完成修改。如果研究生能够在年底前给出二稿且论文质量较高，导师就可以让这个学生的论文先放一阵子，等其公务员考试完毕后再认真督促其修改，这是可以保障论文质量的。为什么 12 月以前学生要完成二稿或者高质量的一稿？这是因为 1—2 月的寒假以及春节氛围影响很容易让学生再次放松自己，从而减少论文写作的时间并加剧找工作的焦虑，所以，这个时间点导师要求其完成二稿是对学生职业规划的负责，也是为减轻学生毕业负担着想的。此外，也有令导师气愤的事，有些研究生的素养很差且未按照毕业论文撰写进度进行安排，使得 3—4 月论文质量很难达标，还摆出一副“我看你让我毕业不让”的姿态，最后迫使导师投入额外的时间，让师弟师妹协助其完成一些图表等小工作才勉强毕业。这类学生从不感激导师毕业前的忘我付出，以“学历我拿到了”“以后我们不见面”的姿态离开了学校。而按照进程走、有读博打算或者是科研素养极高的同学，往往生活中的人品和工作能力也极佳，总会在毕业前帮助导师处理一些科研任务或者指导同门的一些实验，在师生和谐相处的关系下度过了难忘的研究生生活，某年某日也会想着给导师发短信或者亲自去拜访。所以，建议有感恩之心的研究生，早日谋划自己的毕业论文设计，并在第四学期加快进程，让自己在保证论文过关的同时投入时间备战公务员考试，不要放任自己的毕业论文不管，最后外审不过关或者教育部抽检不过关，从而让自己处于不利的境地而痛苦不已。

5.4　明确自己是否适合考公务员

在当前的就业形势下，报考公务员寻求稳定且薪资待遇不低的工作成为很多研究生的选择，报考选调生成为储备干部也成为很多研究生尽快晋升的一种途径。那么，考公务员真的适合你吗？**公务员工作的一个重要特点就是遵章守纪且懂得基本的社交礼仪**，因此，工作的环境相对庄重，工作的内容相对单一，工作的流程也相对固定，使其整日处于相对“套路化”“模式化”的工作状态中，正如有些人说的“今天好像又是重复昨天的一天”“感觉都知道我二十年后是什么样子”的工作状态，因此考公务员不适合那些喜欢挑战新事物、打破常规不按程序创业和发展的人。究其原因，公务员经手的材料和打交道的人都是与政府相关的，制定政策、处理问题和办公接待都有严格的流程和规定，突破规矩和打破常规会让你犯错误，也会影响你在体制内的晋升。

从晋升的机会和空间来看，虽然研究生学历具有知识学习上的光环，但公务员职业的晋升是非常严格的，除了不犯原则性的错误外，还需要满足入职的年限和一定的资格，甚至需要通过一系列考试、测试和考核，所以对那些喜欢挑战自己、经常想跳槽寻找机会、渴望快速提拔拿高工资的研究生来说，公务员可能不是你想象的样子。在晋升的条件中，除了工作年限、定期培训、年终评测，还有各类锻炼、借调和遴选等，因此，对那些期望短时间获得发展的研究生而言，你虽然在晋升方面有学历优势，但长时间的坚持和对工作岗位的热爱才是真正支撑你稳定晋升的动力。此外，在公务员体制内，你需要注意不同场合的行为应对方式，以高情商的理解和快速的反应解决领导的难题与应对突发的危机，只埋头于专业知识和钻研科研论文是不能应对复杂的职场的。也就是说，如果你总是以业务能力强、不愿理会职场的原则而逃避各类人与人之间的相处问题，那么你的晋升之路注定是坎坷的。此外，值得一提的是，由于公务员的专业精深能力和业务技能不是很突出的，你靠“跳槽”企业实现晋升或者赚大钱的目标是不切实际的，甚至之前的体制内经验到企业单位很多是用不到的。所以，研究生在报考公务员之前，一定要评估自己的性格特点、职场情商、岗位热情、社交能力以及是否喜欢体制内的氛围，不要因为自己一时考虑不周而进入公务员体制成为一名整日抱怨的小职员。

很多研究生觉得体制内的工资较高且工作稳定，虽然不是“钱多事少离家近”，但能够让自己轻松地支付所需的大部分开销。其实，公务员的薪资并非大家想象中的那么高，而是根据你的岗位和级别确定的，并且严格按照国家的体系标准确定，所以，你期望几年内就能拿到很高的工资也是不现实的。

粉丝留言：

临近毕业了，投递了好几家公司都没有反应，自己真的这么不堪吗？该如何寻求一份好工作？

老丁心语：

老丁给大家提出几项职业规划策略。

第一，要趁早明确长远目标。从研究生第一年开始，老丁就建议研究生着手制定清晰而长远的职业目标，而不是等到二年级结束才匆忙考虑未来。如果研究生有意向报考公务员或事业单位，就要及早与导师沟通并提前准备论文撰写，以便腾出更多时间为考公做准备；有意继续攻读博士研究生的，则需要提前与导师进行沟通，明确自己的研究兴趣和职业发展计划，积极向导师争取更多的机会，如参与科研项目、学术讲座、撰写论文等，让自己在攻读博士研究生学位的前期准备和面试中占得先机。

第二，制定详细的职业规划。如果研究生决定继续攻读博士学位，那么其在硕士研究生阶段就不能只满足于发表一篇论文，因为在申博过程中，多篇高质量的论文、导师的推荐信、各类奖励、科研项目经验以及扎实的知识结构等才是获得博士研究生申请—考核制评委认可的核心。而有志报考公务员或事业单位的同学，可以提前深入了解职位与自身专业的契合度，以及如何有效准备相关考试，也可以向经验丰富的前辈请教以了解其成功进入理想岗位的策略和方法。如果想成为辅导员或教师，就要提前掌握相关求职技能，如了解教育行业的最新趋势、掌握教学和辅导技巧、提高沟通能力等，进而积极提升自己的各项技能以满足这些需求，逐步向目标职业靠拢。

第三，要有内在动力和贵人支持。内在动力能点燃个人向目标迈进的激情和对成就的渴望，是个人持续奋斗并在面对挑战时保持坚韧不拔的精神支柱，因此，无论如何都要坚持精进自己的技艺。贵人支持，是指在求学和求职生涯中遇到的能够提供指导、资源、机会或者在关键时刻给予帮助的人。因为他们的介入往往能显著加快你向目标迈进的步伐。也就是说，只有将内在热忱与外部支持有机结合并通过不断的勤奋工作和学习积累经验与技能，你才能在竞争激烈的环境中脱颖而出，最终达到自己的职业和生活目标。

6. 研究生毕业论文外审、答辩的注意事项

每到毕业季，一部分研究生就会为毕业论文外审或者答辩犯愁，因为他们的论文质量不高且在导师指导下进行了大量修改，这使他们发出“毕业怎么这么难”之类的感慨，甚至在外审期间总感觉身体不适，认为自己“过不了”，担心不已。一般而言，要求严格的学院都会进行论文盲审，这引发了部分研究生对自己论文质量的担忧。现实中，一部分研究生的确在论文外审或者盲审中出现了个别外审意见不合格的现象，这导致他们的论文不能参加正式的答辩，需要在导师的指导下进入反复修改和重大问题整改阶段。此外，在研究生论文答辩过程中，总有一部分研究生因为不重视答辩环节或者胡乱回答评委的提问而导致毕业论文质量不合格，需要重新答辩或者延期毕业。更有甚者，延迟答辩后仍然不重视论文质量的提高和二次答辩中的表现，最终使自己浪费了三年时光而没有获得研究生学历和硕士学位。

6.1 要全身心投入毕业论文撰写

硕士毕业论文撰写是一个系统工程，与小论文实验后得出创新性的结论就发表是有很大区别的，因为其需要系统的选题说明、明确的研究意义、明晰的关键问题，需要全面和精准的文献述评、详细的方法论证和深入的结果说明，甚至还需要进行复杂作用机理和驱动机制的分析，因此，硕士毕业论文撰写需要全身心投入，不能有任何投机行为。一般而言，一年级主要侧重理论课程的学习和研究方法的锻炼，最好能在导师的带领下撰写小论文并投递出去。这是因为，通过小论文的撰写不仅可以让研究生系统地了解科学实验后结果撰写和深度挖掘的流程，而且可以使研究生在收到期刊外审意见后

看到自己能力的不足，以进一步明晰期刊论文的规范、图例和图表要求，从而为其毕业论文的撰写提供基础支撑和前期储备。如果缺乏一年级的小论文撰写基础和期刊规范化的投稿经验，研究生在毕业论文撰写过程中就会像“小白”一样遇到各类问题，甚至不懂得论文撰写的基本范式。因此，研究生如果遇到导师让你早一点撰写论文发表，就是遇到了贵人，因为他能帮助你提高科学研究的理论认知，也能让你在毕业论文的写作进程中占据主动地位和加快速度。

有些同学可能会抱怨，我的导师不怎么指导我的小论文，天天忙于行政事务或者日常杂事，而且让自己在基础不牢的情况下干了一些杂事，那么在这种情况下该如何提高自己的毕业论文质量呢？我的建议是，及早请你的导师给你布置选题并明确研究方法，让你在忙碌公共课的同时有重点的研究方向和获得实质性的提升，从而使你在基础能力差的情况下早日达成毕业目标。此外，二年级下学期一定要尽早地和导师沟通，表达出你希望能够获得更充足指导的愿望，让导师留出足够的时间指导你撰写论文而非参与横向课题和做一些杂事，以保证你有时间补短板、强写作，从而在三年级比别人慢一步的情况下顺利完成毕业大论文的写作。在论文完成后，主动请导师多修改，并给出具体的细节修改意见，主动让师弟师妹帮助多读几遍论文以避免出现错别字、数据错误、论证不严谨等问题。

如果你在大学期间没有参与大学生创新创业项目、实验性开放课题、导师科研项目和专业性学术竞赛，加之研究生一年级听课感到吃力，那么说明你的基础较差且科研实力不强，你需要投入更多的时间提升基本功，时刻保持上进心和严格的作息制度，不要因为“耽误一会儿，咱们出去玩”“这不是很难，回头我们再做”等之类的话让自己松懈，从而浪费大把的光阴。也就是说，你要时刻紧绷科学研究的弦，不要因别人的成长过快或者短暂的迷失而让自己陷入羡慕或者苦恼中，应按照自己学习的状态和技能调整目标，稳步推进或者投入额外的时间补弱项，从而让自己能够在付出极大的努力后和别人有一个相同的进步，以“困而知之”的磨砺和“大上进”的赶超来实现研究生阶段的能力突破和硕士学位的顺利获得。

6.2 导师应尽全力指导

一般而言，有责任心的导师会根据你的实力为你匹配相应的课题，通过严格把关论文的开题、中期检查、外审、预答辩、答辩等环节以及及时督导你修改，使你顺利完成毕业论文撰写任务并授予硕士学位。但有时候你的导师忙于公务或者一些横向课题，加之对你个人科研实力的评估不够，也缺乏过程中的面对面监管，从而让你陷入被动甚至答辩失败。那么如何才能让自己的毕业论文撰写过程加快并顺利通过答辩呢？

6.2.1 你的选题匹配你的实力了吗

如果你的科研实力较强且在大学期间或者在一年级发表过高质量的小论文，那么可以让导师帮助你选择有挑战性的创新课题，通过导师的引领攻克科研难题。在这种情况下，你是能够达到导师的科研预期并产生创新性的成果的，因为导师有信心，你也有实力，双方能够在良性互动的情况下实现同频共振。如果你的科研实力一般且主要以毕业后找工作为目的，那么可以让导师给你选择中等难度，且循序渐进就可以产出毕业论文结果的课题，因为这样的选题推进可以看见结果，也可以根据自己的推进速度调整快慢。这类研究生在进行选题时，一定要与导师进行充分的沟通，让导师了解你的职业目标而给你选择难度不是特别大的课题。如果你的资质一般且需要导师时刻监督，就让导师给你匹配难度不是很大且可以随时进行沟通的课题，确保自己能够在三年的时间内完成毕业任务。在这种情况下，即使导师让你进行有挑战的选题，你也要为自己的职业规划多降低一些难度，以避免自己身处“有苦难言”的状态且总达不到毕业的要求。

6.2.2 你的导师按时过程检查了吗

有同学说自己很努力、很拼命，甚至还列举自己总加班到几点或者经常不吃饭的情况，但导师收到自己的论文计划或者初稿后总是敷衍查看，还经常不给指导意见。在这种情况下，你的努力和导师对你的检查成效是不成比例的，你的论文很难有成效。现实中，很多优秀的研究生导师除了定时给课题组开组会，还会根据研究生的论文进展，主动与其约时间进行深入沟通，以避免研究生因某个环节推进过慢或者结果分析达不到预期而处于茫然中。如果你没有遇到贴心关爱型的导师且自己的探索能力不强，你就要多定几个时间点约导师详谈，主动咨询和提问，以获得导师的建议和解决之法，从而避免因导师检查不勤或者检查无效而让自己论文撰写进度迟缓或者达不到毕业论文质量要求，进而失去答辩机会或者答辩不合格。

6.2.3 你的导师“打样”给你修改了吗

多数研究生导师在发现自己所带研究生写的论文有问题时，会以批注的形式给其反馈或者建议，让其按照要求逐一修改以提升论文质量。但是，有些研究生的文字理解能力差且读不懂导师的意见和表达的重点，导师以批注形式给出的反馈意见产生的效果就会很差。在这种情况下，虽然研究生进行了改写或者提升，但逻辑结构和文字表达很难达到预期，论文质量很难有质的提升。这该怎么办呢？负责任的导师往往会对研究生的论文内容直接进行改写或者重新演示正确的写法，让学生有模板参考以进行有针对性的提升，所以，导师是否改写过你的论文也是判断你论文质量高低的一个标准。因此，在论文撰写过程中出现问题时，一定要以谦虚的心态，甚至以“自己无能”的姿态向导师请教，从而让导师帮助你改写部分论文，让自己有参考的范本进行后续部分的撰写，避免事倍功半的情况出现。

6.2.4 你的导师给你临场嘱咐了吗

研究生开题、中期考核和毕业论文答辩都离不开现场汇报的环节，其不仅需要研究生制作幻灯片进行答辩展示，而且需要研究生回答评委会的提问和质疑，因此你需要足够重视并进行多次彩排才能达到预期的结果。如果导师对你的论文质量很有信心且平时你有上台演讲的经验，那么你正常陈述后如实回答导师的问题，一般论文答辩是不会有问题的；如果你的论文质量一般且平时上台演讲时紧张，经常出现听不懂问题胡乱回答或者低情商“怼”答辩委员会的现象，那么你的答辩结果就会很令人担忧；如果你是“默默”型选手，经常面对专家的质疑或者反问无从应答或者不愿回答，那么答辩委员会会对你的研究结果产生怀疑。在后两种情况下，导师的指导和彩排环节的嘱托就非常重要，一方面，导师会对你的汇报流程提出建议并给出重点的汇报片段；另一方面，导师会对你上台的礼仪、语速的快慢、状态的张弛和问题的回答给出详细的建议，甚至模拟答辩的情景让你进行有准备的回答。在导师的指点和嘱咐下，你到答辩场合自然会放松很多，有能力应对评委会专家的提问和质疑，你的毕业论文答辩也就有了保障。

6.3 提升质量再次外审

由于论文外审或者盲审需要 2~3 位专家审阅，当论文评阅成绩出现一个不合格或者相对较低的情况时，学校会给机会进行二次外审或者盲审。如果专家复审后成绩晋升为良好，那么研究生是可以参加答辩的。如果外审或者盲审中有两个专家的意见为不合格或者出现了学校不允许参加的情况，那么研究生需要经过一个周期的修改后，在下半季答辩或者第二年答辩。值得一提的是，这种情况反映出研究生毕业论文存在质量问题且较为严重，经过认真修改后才可以参加下次答辩。针对论文出现外审专家意见不合格的情况，研究生可以在和导师充分沟通后进行二次外审，但需要做好以下几点。

6.3.1　充分尊重专家意见，深入完善

因为论文完善后往往还是送审给同一位专家，所以研究生必须逐字逐句分析专家的意见，认认真真地修改，对某些潜在的风险点也需要进行整改，以确保自己的论文修改质量达到专家的预期。现实中，有些专家提出的意见很尖锐，如需要重新进行实验或者需要颠覆性修改，甚至有些意见让师生产生“专家为什么这样刁难”的疑问，让研究生气愤不已。但是，研究生一定要耐住性子进行修改，甚至将其作为“金科玉律”进行研读，避免因为自己的“不想改”“他提得太严重了”等想法和行动而使论文再次被“毙”。

6.3.2　严格听从导师安排，专心提升

导师是论文质量的第一把关人，因此其在审读外审专家的意见后一般会有更深的认知，也会从顶层设计和深度修改的角度让你进行修改。如果你这段时间忙着找工作或者心思不在论文上，那么丁老师建议你一定要调整好状态，严格按照导师的修改要求进行长时间的修改，因为一旦毕业论文答辩不通过，毕业证和学位证就拿不到，此时再谈其他也就没有任何意义了。现实中，有外审问题的研究生经常会抱怨导师之前指导毕业论文不力或者没有发现潜在的风险点，但这些抱怨和发泄是没有任何意义的，因为现阶段应该以补救和提升质量为主，而不是让师生矛盾升级，论文质量继续下降，从而浪费学校给的二次外审或者盲审机会。

6.3.3　提交院系重新评估，单位把关

论文质量不合格，不仅会使导师面子挂不住，也会使单位的负责人感到“丢了学院的面子”，所以学院的导师组负责人或者学术带头人比你和导师更重视论文质量，一方面会让导师加强对论文质量的把控，另一方面会从学院

的要求层面进行二次把关，以确保修改后的论文质量达到学院的审核要求。所以，你修改后的论文会被导师组老师二次审核，后续可能还需要按照他们的要求进行修改，所以你不要以为按照外审专家、导师意见修改完就万事大吉，二次审核这一关才是最重要的，因为会涉及学院的信誉和导师组的水平。如果你的学校没有导师组或者学术带头人二次审核，那么你可以主动申请让他们复核一下，以避免局部疏忽造成不可弥补的不良影响。此外，导师组和学术带头人往往还会对论文进行深入研读和详细问诊，所以细节的把关和整体质量的把控可给论文多上一重保险。

6.3.4 重视格式体例规范，提升信度

有些专家认为，论文不合格的原因是格式体例太差、参考文献错误连篇、标点符号错误、图件制作一塌糊涂等，所以研究生除了修改论文质量和提升研究深度外，还要仔细检查每一句话中可能存在的问题，认真修改格式体例，提升参考文献的准确性和科学性，强化句子的连贯性，提高图件制作的精美度，从而让外审专家看到你的论文有“面貌一新”的感觉，而不会觉得你只是抱着“交差”的心态，有应付的痕迹。总之，论文格式的规范性和形式的美观性是衡量科研工作者学术严谨性的重要维度，也是判断研究生是否用心做科研的重要标准。因此，研究生一定要在保证论文质量的同时，提升其规范性和精美性，从而让专家从内、外两个方面给予深度的认可并打出不错的分数。

6.4 认真准备答辩

如果论文答辩没有通过的重要原因是论文质量不高和答辩场上表现得很差，那么这种情况就会使评审委员会的专家对论文和答辩研究生产生双重的信任度下降，从而给出答辩不合格的评语。有些同学认为，毕业论文只要质量过关，答辩就是走个过场，使得其对答辩没有给予足够的重视，进而导致出现各类问题，加上答辩时稀里糊涂错误回答使局面失去控制。一般而言，论文答辩除了导师的质量把关和数次的彩排指导，还应该做好以下几个方面。

6.4.1 答辩不是演讲，状态要稳

有些同学认为，自己有讲课或者演讲的经历，不害怕站讲台，对自己的论文夸夸其谈，音调很高且肢体动作很多，让专家在“吵吵闹闹”的氛围中听完了汇报，从而发出“论文质量不高，人倒很高调”的感慨并给出了不高

的分数。丁老师的建议是，研究生毕业论文汇报陈述要平稳，在音调不高的情况下娓娓道来，同时不要有太多“手舞足蹈”的表情和肢体动作，让导师对你的论文有深层次的理解即可。此外，评委会导师将很多时间放在看你的论文上，你过分的表现反而影响导师理解你论文或者评价研究质量的心情。

6.4.2 答辩不是念稿，重点要清

有些同学的论文汇报就是念幻灯片，甚至是“哪里不会点哪里”，没有重点地从头念到尾，以致评委会专家对其论文质量没有很好的认可。一般而言，研究背景及意义、文献综述等研究基础的内容少讲，研究方法、实验设计或者技术路线要详细讲，结果分析要深入解读和汇报，结论和讨论可适当弱化，而不是没有重点地念 PPT。因此，研究生答辩汇报要重点讲你的发现、结果和贡献，尽量少讲前面的内容背景、意义和理论支撑。

6.4.3 答辩不是辩论，建议要听

有些同学参加辩论，无论评委老师提出什么样的问题，哪怕指出了明显是错误的内容也要反驳或者狡辩几句，从而给评委会专家留下不好的印象。如果是结论明显有问题或者某个图件错误，研究生要正视自己的疏忽或者不严谨，而不是说“因为 ×××，自己不小心……”“这个问题不大，我简单修改就可以”“这又不是大问题，没有必要这么认真吧”等表达，这样很难让评委感受到你是在认真听取他们的意见，于是给一个很低的分数。在现实中答辩后，很多同学表示自己狡辩几句或者多说一些补充的话是怕评委理解不清楚，怕评委因为自己的疏忽而否定自己的论文。其实完全没有这个必要，因为评委会专家都是这个领域的大家，不会因为局部的不完善对论文质量提出质疑。

6.4.4 答辩不是沉默，态度要诚

有些同学在面对专家的提问和质疑时往往话说不清楚或者沉默不语，让评委会专家觉得这篇论文好像不是本人撰写的。答辩并非生活中普通的对话，回答可以不解释，因为这里面涉及你的工作量和对论文深度的理解，如果简单的问题或者正常的结论你都回答不出来，那么评委会专家组有十足的理由怀疑你论文的科学性和结论的可靠性，所以一定要开口回答以确保论文是自己撰写的。有些同学面对专家的质疑或者有针对性的提问不敢阐述意见，呈

现不知所措或者想找个地缝钻进去的状态，这也是很不好的现象，因为过分的胆怯就是懦弱的体现，你要用“以后我加强这部分的设计”“下来我会强化这部分的写作”“谢谢专家的建议，我非常认可，下去我就立马改”等表达以表示对专家提问的尊重，从而体现你诚实、严谨和上进的工作态度。

6.4.5 答辩不是结束，修改要有

有些同学顺利通过答辩后，针对专家意见的记录早就不知道去哪了，以“答辩通过，万事大吉”的状态毕业，而不听导师的任何建议去修改。不得不说的是，如果你不修改论文中的重大问题和一些潜在风险点，那么教育部、省教育厅抽检的专家可能会给你否定的建议或者给的分数过低，从而使你因为抽检不过而取消已获得的硕士学位，白白浪费三年的青春。所以，研究生在答辩结束后一定要在毕业离校前深入修改论文中存在的问题和答辩中专家指出的问题，以找不出质量问题和格式错误的心态严格把关，毕竟论文要跟自己一辈子，要确保自己提交给中国知网系统的正式稿没有问题，从而让自己在心里珍藏好属于自己的硕士学位证书。

粉丝留言：

毕业答辩很紧张，害怕自己汇报不好而影响答辩结果，该如何准备毕业论文答辩呢？有哪些具体的注意点呢？

老丁心语：

老丁给出如下建议。

第一，要注意仪态仪表和语气语调。研究生在汇报毕业答辩PPT时，一方面要注意穿着正式的服装以尊重答辩这么重大的场合，另一方面要使用汇报式、论证式的语言表达研究观点的准确性。同时，要表现出对自己研究内容和结果的自信；保持平稳的语调和流畅的表达，避免演讲式汇报、过度的随意表达和过激地回“怼”专家提问，与评委和听众进行礼貌、尊重的互动和问答。

第二，要合理安排各环节的汇报时间。研究生在做汇报答辩PPT

时，一定要明晰重点且展示结论，不要在研究背景、研究意义和绪论等部分花费大量的时间和精力。建议首先在两分半钟内快速将绪论、引言、概念、研究进展以及相关理论讲完；其次在两分半钟到四分钟内重点汇报数据采集、设计理念和实验过程等；再次在四五分钟内重点阐述结论；最后进行总结、不足探讨和未来展望。

第三，要注意汇报的重点和体系性。汇报重点应该是技术路线、设计理念和主要结论，而不是研究背景、基本概念等不重要的辅助内容。毕业论文答辩的汇报重点不能像写论文那样把绪论、引言、研究方法和数据等内容逐一汇报，而是要从为什么要做这项研究开始，以如何开展这项研究为主线，得出什么结论为重点进行汇报，以体系化的主线论证研究的核心结论和研究意义。

第四，要注意汇报的细节和态度。汇报的PPT一定要图文结合，避免不做任何修改直接将大段文字密密麻麻地展示出来。值得一提的是，有些同学可能会使用一些精美的框架图或技术路线图等，这些细节无疑会让评委感到满意。此外，再次提醒大家一定要保持陈述的口吻进行答辩汇报，语调平和。最后一定要表达感谢，并恳请或者敬请专家提出批评和建议，而不是简单的四个字“谢谢聆听”。“谢谢聆听”的表达方式更适用于上级对下属的情境，而不适用于论文答辩。如果非得用这个“听”字，那么老丁建议用“谢谢倾听”要好一些。

7. 研究生对比本科生的优劣势

在拿到录取通知书的时候，很多准研究生会有深情的瞬间并发出“我终于上岸了”的感叹，默默感受到研究生录取通知书和未来毕业证所承载的学历价值，心理层面会自然而然产生“我不再是本科生”“我是研究生了”的优越感。其实，很多通过初试、复试上岸的研究生，仅仅是实现了身份和知识层面的跃升，如果在研究生期间没有实现思维方式的转变和技术能力的提升，那么其未必比本科生强。

7.1 研究生的优势

从研究生的培养目标来看，除了基本的学业知识、学分要求和实践技能，更重要的是要培养独立思考、归纳文献以及自己提出科学问题、独立设计路线解决问题的能力，为解决理论前沿问题和现实难题打下基础。如果导师注重学生为人处世、生活态度以及接待礼仪等方面的细节培养，那么学生在毕业后或者遇到重大难关时的应对能力会进一步提升，从而实现学业、能力、品质、精神的蝶变升级。

如果研究生毕业前学到了真本领，那么其从事特定职业的心理稳定度和成熟度会比平常人高很多，且不太会因为工作上的不如意或者困难损害自己的身心健康；如果研究生经历过学业上的挑战、摸索和重大课题研究方面的磨砺，就不会因为自己的技能不到家、处事方法不到位而怨天尤人，而是会按照“文献述评→提出思路→建立路线→科学践行”的体系提升自己，从而实现工作能力和处事技巧的快速提升。可以说，优秀的研究生在解决工作方面的问题时，会像攻克科研课题一般建立技术路线，形成自己的适应体系和科学工作步骤，同时具有强大的心理承受力和抗挫折的意志品质。因此，真正经过研究生阶段锻炼的人才，在职场初期会很快适应工作节奏并努力提升自己的各项技能，情商、逆商和抗压力均比本科生好很多，也会很快找到自己的晋升路径和生存之道。

7.2 研究生的劣势

多数学生通过大学四年的学习直接考研进入研究生生涯，学习的劲头很足，钻研知识的能力很强，但由于长时间处在“象牙塔”中学习，社交能力、抗挫折能力、处理复杂事情的能力相对较弱。如果研究生长时间处在相对封闭的实验室，过着“三点一线”的生活，其在社交活动中的表达能力、处理棘手问题的能力、解决突发事情的能力就会弱一些，因为其参与与人打交道的事务较少。有些研究生因为不适应社交方面的你来我往和一些处事原则，在工作环境、社交场合表现不得体，或者看不惯某些人、某些事，会导致他们的社会心理与个人价值体系不匹配，甚至产生心理问题。有些研究生总是按照自己的意愿对某些人、某些活动进行不合时宜的批判、“怼”人或者“口无掩拦”，让自己处于舆论的旋涡或者不利的境地，甚至意识不到自己的言论伤人了，在不自觉中丧失很多发展机遇或者卷入很多是非。

7.3 研究生比同级毕业的本科生强在哪里

由于研究生在学习阶段最重要的事情是论文写作，在导师制的培养模式下，其语言表达的严谨性、工作态度的认真性、处理事情的科学性均得到很大的提升，不会再像本科生阶段随意地处理文字信息、不负责任地表达失真观点。由于科研方面的严格要求、学习任务的规划意识增强和日常管理的自律性提高，相较于同级毕业的本科生，研究生管理时间的能力不断增强、科学处理工作问题的流程不断规范、遇到不会的问题主动学习和请教的意识不断增强。由于研究生是导师制，区别于本科生班级化管理，其在日常的培养过程中会潜移默化地学到很多导师的价值观念和育人方法，在处理问题和日常活动中会带有导师身上的“道”，从而促进自己人格的完善和精神价值的提升。此外，研究生导师会带着学生参与学术活动、科学实践、会议交流、企业合作等，让研究生在学到知识的同时提高眼界、开阔心胸、进阶思维、创新思考等，形成团队思维意识、彼此合作意识、“小我”与“大我”意识、集体攻坚克难意识等，真正学到导师身上的优秀品质和真本领。

7.4 研究生比工作几年的大学生弱在哪里

工作几年的大学生经过职场的摸爬滚打，逐渐适应了同事间的竞合状态、社会化的礼尚往来，掌握了职场生存的一些技巧和晋升渠道，更能看清一些人间冷暖、悲欢离合的世事状态。在职场生活的磨砺下，这些大学生比研究生更懂得社交方面的礼仪，在不同场合身份切换自如，且语言表达恰如其分，职场的秩序感和规则感很强。因此，他们在礼仪接待、人情往来、职场处事等方面的能力要比一心搞学术的研究生强很多。所以，在研究生三年或者两年的学习生活中，研究生除了要学好专业课、完成好毕业论文，还要协助导师处理好一些社交性任务，培养自己在大事、要事、急事方面的应对能力和处事技巧，学习社交语言和礼仪规矩，从而让自己在毕业后尽快适应职场生活，成为一个社会化且有感情的职场人。现实中，有些职场“老油条”会讥讽不懂社交礼仪、职场规则的研究生，认为他们“学傻了”“傻清高”等，其实是这些研究生在求学期间过多地投入论文写作和科研攻关，疏忽了社交礼仪和人情往来等方面的学习，因而初入职场会显得“笨”“傻”“不懂事”。如果你看到了这部分内容，同时在研究生阶段留意到了这些细节、规矩和礼仪，那么你一定具有快速的学习能力和适应能力，加之研究生本身具有的独立思考能力，这能使你顺利地适应职场的初期工作状态。

粉丝留言：

考上研究生后导师给安排了科研任务，还要看很多文献，很不适应，怎么办？

老丁心语：

研究生应做好以下六点。

第一，一定要写好论文。论文包括学位论文和期刊小论文两部分。研究生只有做好小论文的前期锻炼和规范化表达，在一些核心期刊发表论文或者做一些基础性的研究，才能为之后的学位论文写作打下基础性的支撑。如果你在一年级没有锻炼，二年级没有论文撰写经历，那么三年级你可能要哭泣，因为没有人再带着你把论文写作重新进行一遍。所以，希望大家重视一、二年级的小论文写作。

第二，一定要处理好与导师的关系。在研究生阶段，有些导师就是想招一些科研助手并培育接班人，所以你要重视和导师的协作，把导师安排的小事情当成大事情做，充分体现做事的严谨性和学习的认真性。

第三，一定不要玩游戏。有些同学在机位上或者在搞科研的重要仪器旁边，痴迷地玩着游戏，导师就会想“我们花着国家的经费、投入这么大的精力去培养你，而你却在浪费宝贵时间”，以后对你的关注程度会下降。

第四，一定要锻炼自己独立处理问题的能力。导师不会给你现成的数据跑模型，而是会让你围绕一个问题自我探索、深入挖掘并引导你产出高水平的学术成果。所以，大家在研究生阶段要善于自我挖掘、自我反省，不断提升自己独立思考、勇于创新的能力。

第五，要认清考博的形势，因为考博不是你想考就能考上的。现在博士考试多数为申请—考核制，需要你有前期的研究成果积累，最好是有高水平的成果支撑，因为这些反映了你的科研潜力和发展空间。如果你没有几篇核心论文，也没有像样的高质量SCI论文，那么即使你报名了，申请的难度也极大。

第六，一定要守好自己的底线。有些研究生为了一些利益（如获得奖学金、优秀干部评选），伤了同学之间的和气，甚至触犯了道德红线，甚至背离了社会主义核心价值观，那么即使获得了那些利益、荣誉又有什么意义呢？

8. 考博士研究生的利弊

很多硕士研究生渴望攻读博士研究生，但总觉得自己没有实力，也觉得自己没有那么好的运气。诚然，硕士研究生考博成功的概率不高，因为多数博士研究生导师的名额较少且对学生考核严格，因此很多研究生虽有申请读博或者考博的想法，但由于自身实力不强或面试表现不佳就放弃了。可以说，攻读博士学位并不适合每个人，因为它需要坚定的决心、强大的动力和持久的毅力，需要长时间聚焦核心问题攻坚克难，所以博士研究生中延迟毕业的情况较为常见，也有很多研究生最终没有获得博士学位而结业。从博士研究生的学习方式来看，学习不像大学或硕士研究生阶段那样有明确的课程设置和指导，更多地依赖自我驱动进行探索学习以及对研究领域的不断攻坚，这需要具备自我组织和管理时间的能力，以及对自己的研究选题能取得成绩的信心和勇气。本节重点从“要不要读博”“读博的形势”“申博该如何准备”等方面展开论述，期望为想要读博却忧心忡忡的硕士研究生提供对读博的深入理解和应试准备，以帮助他们在决策时更加明智和自信。

8.1 哪种类型的人适合读博

8.1.1 热爱知识、渴望探索的探险者

这类同学在大学或者研究生阶段对科研问题总是很感兴趣且对未知领域充满好奇心，他们追求的不是问题表面的结果呈现和客观表达，而是想深入进去以达到“打破砂锅问到底”的机理分析效果，因为他们相信通过科学的分析可以找到自然界运行的规律和社会法则背后的逻辑，坚信通过学术研究和科学探索可以解答自然界的奥秘和社会的演进规律。一般而言，这类学生具备扎实的学业基础、娴熟的技能和上进的精神状态，往往对学科领域的某

一个问题特别感兴趣，渴望通过攻读博士研究生让自己沉浸在所爱的实验、事业中，期望自己的研究发现、实验结果和学术贡献能为自然界的机理运行、社会发展的机制剖析等贡献力量。同时，这类学生乐于学习和掌握前沿领域的理念、理论和研究方法，并且善于将不同学科领域的知识进行整合并应用到自己的研究中，所以他们具有很强的挑战欲望并坚信自己能发现一些科学规律。最重要的是，这类学生具备投入高强度学习的动力和高目标的自我激励能力，明白攻读博士学位是一项长期而艰巨的任务且需要付出大量的时间和精力，因而他们有“我不相信我做不出来一些东西”“这不能难倒我”的敢于挑战的探索精神，以及愿意投入大量时间和精力进行实验、数据分析和文献研究的态度，这使他们很容易获得有价值的研究成果。

8.1.2 自我驱动、自律自强的挑战者

如前文所述，博士研究生的学习虽然有一些基础课和公共课，但更多时候是在导师的引领下进行自我探索，因此博士研究生导师通常会安排一些组会、研讨活动，进行督促或者解答疑惑，而不给博士研究生设置明确的课程和专门的技术课，使其处于一种自我驱动、自我管理的状态。所以说，博士研究生的学习类似于“师傅领进门”的自我修行，他们不仅需要进行知识的自我强化和更新，还需要在没有环境约束和外部监督的情况下进行自我管理，否则很难在自我挑战的学术道路上行稳致远。这种自我驱动的意志力引导着他们在凌晨的灯光下坚守岗位，也促使他们在有学术灵感的深夜保持动力。同时，自律是博士研究生取得高质量成果和重大科研产出的关键条件之一，因为只有日复一日地进行实验和严格把控自身的工作时间，才能在“苦行僧”般的自律中及时发现重大的研究成果，并有时间、精力将其撰写出来发表。即使在面对诱惑和干扰时，他们也能坚守初心和原则以专注于目前的研究进展，通过自我驱动和自律约束不断突破自己的极限，以保持当初自己要从事科学研究、做出学术贡献的赤子之心，同时这种自我驱动和自律的精神品质将成为他们未来职业生涯中极其珍贵的财富。

8.1.3 持久坚持、勇毅前行的攀登者

在博士研究生的学术探索旅程中，持久的耐心和毅力是他们在面对种种挑战时不可或缺的品质，因为很多科学问题早期的探索是充满未知和变数的，甚至投入了很多心血也难以有成效，因此需要博士研究生有持久的意志力和

顽强的拼搏力，不断地向科研目标的顶峰发起挑战和冲击。然而，科研的道路没有坦途，每前进一步都可能遭遇新的困难和挫折，这就要求博士研究生修心正己，以滚石上山的韧劲、爬坡过坎的勇气、坚定发展的信心，咬定目标任务，乘势而上，砥砺前行，跨越障碍抵达知识的山巅。这种耐心和毅力不仅体现在对学术研究的投入上，还渗透到生活的方方面面，需要博士研究生始终沉浸在学术研究的主线中，因为灵感来的时候、结果快取得的时刻和规律揭示的瞬间，都需要即刻放下生活中的杂事、琐事和烦心事，去把握这些来之不易的成果。正是这份从容不迫的耐心，使得博士研究生在复杂问题面前保持冷静，不慌不忙地寻找解决方案；正是这份坚定不移的毅力，使博士研究生在知识的海洋中不断深潜，直到触及真理的底沙；正是这份勇毅前行的精神，如同星辰般照亮了博士研究生的科研之路，砥砺他们不断攀登科研顶峰。

8.1.4 同甘共苦、团结奋进的合作者

博士研究生攻坚的科学问题，一般依托于导师科研团队的某个研究方向，这类研究既需要独自探索，也需要团队成员之间的默契配合，所以博士研究生需要具备同甘共苦、不畏艰难和团结奋进的精神，以发挥团队的集体优势，创造重大的科研成果。除了自我驱动的坚持和科研精神的坚守，博士研究生还需要具备良好的沟通和协作能力，能够与导师、同门以及课题组的其他同学建立良好的合作关系，善于倾听他人的意见和建议，有效地传达自己的想法和观点。也就是说，博士研究生需要懂得团队合作的重要性，能够在合作中充分发挥自己的才能并与他人共同取得成果。如果你在硕士研究生期间就具备较好的团结协作能力，能够明确自己在科研团队的分工定位，善于激励团队成员不断向前，在团队有重大任务时舍身忘我，那么你在申请博士的测试和面试中会得到一定的青睐。

8.2 考博形势与自身利弊分析

8.2.1 读博的优势和压力并存

博士的学术光环是常在的，毕竟其代表国家最高学位，也象征着高深的学术造诣和卓越的研究成果，在社会定位和同行认可方面具有很强的标识性与荣誉性。虽然研究生取得博士文凭往往是基于在精尖单一领域的研究成果，

而非学富五车的知识量，但一些社会人士受“传统观念”的影响，往往认为博士作为最高学历获得者学问高深，以为他们精通所有知识，且对各类话题的见解都是科学的。所以，国家出台了一些文件，明确规定院士、专家、学者等不能在其不熟悉的领域发表学术见解，以避免误导群众。正是由于博士学位的这份吸引力，很多硕士研究生想进一步提升自己的学术能力和科研潜力，加之受就业环境的影响，纷纷加入考博大军，期待自己能够获得博士学位并找到一份好工作。然而，由于博士研究生需要扎实的基本功、持续的探索力和果敢的创新力，一些研究生虽然靠着论文发表、导师推荐和所在院校品牌助推进入了知名学府，但因为缺乏学术定力，多年后延期毕业，陷入无法获得学位的尴尬处境，最终既无法获得想要的学位，也缺乏就业竞争力。

8.2.2 读博的挑战和自律要求

博士学位的神圣性，使博士研究生的选题极具挑战性和创新性，因而博士研究生的开题、中期检查、外审和毕业答辩都极其严格，不是一般的硕士研究生选题所能比的。读博需要持续关注一个专业领域，只有深耕才能获得学术上的进步和成果的产出，如果没有持之以恒的状态且受很多社会琐事的影响，那么是很难完成这份挑战任务的。在这种情况下，博士研究生需要极其自律，要严格规划每一天的时间，要熬夜苦读、周末苦修和寒暑加班，这不仅可以保持自身在学术上的精进力，而且可以让自己全身心、全过程、全环节投入博士研究生的挑战性任务。如果你放松对自己的要求，甚至让自己放了两三个月的假，那么很容易产生懈怠的心理和缺乏持续的闯劲，从而让自己陷入懒散、缺乏动力的恶性循环，甚至影响个人的职业发展和人生规划。此外，博士研究生的学习往往缺乏明确的课程安排和指导，需要个人具备良好的自我管理和研究能力，这对于一些缺乏自律性的人来说也是一大挑战。

8.2.3 读博后就业的不确定性

十年前，大部分博士研究生毕业后是不愁就业的，因为很多高校和科研院所缺乏博士人才，市场需求量很大。而今，一方面是博士研究生数量的稳步增长带来的同年人才竞争；另一方面是高校、科研院所对博士研究生的更高内涵要求，往往带着考察任务和人才期待进行选拔，因而产生了“非升即走”“聘任期必须完成任务”等考核机制，使得一些博士研究生面临科研方面的产出要求和国家自然科学基金等方面的高难度挑战，进入高校、科研院所的门槛越来越高。读博的时间成本、投入与回报之间的博弈和反复评估，也使得一些硕士研究生不愿将主要精力花费在读博这条道路上，因为读博的辛苦、就业的不确定性、薪资的难以保障性和科研晋升的困难性，让他们对人生有了新的认知，不想到三十来岁还没有可靠的职业保障、可观的经济来源和稳定的生活。

8.2.4 读博的社会压力与责任

读博对于一心求学的人而言是幸福的，因为可以沉浸在知识的海洋中并挑战人类面临的科学难题，也可以体现“知识是人类进步的阶梯”的力量，还可以推动人类社会进步和实现自己攻读博士研究生的学术目标。也就是说，如果你是一个纯粹的学术动机者，愿意读博，也清楚地知道博士生活面临着什么，那么你静心一域、精于一技、深耕一点是可以有非凡成就的。然而，如果你是带着读博士可以换一份体面的工作、获得高额的薪资和优越的工作环境的目的，那么这些功利心、世俗心和荣誉心会让你难以全身心融入科研这件纯粹的事情，从而经常以长远的期待衡量攻读博士的是与非，学术产出和科研成绩自然会打不少折扣。当然，如果家庭环境较好且读博不是未来唯一的路径，那么对于热爱知识、渴望深造和着迷于一个领域的研究生而言，读博是一件令人向往的事，因为读博不仅可以为其提供广阔的发展空间、持续的知识积累和创新性的突破，也可以为其将来更好的职业规划提供思维广度方面的支撑。然而，对于那些追求稳定就业和立即有回报的研究生而言，读博不是最佳的选择，因为读博生活的挑战性、攻读科研的复杂性和个人家庭生活的期待性，使其很难静心投入科研这条充满挑战的道路。因此，在做出读博决策之前，你需要仔细权衡利弊并根据自己的兴趣、目标和职业规划做出明智的选择，而不是随随便便就加入考博大军。总之，无论你是否选择读博，你都要找到属于自己的向上道路并积极为之积累知识、技能和人生智慧，只有这样才能让自己在未来的人生之路上少受些磨难，从而早点实现自己青春许下的梦想。

8.3 准备申请考核制的材料

考博现在多为申请考核制，不仅需要你在基础测试方面表现出应有的知识素养、技能储备和科研潜力，而且需要你在复试（面试）中表现出科研的执着、学术的涵养、积极进取的精神，因此你要认真准备初试、复试并找到合适的应对策略，以确保在激烈的申博竞争中脱颖而出。

8.3.1 论文的储备与代表性

由于博士研究生考试重点是考查考生的学术潜力和对科研理想的长期坚持，考生应该在硕士研究生阶段执着于自己研究的领域，通过导师的引领和自身的坚持多发一些高水平的论文，因为这些科研成果代表着你学术方面的精进程度和科学研究的定力，也代表着你从事科研工作的规范性、严谨性和积极的态度。如果你在研究生阶段既没有高质量的论文，也没有长期投入一个科研项目的体验，那么导师不会对你有很好的期待和内在的认可。也就是说，你需要在研究生阶段有 1~2 篇高水平的论文，而且在面试过程中展示你上进和坚持的品质，那么你在复试中是很有优势的。值得说的是，你不要炫耀自己的成果，因为炫耀成果或者表达发表 ×× 论文了不起是对同行的不尊重，是在关公面前耍大刀，会影响考官对你长远学术生命线的判断。

8.3.2 简历的特色与严谨性

简历是评估申请者学术和研究能力的重要参考资料之一，因此，在申请博士研究生时，你一定要重视给导师发邮件，毕竟这是你第一次文字应试。一般而言，博士研究生导师会认真阅读你的来信并下载简历判断你学业方面的情况，涉及教育背景、论文产出、项目参与和获奖情况等。在上述简历内容的审阅中，导师通过快速阅读就能判断你做事的风格和科研产出的情况，尤其会关注你的论文标题、内容和级别，这直接影响是否录取你这样具备相应科研水平的学生。因此，一个清晰、有条理且有力的简历可以帮助申请者在众多竞争者中脱颖而出。

8.3.3 材料的规范与美观性

研究生在提交申请—考核制的材料时，不仅需要准备简历、报名表、学历证、学位证等材料，而且需要提供发表论文、参加项目、获奖情况、参加会议等方面的证明材料，因此考生要认真排列其顺序并进行一定的美化处理，不能随随便便叠放在一起，因为这些会体现出你态度上的不严谨和工作上的不仔细，也会影响导师对你的印象。如果所有的材料都有封面且排版美观，重要的材料还有标识和详细的归类，那么导师对你自然会有认可和做事态度上的好印象。在整理这些文件时，申请者应确保材料信息的准确性和完整性，避免疏忽导致的不必要麻烦，因为这会影响导师对你的信任度。

8.3.4 推荐的可靠与权威性

有一些研究生同学认为，导师的推荐信影响不大，只是签字证明你有上进的意识和学习的潜力，不会让博士研究生导师对这份材料有足够的认可。诚然，很多学校在推荐信方面只是进行形式上的审查，没有花费太多的时间看具体内容，也的确不会对申请博士研究生产生太大的影响。然而，如果你的导师或者学科组的权威导师与你要报的博士研究生导师有面对面的交流、电话沟通或者纸质推荐信方面的深入交流，那么博士研究生导师会对你有足够的重视，毕竟导师的“语言沟通”和“权威的纸质推荐”是他们深思熟虑后的反馈，导师也不敢轻易怠慢。此外，一封优秀的推荐信详细描述的申请者学术成就、研究经历以及与他人合作的能力等，是申请者学术潜力和人格特质的体现，博士研究生导师也会在翻阅材料时给予一定的重视，所以考生不要认为推荐信没有什么作用就草率处置，因为认真严谨型的导师发现你应付处理会降低对你的认可。

8.4 提升面试现场的表现

在申请考核制的博士考试中，面试是最重要的一环，因为，在这个阶段，考核组不仅可以和考生进行面对面的交流，而且可以深入了解考生的学业情况和科研上进品质，还可以了解考生录取后的科研潜力和发展预期。虽然有导师前期对你的考察评判和简历判断，考核组依然会对考生各方面的能力进行综合研判，以确保招过来的研究生符合学校、学院和学科对优秀学生的录取标准。因此，如何在面试中提升自身表现并获得优秀的成绩，是每位申请者必须面对的挑战。

8.4.1 知识、技能的储备和自信的底气

基本功是任何行业都需要考察的方面，博士考试自然也会对考生进行基础能力的测试，以判断考生是否有从事报考方向的专业知识和技能。虽然通过纸质版的问卷作答可以反映考生的基础实力和学科知识结构，但面试更能反映考生对知识理解的系统性和触类旁通性，所以复试往往会让考生围绕一个知识点或者一个前沿问题系统地阐述，以判断学生的基本功扎实程度。在

面试作答时，评委专家不仅可以看出考生的精神状态，而且可以从考生回答问题的坚定性、稳定性和语气状态中，看出其内在功力的深厚程度，因此考生要在硕士阶段认真学习专业知识，并学会归纳一些有挑战性的前沿课题，以满足考博对知识体系理解的深入性和回答的创新性要求。试想，一个考生连基本的专业知识都回答不清楚，怎么可能攻坚重大科研问题呢？所以，考博复试不仅考查学生的知识点和学科素养，更是在考查学生知识学习的系统性、连贯性和回答问题的创新性，毕竟“博”字里面的“甫”字就要求你有新的开始、新的见解和新的挑战。

8.4.2 坦然、自然的表现和可信的表达

在硕士阶段考生已经经历过了开题报告、中期考核、预答辩和答辩等环节，在汇报方面已经得到了很多锻炼，也有了和专家学者交流的底气和自信。博士研究生的面试作为一场重要的汇报和展示，考生更应该具备表达上的流畅性、回答问题的及时性和自信心以及应对专家提问的坦然心态，因为你面临的是新一轮的挑战和考博的自信战书，唯有回答问题准确、流畅和自信才能得到考核组对你的进一步认可。如果你回答问题总是不在导师的期待上，且表达经常断断续续，那么导师对你的科研自信就没有那么高的期待，也不愿意将重要的科研攻关任务交给你。当然，让你自然、坦然，不是让你说话的语调很高，也不是让你和考核组进行“针尖对麦芒”的辩论，而是让你用平稳的语调、自信的语气和连贯的表达展示自己的观点，希望你不要会错了意。

8.4.3 上进、敢为的动力和创新的潜力

攻读博士研究生就是要挑战有困难的科研难题，需要考生具有不畏艰难的科学家精神和不断上进的动力，因此你在考博的面试中不要表现出畏难的情绪、不愿付出的态度和不敢长久坚持的怯懦。我有个记忆犹新的片段，一个考生在回答考核组的提问时表示自己特别热爱该领域，尽管经历了 20 多次投稿失败，也没有让她怀疑人生，最终在没有导师指导的情况下发表了。这种坚持的行为、动情的表达，让在座的专家都另眼相看，最终她通过了专家组的考核并给大家留下了深刻印象，因为我们看到了她不畏艰难的勇气、长期坚持的动力和坚守的学术理想。因此，考生在面试过程中，要做好攻坚科研难题的准备，以不怕苦、不怕累、不言放弃的决心展现自身的学术坚定，

从而获得考核组的认可。

8.4.4 认真、踏实的干劲和谦逊的品质

在考博的面试过程中，一个重要的测试就是对考生科研精神、性格特点和内在品质的考察，因为稳定的性格特点、愿意吃亏的精神和永远保持上进的谦逊品质是大多数考官所期待的，这也是博士研究生求索道路上必须具备的能力。如果一个考生在回答中表现出浮夸、不接地气和不尊重科学家精神的倾向，考核组导师就会对其科研的品质产生怀疑，也不愿意接纳没有科研素养和长久定力的学生加入队伍；如果一个考生表现出傲人的状态，考核组就会对其学术品质有新的理解，甚至直接将其排除在科学研究的大门之外，因为学者需要谦虚低调，需要倾听别人的观点，加强自身对知识深度的理解。当然，适度的学术观点碰撞也是需要的，但你一定不要听不得导师的批评性提问而火冒三丈地大声辩驳，建议用“老师您好，这个方面我有不同的见解，趁着这个机会和您交流一下”之类的词语委婉表达你的见解，因为有些时候这是对学生抗压力、创新性和临场反应力的测试。此外，你不要由于害怕学术权威而白白错失了机会，失去了科研方面需要的创新性精神。事实上，每一次考官刁难或者质疑，都是你展示智慧的机会，也是测试你抗压力的方式，不要轻易地掉入考官设下的陷阱。

粉丝留言：

我博士研究生马上要毕业了，感觉经历了很多痛苦的瞬间，甚至有很多次要放弃，感觉毕业前没有太多的喜悦，想请丁老师分享几个观点。

老丁心语：

在与这位经历了七年博士生涯的研究生交谈中，老丁感受到了他心中的复杂情绪。

首先，读博一定要深思熟虑。他回想起自己当初决定读博时，并没有充分认识到这将是一段艰难的旅程，也没有预料到科研的挑战和自己的能力不匹配。当其真正进入博士生涯后，才发现自己不得不付出巨

大的努力去提升自己和苦苦坚持，甚至是以身心俱疲为代价的。因此，他建议考虑读博的研究生，一定要先评估自己的实力、能力和潜力是否适合这样的学术道路，以及是否有能力承担科研的重任，否则很容易像他这样读起来非常累且不快乐。

其次，读博一定要有抗压力。他说博士生涯不仅仅是学术上的探索，更是一场心理和情感的考验，需要具有极强的抗压力和心理韧性。他谈到了自己在读博期间经历的反复担忧和不断彷徨的状态，认为很多孤独和压力是常人难以想象的，表示读博需要有强大的心理承受能力独自面对这些状态。

再次，读博一定要有严谨性和规范性。在科研领域，严谨性和规范性是不可或缺的，每一篇科技论文都要经过严格的审查，确保研究的质量和可靠，对于任何想要进入科研领域的人来说，都必须对这一点有充分的认识和尊重，否则很容易让自己不被认可或者在前行中面临诸多困难。

最后，读博一定要匹配职业。他坦言，即使完成了博士学业，就业前景也并非想象中那么乐观，他当前还没有找到理想的工作，仍在为毕业后是否能获得工作岗位而担忧。这意味着，读博不仅是一个学术上的挑战，也是一个对未来职业发展的重大投资，因此如果你没有足够的读博动力和明确的职业规划，那么读博很可能让你陷入身心俱疲的状态。

9. 研究生应重视基本的社交礼仪

具有良好社交礼仪的研究生会让人觉得有礼貌、有家教、有修养且容易相处，具备很好的内在品质和文化涵养。如果这个研究生在表达中能够辅之以合适的语言和面部表情，就会让人产生自然感、亲近感和舒适感，所以研究生要提升自己的社交礼仪和注意处事细节，让自己在提升科研素养和学术能力的同时与人相处更加融洽。我记得一个毕业一年在中学任教的学生，在大学阶段是一个很普通且不愿与人交流的孩子，但经过一年的社会适应和礼仪锻炼后，无论是迎来送往，还是乘车、坐电梯等都表现得很得体，让人感慨一年时间他成长了很多、变化很大，这或许就是生活磨砺后成长的蜕变吧。如果研究生总是被动地在会议报告、差旅调研、公司合作等场合使用一些简单的社交礼仪，不愿意进行群体性的社交活动和面对面的沟通，多数时间是“窝”在实验室进行科学实验和论文写作，那么很容易导致他们在生活中缺乏一些礼仪并产生与人处事的拘谨感。此外，如果一些研究生长时间处于科研氛围、沉浸于学术研究不愿与人交流，且未来不愿意从事与学术相关的活动，那么其毕业后很容易陷入职场不适应状态或者患上社交恐惧症，从而影响其长远的职业发展和职场适应能力。基于此，本章丁老师结合自身经验和成长历程简单谈谈对该方面的认识。

9.1 提升礼仪水平的作用

在科研学习与校园生活阶段，研究生掌握基本的生活礼仪不仅关乎个人形象的塑造，更是学术素养、社会适应能力与跨文化交流能力的综合体现，对培养其学者的素养和高雅的气质具有重要的意义。从人才定位来看，研究生作为高等教育体系中的专业性人才和创新性研究人才，言行举止体现着国家培养人才的文化要求、内在涵养和职业特点，甚至蕴含着普通大众对研究生身份的尊敬感和职业敬意，因此研究生更要注意学习和提升自己的社交礼仪，以获得社会普通人士对研究生身份朴素的人才培养认同感和拔尖人才的外在尊敬感。此外，提升研究生的礼仪水平是促进其全面发展、增强其社会竞争力及促进学术环境和谐的必然要求，因为它关乎研究生毕业后走入职场的状态、步入社会的心态和融入学术圈的姿态，也关乎他们的信誉和职场形象。

9.1.1 良好的礼仪是研究生展示专业能力的重要保障

在学术交流、会议研讨及论文报告等场合，得体的着装、恰当的言谈、尊重他人的态度以及严谨的学术作风，体现了学者做人做事的态度和从事科学研究的精神，因此研究生在重要的学术交流场所一定要提升自己的礼仪水平和学术品位，让自己在学术交流活动中获得更多的认可和脱颖而出的机会，让自己有更多的机会与专家学者进行学术思想的交流与碰撞，进而让更多研究者对自己从事的领域有深入的认识和对你个人有更多的赏识。

9.1.2 良好的礼仪是研究生融入社会和实现个人价值的重要桥梁

由于博士研究生的录取率低且对学生的创新能力和学术韧性要求极高，硕士研究生毕业后多数会步入社会而非读取博士研究生学位，那么，步入职场的研究生就需要更多与人交流的技能而非科研方面的研究能力，这就使得礼仪水平和待人接物态度对个人的职场成长起到了更大的作用。可以说，一个懂得尊重他人、善于沟通且能够妥善处理人际关系的研究生，更容易在职场中获得同事的信赖与领导的赏识，也能助力其在职业生涯中稳步前行。

9.1.3 良好的礼仪是研究生国际化形象的重要展示

随着研究生国际化培养趋势越发明显，研究生参与国际会议、夏令营活动和接待外宾的机会日益增多，而跨文化交流中的礼仪水平往往成为影响沟通效果的关键因素，这是因为一些发达国家的专家学者更看重学者的素养和待人接物细节的恰当性。从这个角度来看，提升研究生礼仪水平意味着要增强研究生对不同文化背景下礼仪规范的理解与尊重，并要求研究生学会在多元文化中寻找共通点，以更加开放包容的心态交流与学习，从而融入国际一线的科研实践。总之，提升研究生的国际化礼仪水平，不仅有助于在国际舞台上展现中国学子的风采，而且能促进不同文化之间的理解与融合，进而为世界文明的互鉴和构建人类命运共同体贡献一份力量。

9.1.4 良好的礼仪是研究生自我修养和自我管理能力的一种锻炼

由于礼仪是行为规范的表现与内在修养的外化，体现着一个人的道德素质和文化涵养，研究生要通过不断学习与实践培养良好的礼仪和待人接物的态度，逐渐养成自律、自省、自强和尊重他人等优秀品质，并让这些品质成为自己成长道路上的宝贵财富。同时，良好的礼仪能帮助研究生更好地适应社会、管理情绪和缓解压力，以更加积极的心态面对学习与生活中的挑战，从而让自己在学习上、生活中和社会交往方面具有更好的个人形象。综上所述，礼仪水平的提升不仅是研究生个人形象塑造的需要，更是其学术素养、社会适应能力、跨文化交流能力及自我管理能力全面提升的必然要求，因此研究生应高度重视礼仪学习与实践，且能够将礼仪内化为自身行为准则的一部分，让自己以更加自信、从容和上进的姿态迎接未来的挑战。

9.2 心态要有一些变化

丁老师觉得，社交礼仪学习作为塑造个人形象、提升人际交往能力和人格魅力的重要途径，意义在研究生阶段更加凸显。因此，研究生应当调整心态，以更加开放、主动和深入的态度学习社交礼仪，从而让自己掌握更多技能，以适应未来严苛的职场和复杂的社会。

9.2.1 身份转变要求研究生具备更高的自我认知与自我管理能力

相较于本科阶段，研究生阶段在学术探索方面更加独立的同时面临着更复杂的人际关系和更高的社会期待。由于很多项目汇报、团队合作和调研任务需要与社会上不同的人群建立广泛的联系，因此需要研究生提升礼仪水平应对来自学术外的社交事务，良好的礼仪不仅是个人素养的体现，更是实现有效沟通、建立信任和促进合作的桥梁。也就是说，研究生需要认识到掌握恰当礼仪规范的重要性，发挥礼仪在自己学术交流、团队合作乃至未来职业生涯中的支撑作用，从而增强自己的信心、底气、勇气和与人交流的能力，在纷繁复杂的社会中建立属于自己的社交体系。

9.2.2 环境改变促使研究生礼仪学习成为学术交流和汇报的基础

在研究生阶段，学生会参加许多学术汇报以展示自己或者当前团队的研究成果并接受同行的批评、质疑和建议，因此需要其具备良好的社交礼仪以更好地融入公共场合的交流、讨论和碰撞，从而为自己接下来的研究提供支撑和帮助，也让自己更好地融入学术交流交际圈并建立协作关系网络。此外，有些研究者会从新的研究切入点出发，得出与当前研究相异的结论，使交流的批判性和“火药味”浓了一些，这就需要研究生多一些包容的心态并通过一定的沟通技巧适应这种氛围，同时对沟通方式提出更高的要求。因此，研究生了解并尊重不同场合的礼仪习惯，不仅能减少交流中的误解和冲突，还能促进思想的自由碰撞，与不同见解人员之间畅快交流。

9.2.3　外在形象有助于研究生的专业素养得到认同和尊敬

一个人的外在形象和行为表达往往是自身学术自信、内在功底和科研精神的象征，因此研究生要注重自身外在形象的营造和内在涵养的提升，通过礼仪学习和内在气质的融合让自己具备学者的风骨，从而为职业生涯的长远发展提供内外兼修的支撑。如前文所述，随着学术研究活动、课题项目的工作事宜增多等，很多场合需要研究生提升外在形象，如专业的着装、得体的举止、恰当的言谈等。可以说，一个注重礼仪的研究生，更容易获得同行和导师的认可，也能为其未来的学术发展或职业道路建立良好的人际网络。此外，礼仪学习还关乎研究生个人品德修养的提升，这是因为礼仪不仅是外在行为的规范，而且是内在品德的外化表现，更是内在涵养和外在行为的表现载体与有机融合呈现。因此，在就业形势日趋严峻的当下，通过礼仪学习和提升礼仪水平，使研究生养成尊重他人、谦逊礼让、诚实守信等优秀品质，是有利于研究生适应职场规范和行为准则的。在这些内在品质的支撑下，研究生不仅能在学术方面勇攀高峰，而且能在人格修养上不断完善自己，成为德才兼备的优秀人才。

9.2.4　人才标签对研究生参与社会活动提出了更高要求

随着社会对人才综合素质要求的不断提高，礼仪教育已成为高等教育不可或缺的一部分，也成为研究生作为创新人才应具备的基本素养。可以说，作为高层次人才的重要储备力量，研究生的礼仪素养直接影响国家形象和社会文明程度。因此，研究生应当自觉承担起提升礼仪素养的责任，通过不断学习、领悟和实践，将礼仪内化于心、外化于行，为构建和谐社会和人类命运共同体贡献自己的力量。

综上所述，研究生对于学习礼仪的心态变化，是个人身份转变、学习环境多元化、职业生涯规划、个人品德修养提升以及社会期望等多方面因素共同作用的结果，也是研究生在学习、生活和社会交流等环节的一个质的蜕变。这一变化要求研究生以更加积极主动的态度学习和践行礼仪规范，不断提升自身的综合素质、礼仪水平和内在涵养，以更好的状态适应角色的改变和个人成长的需要。如果研究生在成长中逐渐领悟、践行和内化，将礼仪学习作为一种外在行为的规范要求，那么其内在的涵养提升和学术品质将进一步融汇和升华，在无形中为个人的科研成长和学术追求注入内在的精神动力。

9.3 社交方式的改变

不同于本科生，研究生需要在学术研究过程中参与一些社交活动、调研活动和项目对接活动，以更好地锻炼专业技能和理论与实践相结合的能力，从而为理论假设的提出、实验环节的完善、项目应用的检验提供支撑。因此，研究生要认识到理解和适应与其他人交流的重要性，同时提升自己应对不同人群的语言表达力、灵活应变力和场域反应力，从而为坚守学者的内心平静和理顺外界的喧哗和干扰提供一方心灵的宁静。

9.3.1 提升社交融入力是让自己沉醉学术研究的一种方式

很多同学认为只有一心沉醉于学海不理凡尘俗世，才能让自己在研究的领域大展拳脚，形成高质量的研究成果。诚然，专心于一事、深耕于一域能提升科学研究成果的质量，甚至产生举世瞩目的影响。然而，忽略健康人际关系的维护，很容易陷入不理解他人的行为模式和让他人认为自己“高冷、不易交流”的互动怪圈，从而让自己与外界之间形成一堵墙，陷入一种封闭自我的锁定效应和循环闭塞中，甚至家庭关系、婚姻关系、师生关系、同门关系产生诸多矛盾。我们培养研究生的目的是既要让其成为一名研究者，又要让其成为理解人际交流和健康成长重要性的普通社会人士，从而让其以正常人的身份理解他人、融入家庭和奉献社会，增强其作为青年人才应有的责任担当。因此，研究生应转变对待礼仪的心态，将其视为自己建立和维护人际关系与融入社会的有效工具，注重与他人的交流和合作，提升自己融入学术命运共同体和社会大家庭的能力，增强社会责任。

9.3.2 提升社交表现力是展示个人形象和内在涵养的重要方式

社交的行为表现和礼仪水平是个人内在文化涵养和精神品格的体现，不仅能反映研究生的学术研究功底和研究潜力，而且能让其他研究者对其性格特点、学术追求和个人魅力有充分的了解，因此研究生应该认识到礼仪对于个人形象、人际关系、职业发展以及社会融入的重要性。在社会交往中，人们往往通过交流者的语言表达、外在表现和情绪控制判断一个人的品质与素养，从而判断其是否具有深入交往和潜在合作的可能性。因此，研究生应重视自身语言表达的方式、礼仪水平的提升和社交的外在表现，通过得体的表达、良好的礼仪和善于控制情绪的行为展现自身的学术韧性、内在要求和精神品质，以便让人愿意和其交流并一道攻克科研难题，从而提升自己在学术界的影响力和认可度。

9.3.3 提升社交应对力是步入职场应具备的基本素养和交流技能

研究生应该认识到礼仪对于职业发展的重要性，这是因为良好的礼仪可以为研究生赢得职业的认可和信任，能够为研究生进一步融入职场和晋升发展提供支撑，为其处理复杂的职场事件和应对重大危机事件培养稳定的心理素质。职场上的成功往往需要研究生具备良好的沟通能力、合作精神和团队意识等素养，而这些素养往往与礼仪和社交应对力有着密切的联系。同时，一位礼仪得体的研究生往往会给人留下良好的第一印象，从而提高他们在职场中的竞争力和认可度。因此，研究生应该转变对待礼仪的心态，将其视为塑造自己形象的重要一环，让其内化为自己的一种修为、涵养和品质，增强自己在社会交往中的认可度、关注度和竞争力。

9.3.4 提升社交礼仪水平对传播文明行为方式和价值观很重要

研究生应该认识到社交礼仪对于文明行为方式和文化传播的重要性，这是因为礼仪不仅是个人行为的外在表现和行为规范，更是社会文明、思想道德和价值观的体现。因此，研究生要以更高的人才标准规范自己的行为举止，传递社会主义核心价值观和中华优秀传统文化，为建设民主法治、公平正义、诚信友爱、充满活力、安定有序、人与自然和谐相处的社会提供人才支撑。也就是说，研究生作为研究型创新人才和社会的新生力量，应积极传承和弘扬良好的社会文明与道德观念，注重自己的行为和态度对社会的影响，从而让普通人对研究生的创新水平和社会贡献有深入的认识。因此，研究生应转变对待社交礼仪的心态，将自己视为优秀历史文化的传播者、新时代使命的担当者和未来科研的开拓者，注重修养和文化素质的提高，争当新时代的引领者、创新者和示范者，为建设社会主义现代化强国贡献力量。

总之，研究生应该认识到社交礼仪的重要性，调整心态，将其视为塑造形象、维系人际关系、促进职业发展、推动社会文明的重要一环，并注重自身仪态与言行的外在影响，重视提升引导他人交流合作的社会认可度，提升礼仪素养和职业社交技能，并以履行对社会和文化的责任担当为目标，注重自身学术修养。唯有如此，研究生才能凭借良好的社交礼仪、稳定的心理素质、高尚的学术追求和职业化的能力应对复杂、多变的社会与人际互动。

9.4 相处模式的改变

研究生阶段是一个人创新思考能力提升的重要时期，也是学会理解他人、融入团队和关心社会等思想形成的关键时期，因此研究生要学会以同理心理解周边的人与事，让自己以更好的状态和姿态迎接新身份改变带来的各种挑战。

9.4.1 要与导师形成和谐的氛围场

在本科阶段，教师与学生之间主要是师生关系，平时主要是课堂交流和课下的作业反馈，较少有“面对面”传知、传技、传艺、传德、传魂等全方位的时空相处。在研究生阶段，研究生与导师的关系更亲密，不仅具有传统的师生情，更有一同解决学术难题和发表创新观点的学术共同体情谊，因此研究生要了解导师的性格特点、行为模式和创新解决学术问题的精神品质，以更好的言语表达、行为应对和心理素养适应与营造和谐相处的氛围，从而为自己小论文发表、研究设计的执行、困难问题的解决、学术创新的实现等提供方法模式支持。研究生需要学会在导师的引领下独立思考和自主研究，并与导师在学术上进行积极交流和讨论，从而提高自身解决问题的能力和与导师协同攻坚科学难题的能力。通常情况下，导师通过与研究生的深入交流、问题答疑和共同合作，可以了解研究生的学术表现、性格特点和创新潜力，为其提供更有针对性的指导和帮助，从而为研究生学术能力和科研水平的提升提供有力支持。

9.4.2 要与同学共建和谐相处的学习场

在本科阶段，同学之间的感情更似具有纯真校园文化的朋友之情，不仅体现在课堂上的集体活动和小组研讨中，还体现在平常的相互交流、文化活动和宿舍情谊等方面，不过彼此之间合作创新解决问题和建立学术命运共同体的意识不强。在研究生阶段，同学之间的关系更加密切并形成了围绕一个学科领域进行科学研究的学习群体，彼此依托实验室、导师组、研究中心等学习场，在共同学习的场域空间中进行理论探索、思想碰撞和创新活动，从而带动了科学研究的整体进步，为产生集成性创新成果打下基础。在这种以科学研究造福人民和服务社会的学习场域中，共同营建的文化理念和学术追求目标是非常重要的，因为这能提高该场域群体奋发向上的积极性和学术的协作性，形成相互成就、相互捧场的学术文化场域。如果该场域的人群充满竞争、相互挑刺、彼此嫉妒、尔虞我诈，学术研究的共同目标就不会存在，彼此的协作关系和共赢局面也就不会形成，榜样的力量、学术的信誉和科学研究的纯粹性自然更谈不上。

9.4.3 要营造协作共赢的学术创新场

研究学习场、创作场的学者认为，场域可以看作由特定的社会行动者在相互关系的网络中表现出的各种社会力量和影响因素的综合体。借助这个相互关系的综合体，融入其中的参与者或社会团体通过信息沟通、社会互动和创新活动的激发，改变已有的知识结构和潜在的知识发现，从而激发特定的人群用创新的思维方式解决当前的问题。也就是说，从本质上说，学术创新是具有创新精神的人才在特定的场域，基于创新性的学习活动、相同文化的氛围场和相互协作的组织关系，在地理接近、关系接近和制度接近的支撑下，在某一个时间点产生相互碰撞的结果。因此，身在特定实验场所和研究中心的研究生，要积极参与共同文化的构建和各类创新交流活动，在学术带头人的引领下积极钻研带有挑战性的课题并在场域环境中参与重大科研项目的攻关，从而为某一时间节点产出科研创新成果助力。

9.4.4 要有独立应对压力和困难的心理场

由于要从事有挑战性的课题并产生系统性的研究成果，甚至要面临小论文的撰写压力，研究生面对的学业压力、任务挑战和创新难度较本科生和普通的脑力劳动者要大很多。在这种情况下，研究生由于一时完成不了科研任务或者某个节点课题推进缓慢，容易产生压抑、焦虑和不安的情绪，让自己陷入一种没有动力或者说有点消极的状态。这时候，如果实验室的其他同学或者宿舍的好友刚好发了一篇高质量的论文，你的压力可能会倍增，开始怀疑自己的能力、实力、创新潜力并担忧未来的发展前景。在这种情况下，研究生一定要提升对创新成果产出的心理认识，不要因为一时的状态不佳而丧失学术理想，要在重拾信心后提升自己的心理承受力、抗压力和逆商，让自己重新回归到平稳、健康的学习状态之中，形成脚踏实地、不畏艰难且愿意挑战难关的良性学习模式。如果研究生实在难以抗拒科研压力或者最近一段时间不能以平和的心态进行科学研究，就要及时与导师、家人或者朋友诉说心事，或者给自己放几天假进行积压感情的疏导和情绪的释放，找到新的学习心境和前进动能，从而让自己进入正确的学术研究和攻坚难题的良性轨道中，形成强大的心理抗压场，独立地应对发生在自己身上的科研烦心事。

粉丝留言：

导师交给我一个简单的学术沙龙或研讨会安排，自己没有经验，也不知道怎么做，该怎么办呢？

老丁心语：

经常有导师觉得学生组织能力差，缺乏一些基本的礼仪常识和组织能力。就这件事，老丁简单谈以下几点。

第一，基本的工作准备要做好。首先，会议的组织者要把材料按次序准备好，避免导师找不到想看的内容，以及出现忘记准备重要签字环节的情况。其次，要对导师座位安排有一个基本的认知，不要让重要人物坐到偏僻角落。再次，要准备热茶水或者矿泉水等，体现出对答辩委员会导师的关心和尊重。最后，现场的 PPT 背景、条幅等提前安排好，避免有些环节耽误太长时间。

第二，现场的一些变化要洞察。会议组织者要注意现场的一些变化，及时处理突发情况和临时紧急情况，如多来一个导师或者嘉宾怎么办。答辩现场汇报的时间要适当控制，比如，答辩导师已经说让汇报者少汇报研究背景、研究意义等，但现场的研究生就是不听，那效果可能就会差很多。

第三，为他人着想的细节要有。应从换位思考的角度处理一些事情，比如，提前30分钟把会场布置好并准备好条幅，提前去办公室要点茶叶，准备点矿泉水、纸笔等；提前30分钟到会场上看看哪个导师提前来，主动引导到位置上并倒水等；会场中间时不时看看导师水杯的情况，主动去添茶倒水；结束后主动打扫卫生等。

第四，主动学习一些社交礼仪。例如，当导师让你参与社交型汇报活动时，你要在逐渐适应的过程中学习称呼、交流观点等技巧，学一些坐车、吃饭、乘电梯等社交礼仪，以及迎来送往的基本礼仪，让专家感受到你的用心付出和热情周到。研究生不要觉得参加会议麻烦，也不要觉得出差到企事业单位汇报工作复杂，而要积极适应社会上的基本规则和各种礼仪。在这个过程中，研究生能学到很多适应未来社会环境的技能。

师生相处篇

10. 研究生选择导师的准备

不同于本科教育阶段，硕士研究生一般实行导师制，由导师全面负责学生学习、科研、生活等多个方面的工作，并在导师的指导和督促下完成毕业论文和取得硕士学位。因此，学生在研究生阶段与导师的相处时间最多，甚至超过了与亲密恋人相处的时间，师生相处的状态直接影响着学业完成的进度、成长进步的空间和科研人生的选择。从某种意义上讲，选择导师的成败和导师指导学生的效果直接影响研究生的发展空间与成长路径，甚至影响研究生未来成长的道路和人生价值的实现，因而有人说“选对导师，带你起飞；错选导师，终身后悔”。既然研究生和导师相处这么重要，那么研究生在选择导师时该如何准备？

10.1　要提升个人简历的品位

研究生递给导师的简历涉及考研成绩、科研表现、学业奖励、性格特点等多个维度的综合归纳，体现了你精心准备的程度和对导师的期待。导师会从简历中了解你的科研基础、大学表现和潜在优点，从而对是否选择这样一个学生给出基本判断。因此，你在制作简历时，一定要注意简历的精美程度并体现出个人的品位和特色。

从丁老师看简历的重点和大部分导师的期待来看，简历制作应注意下面几点。**①基本情况要凸显特点。**基本情况介绍不仅要展示你的基本信息、专业背景与个人优势，而且要体现你是否为党员、家乡籍贯、民族等信息，因为导师会结合自己的一些特点来给出心中的潜意识认同，甚至一些导师会因为党员先锋模范性、家乡地域情、第一眼感觉等给出对这个同学的认可分。**②学习经历要给出过程。**学习经历不仅能反映你所在高中的基本状态，而且能反映你所在大学的专业实力，因此，你不要隐瞒、夸大学历或者工作经历的某些部分，以避免导师给出错误的判断和不利的选择。在进行学习经历填写时，你不仅要详细填写学校、院系、专业的基本情况，还要把你担任干部的信息体现出来，以帮助导师全面了解你积累的专业实力，因为只有全面了解你的学术背景、能力与潜力，才能提高导师选定你作为他研究生的可能性。**③学习成绩要呈现奖励和亮点。**学习成绩不仅能体现你在大学期间的学习情况、认真程度和钻研劲头，而且可以体现你的学习绩点和具体科目的特长。由于导师会留意你学业成绩的状态以及是否均衡，你一定要准备成绩单和各类奖励证书。此外，由于研究生导师更看重学生在科研方面的表现，你取得的学术方面的奖励和专业竞赛证书的介绍可以详细一些，让导师对你的科研情况有一个充分的了解。**④科研表现要给出具体的过程要点。**由于研究生期间导师更看重学生参与过科研训练以及在参与大学生科研项目过程中的技能和论文写作水平，你在简历中可以把参与导师项目的具体内容、获得的专业技能、论文发表的期刊以及名次等重点罗列出来，而不是简单地说“我参与了导师 ×× 项目”，因为这很容易让导师认为你是“水”了一个项目，并没有做出实质性的贡献。**⑤外语成绩要给出具体的分数。**英语水平对研究生撰写中文论文的英文摘要质量、发表 SCI/SSCI 论文、参与国际会议交流有着重要的支撑作用，因此优秀的研究生导师都会认真看一眼准研究生的四六级或者雅思、托福成绩，所以你在制作简历时一定要在合适的位置体现自己的英语水平，甚至是英语口语成绩或者参与过的某些英语活动。由于英语是国际学术交流的主要语言，拥有较高的英语水平有利于研究生资源的获取、高质量论文的撰写与研究成果的反馈。如果你的英语成绩比较好，那么在简历中展示英语水平能够进一步提高导师对你的好感度。**⑥兴趣、信条要体现性格特点。**选导师有些时候需要考虑性格的匹配性，这是因为导师会根据你简历中的兴趣、个人理念等信息初步判断你是否适合他的教学方法、思维方式、研究方向，因此你要凸显个人的性格特点，让导师看到你性格的优势。

10.2 要注意面试表现的反馈

前文中提到，出色的简历是联系导师迈出的第一步，但简历做得再漂亮也只是给导师留一个初步印象，重要的是复试中你展现出的综合素质与专业能力。由于很多学校初复试占比为 6:4 甚至 5:5，复试中的表现不仅决定了你能否被顺利录取，还决定了你能否被心仪的导师招收，你要通过面试表现让导师看到你的专业性。导师倾向于选择积极主动且思维逻辑清晰的学生，因此面试结束后的积极反馈也是加强与导师联系的重要方式，如阐述你在某个问题上的深入思考以及你对某篇文章的见解和看法，可以展示你的主动性并加深导师对你的印象。此外，在反馈过程中，你可以向导师重申对该课题组和研究项目的兴趣，让导师了解你与他们研究方向的契合度，这可能增加导师对你的好感。

10.3 要精心准备邮件的发送

如果说复试前的邮件是研究生联系导师的“敲门砖”，那么复试录取后的邮件就是联系导师的“定心丸”，它大概率会决定导师能否收你入门，因此，复试结束后，你要真诚地联系导师。如何在复试录取后有效联系导师并增加自己加入课题组的机会呢？丁老师认为，如果你在复试过程中回答问题出现一些错误或者遗漏了一些信息，那么你可以通过邮件联系，澄清这些问题或提供额外的材料，以便导师对你了解得更加全面。此外，导师可能对你的研究计划或项目有更多的兴趣，你可以进一步联系导师，确定导师对你的研究计划或者项目的看法和兴趣，让双方在邮件中有更深入、更贴切的交流，同时让导师看见你读研的决心、意志以及你对研究生的规划。如果你被录取并加入导师的研究团队，那么可以与导师进一步讨论实验室环境、项目进展或其他相关事项，这有助于你更好地了解未来可能的研究安排和学术机会。

10.4 要辩证看待导师的选择

有同学说，我给心仪的导师发邮件，导师只是说“欢迎加入团队”等一些比较官方的话语，这是不是导师在敷衍应付我？这是比较常见的现象，由于导师和研究生处于双向选择的关系中，导师会综合考虑多种因素进行慎重的选择，所以很多同学在联系导师时并不是一帆风顺的。在这方面，大家要理解导师，一方面，可能是因为报考这位导师的学生比较多，导师需要甄别学生，在众多学生中选择适合的；另一方面，一些导师可能不清楚自己的招生指标，所以无法给出准确的答复。因此，大家要客观地看待导师回复迟缓的行为，在保持良好心态的同时充分展示自己的优势，让导师看到你对学术的热忱、真诚的态度与不怕挫折的勇气。值得注意的是，研究生在选择导师时切忌出现“养鱼”“放鸽子”等不恰当的行为，不要同时联系多个导师，更不要在确定师生关系后转投其他导师。尤其是“放鸽子”行为可能会对你以后的师生相处产生长远影响。为什么这样说呢？因为你已经和第一位导师做了口头或者书面的约定，相当于双方建立了一定的契约关系，导师就会将其他给他发邮件的同学拒之门外。然而，这时你又接受了另外一位导师抛过来的橄榄枝，相当于你背离了“约定”，背离了一个你原本遵守的契约。深入一点思考，如果这两位导师平时关系不是很好，那么这种行为很可能造成两位导师之间的矛盾，以后你可能会遇到一些障碍甚至面临一些问题。总之，丁老师认为，当下你要解决好师生身份认定这个事情，在选定一位导师后尽量不要变化，否则容易让导师感到你不踏实、不诚恳。

10.5　要提前深入了解

研究生导师的研究方向，往往是一个大领域下的多个小方向，所以即使报考同一专业，不同的导师研究方向也不尽相同。因此，选择一个与你研究兴趣相匹配的导师是顺利度过研究生生涯的重要一步，你需要对导师的研究方向和兴趣有一个清晰的了解并考虑这些因素是否与你的目标和期望相符。除此之外，提前了解导师的信息也是影响选导师的一个关键点。因为有些导师会选择在复试通过之后通过视频电话、面对面交流等方式与你进行二次面试，导师可能会考察你对其研究领域的看法与见解，所以需要你对导师的研究领域进一步深入了解。但需要注意的是，二次面试不像考研复试那样严肃、正式，导师还会了解你的家庭、感情等多方面信息，在综合把握你的基本情况之后做出判断。可能的情况如下：导师觉得你对这一领域有天赋或者有扎实的基础，可能会直接把你收入门下；你天赋一般但是家庭、感情状况比较稳定且做事比较认真，导师同样可能接受你；但有些时候导师可能会因为你的性格特点或对待科研的态度判断你适不适合成为他的研究生。

10.6　要稳定表现

对研究生导师而言，大部分学生在本科期间的学术水平相差不大，所以在现实中，有些导师并不是特别看重学生的科研能力和学术素养，而是看其是否有科研上进的动力和为人处世的态度。也就是说，如果你表现得比较稳定并且和导师有“眼缘”，那么导师可能会因为你的状态、行为方式等选择你。一般而言，研究生在与导师进行二轮面试后基本会形成初步的师生关系。这个时期，导师会通过分配学术任务、指导科研等考察你的学习能力和工作态度等，这也需要你沉稳、扎实和认真地完成任务。因此，准研究生要注意，一旦确定师生关系，你就要积极推进导师分配的任务、服从导师的安排。如果在这段时间你比较自由散漫，就会给导师留下不好的印象，甚至会打破已经确定的师生关系，不要等导师将你排除在课题组之外以后你才追悔莫及。

10.7 要耐心等待

有些同学可能将联系导师当作头等大事，特别着急地想得到导师的答复，给一位导师发邮件后半天没有得到回复就转投另一位导师，更有甚者同时给三位导师发邮件，这是联系导师的大忌！研究生导师不同于普通老师，由于他们大多有科研任务在身，有的还担任着学院里的职务，每天需要处理很多繁杂的事务，可能无法做到及时回复你的信息。如果这个时候你隔三岔五给导师发邮件，那么很可能适得其反，不但在选导师过程中不占优势，而且会引起导师的厌烦。即使导师暂时没有回复也不要着急，正确做法是隔几天或者一周给导师再发一封邮件，如果导师还迟迟没有回复，则可以考虑联系其他导师。总之，联系导师的过程漫长而曲折，等待是每位准研究生都要学会的“必修课”，这时候需要你拥有耐心、抗压力并及时查阅邮件，相信你一定可以守得云开见月明。

10.8 错失机遇后不言气馁

前文中提到，联系导师是进入研究生阶段比较重要的一件事，有同学没有成功联系到导师，就会产生“没有导师指导该怎么办”“研究生三年的生活是不是已经失败了”等消极情绪。首先，你需要了解很多学校正式选导师的时间是在开学后。虽然复试前后是选导师的最佳时机，但是你仍然可以在开学后通过与导师面对面交流的方式争取一位心仪的导师，不要让联系导师成为你焦虑情绪的来源。即使你没有联系到心仪的导师，也无须担心无人指导，因为学校的研究生培养机制会保证入学后的每一位同学都有指导老师。如果你没有提前联系到心仪的导师，入学后也没有主动争取想跟随的导师，那么你就“坐等分配”导师。这时候，分配的导师存在一定的“盲盒”性质，甚至有一定的运气成分在里面。虽然“盲盒”性质的导师可能因为个性差异与你的期望不匹配，但大部分导师都比较认真负责，也愿意接纳你并用心地指导你直至毕业。如果你有幸遇到一位非常上心的导师并且与其建立了良好的师生关系，那么你会愉悦地度过未来三年的研究生生涯。

粉丝留言：

我的导师似乎因为我之前不注意细节和拖拖拉拉的习惯，对我不太上心，我感觉很委屈。明明是一些小事情，导师就这么在意吗？我该怎么改变呢？

老丁心语：

在与导师的相处中，研究生的态度和良好的习惯非常重要，因为科学研究是严谨和重视细节的。

如果研究生找导师处理重要的事情或者进入职场中找领导签约材料，建议做好以下三项准备。**第一，基础准备要做到位。**无论是材料规范格式，还是必要的笔和其他材料，研究生都要做好基础准备，避免导师或者领导太忙而耽误太多的时间，避免交流不畅和细节不到位。**第二，要提前到约定地点。**如果有约定的时间和地点，研究生应尽量提前 10 分钟到，避免导师或者领导提前到，自己却处于慌忙应对的状态，更不应出现迟到 10 分钟还找一堆理由的不良表现。试想，你如果这样对待导师安排的事情，那么导师怎么安心交给你重要的事情去处理呢？如果实在是有意外或者因为重要的事情耽搁了，那么你应该提前 20 分钟或者在更早的时间与导师或者领导沟通，而不是事先不告知而出现匆忙应对的状况。**第三，要有换位思考的态度。**学生毕业不容易，老师能体谅，但是学生应具备基本的相处礼仪和从他人视角思考问题的能力。我觉得一旦学生有了换位思考的思维方式，就会形成严格要求自己的态度和理解他人、尊重他人的良好品质。

11. 研究生与导师的相处之道

良好的师生关系不仅是研究生顺利完成学业、获得硕士学位的重要保障，也是导师在教育教学活动中育人价值和生命意义的具体体现，因此，需要师生共同努力营造积极、健康、和谐的相处模式。

11.1 研究生与导师的相处模式

11.1.1 相互尊重和理解

良好的师生相处模式需要建立在师生相互尊重和信任的基础上，双方应尊重彼此的权利、感受和观点，以耐心和同情心理解彼此的困境和需求。一方面，导师应该尊重学生的个体差异，根据学生的能力、性格特点和毕业后的发展目标制订培养计划，并为学生的发展提供相应的平台支撑和经费保障，让学生有更多自由和空间实现自己的学术理想，或实现自身的跨越式发展。另一方面，研究生应该尊重导师，认真对待导师给予自己的帮助和指导，对导师安排的任务保质保量完成，让自己在导师的心中有一个良好印象。可以说，当师生之间建立起相互尊重和彼此信任的关系时，研究生更愿意与导师为了共同的学术目标相互合作和支持，形成关系牢靠的学术共同体，齐心协力攻克一个个重大课题。也就是说，在和谐相处的时空场域中，师生更容易形成一个彼此尊重和相互信任的学习环境，学生在这样的环境中感到自己被重视且更愿意与教师沟通和互动，导师也能更好地理解学生的需求和问题并提供适当的支持和指导。

11.1.2 沟通及时有效

如果研究生在学术研究中遇到问题总是遮遮掩掩，不愿与导师交流，那么导师就发现不了问题，就无法提供正确的指导方式，也难以真正满足学生的需求、解决学生的困扰。如果导师在指导学生过程中总是摆出权威或者高高在上的姿态，抑制学生深入思考和敢于交流的动力，学生就会在畏惧导师、心理压抑和丧失自信的环境中缺乏沟通的勇气。因此，师生之间应建立开放、透明、互相反馈的沟通渠道，共同面对具体的学术问题、压力问题和心理问题，提出具体的应对之策，从而形成良好的师生相处模式。同时，师生需要在日常互动中换位思考，多一些理解、友善和体谅，以建立相互尊重、彼此信任和密切交往的和谐相处模式。具体来说，一方面，导师可以通过与学生进行深入的沟通了解他们的学习需求、当前的学术困难和未来的职业兴趣，及时地调整相处方式、教学模式和指导形式，进而提供有针对性的指导和支持。另一方面，研究生应深刻地认识到沟通是获取导师指导的主要途径，应与导师建立畅通交流的机制和路径，在相互交流中获得有关研究项目、方法论、文献阅读等方面的专业指导，不断提高自身的研究水平和学术质量。总之，研究生在遇到棘手的科研问题和难以释怀的心理问题时，一定要及时反馈和沟通，因为导师的排忧方式和应对方法，能为研究生提供心理支持和宣泄渠道，能有效地缓解研究生面临的学术压力、事件挫折和心理焦虑，同时研究生也能获得导师的鼓励、支持和建议，这为其提升应对复杂问题的能力、增强心理素质提供了强大的“师者”后盾。

11.1.3 有共同的目标追求

在良好的师生相处模式中，师生之间形成了具有共同目标追求的学习场，学生在和谐的学习氛围中更容易获得学术成长的机会和高效学习的方法，导师也能从与学生的互动中获得学术灵感、技能支撑和创新动力。受限于学生知识基础、科研认知和学科前沿洞察力，导师在师生交流中可以给学生讲明共同的目标和期望，明确项目要求和学术预期；研究生则需要努力理解并履行这些期望，一起为实现共同的学术目标和科研突破，提供青春的力量与创新的动能。也就是说，共同的目标追求可以加强导师和研究生之间的合作关系，使双方在共同努力中建立更紧密的联系，形成更和谐的师生关系和学术命运共同体。在和谐相处的学习场中，导师可以在专业指导、实验设施、研究资源等方面提供支持，学生则可以通过自己的努力和贡献与导师共同推动研究项目的进行，师生在相互启发、交流想法的过程中获益并产生创新性的理念且为之奋斗。值得一提的是，无论是研究生还是导师，在一段良好的师生关系中，都需要明确自己的责任和义务，促进师生合作的顺利进行和共同目标的实现，并提升研究的科研协作力、团队贡献力和学术潜力。

11.2 理想的师生关系

理想的师生关系应该是师生双方基于相互尊重和彼此信任的对等交流，而不是导师单向的权威和领导关系，因此导师应尊重研究生的个人意见、不成熟的想法和不理智的决策且给予他们足够的自主权，并对学生的学术兴趣、研究方法和创新挑战给予足够的关注、支持与帮助。同时，研究生应积极主动地参与导师的科研项目、横向课题和重大任务安排，在参与任务挑战时向导师展示自己的独立思考能力、学术能力和科研潜力，与导师在攻坚科研任务的征程中实现相互促进和共同成长。是否存在一种理想型的研究生师生关系一直是一个备受争议的话题，丁老师针对这个问题简单谈谈自己的看法。

11.2.1 年龄、性格和价值观的差异可能会导致沟通与合作的困难

新时代的年轻学子所处的时代环境不同，他们在从事科研的时候往往喜欢更加自由且导师少加管理的宽松环境，个性化的表达、不按常规的交流和挑战导师想法的事情经常出现。而导师往往是学术领域的严谨者，通常要求学生在汇报问题、交流观点和学术碰撞中规规矩矩，少一些个性化的表达和花里胡哨的张扬，这就使得研究生和导师可能因不同的个性特点、年龄属性和工作风格而在沟通和合作上存在障碍。一些研究生导师可能更注重学术成果，忽视了研究生的性格特点、发展需求和长远打算，使得研究生经常在沉闷的学术氛围中畸形成长；一些研究生可能希望导师对自己有更多的自由权、容忍度和决策权，而导师则期望其在相对固定的时空场景中踏踏实实工作，因而两者价值观念的差异容易导致交流困难或者产生意见分歧。此外，一些导师严肃认真且精力旺盛，期望研究生像自己一样投入同样的时间、精力到科学研究中，并期待研究生对学术事务保持高度的责任感和投入长时间的坚持与毅力。然而，有些学生可能对研究项目的兴趣和动力并不强烈，加之导师性格或者科研压力的“胁迫”，使其很容易与导师产生摩擦、矛盾甚至冲突，导致双方处于一种不和谐的状态中从而产生各种问题。

11.2.2 时间压力和任务驱动可能成为制约理想师生关系的因素

一方面，一些导师由于身兼数职常常陷入教学、研究和行政工作等烦琐的事务中，导致他们有限的时间和资源难以全面关注每位研究生的需求，使一部分研究生感到缺乏关心、指导和支持，甚至缺乏相互交心和深入交流的时间。另一方面，一部分研究生不仅需要进行科研任务和学术交流，还有班级任务、学业压力和集体活动，使其长期存在从事科学研究时间不够且上课时间与科研工作冲突的情况。如果研究生导师安排给学生的任务急且充满挑战，而学生同时面临多个学习任务且自身能力不够，那么在这种任务驱动下的科研会让学生焦虑不已，从而对导师身份的理解、内心的期待和对职业的尊敬下降很多，甚至开始怀疑自己从事科学研究的初心和选导师“看走了眼”。

11.2.3 “学生畏惧导师施压”是理想师生关系的一大挑战

从双方的身份和地位来看，导师不仅在社会上拥有令人尊敬的地位，而且在科研领域具有丰富的学术经验、研究资源和人脉关系，这使其在师生关系中处于更有利的地位，而学生则常常在各项任务和学术研究中处于被动和依赖导师的地位，“畏惧”导师的身份而不得不被动地参与研究项目的现象也时有出现。此外，一些导师可能因为掌握着学生开题答辩、中期检查、预答辩、答辩等环节的主动权而不正确使用权利，对学生进行消极指导、“PUA”或不公正的对待，这进一步破坏了理想型师生关系的产生。导师不正确行使权利的原因可能是个人品质问题和不当的管理风格等，也可能是学校管理部门监管不力或者学术管理委员会没有充分发挥作用，使得研究生在依赖导师指导和获取学术资源时处于相对弱势的位置。

11.2.4 共同的学术目标和和谐的学习氛围是理想师生关系的支撑

尽管研究生与导师之间建立理想的研究生师生关系有一定的难度，但如果两者处于国家现代化的重大科研攻关项目中且具有共同的学术目标，那么双方通过不断的适应、磨合和调整，可以建立令双方相对满意的工作氛围和学习场域，从而为实现理想型的研究生师生关系建立环境支撑。在这样的学习场域中，首先师生双方应该保持开放与真诚的沟通，坦诚地表达各自的需求和期待，围绕共同的学术目标协同奋战。导师应根据学生的诉求和期望为其提供支持和指导，鼓励学生勇挑科研重担并帮助他们克服困难；而学生则应该积极主动地参与国家重大研究项目，展示自己的能力并承担自己的责任，准时、高质、高效地完成导师安排给自己的任务。只有导师和研究生双方共同努力，才能形成一种和谐、平等、互惠、高效的师生关系，在彼此协作的关系中攻克重大科研难题。此外，学校也会采取措施促进理想型研究生师生关系形成，一方面学校会为导师上岗提供培训和教学资源，帮助导师更好地理解和应对学生的需求；另一方面学校会监督和处理研究生师生之间的问题和冲突，确保师生关系朝着和谐的方向发展。

11.3 提升师生交流的质量

师生交流的质量对于建立理想型师生关系和促进学术发展至关重要，这是因为，通过提升师生交流的质量，导师可以了解研究生的需求、兴趣和困惑，进而提供有价值的学术指导、建议和反馈，而研究生也能更清楚地理解导师的指导和期望，明确研究方向、改进方法和解决难题的具体路径，从而取得高质量的研究成果。然而，受限于现实各种因素的影响，师生之间的交流往往存在一些问题、障碍和挑战，使得提升研究生师生交流的质量成为一个迫切的问题。下面丁老师就简单谈谈如何提升师生交流的质量。

11.3.1 建立积极有效的沟通渠道是提升研究生师生交流质量的基础

第一，主动与导师进行有效的沟通，如定期会面、在线聊天、邮件答疑等，确保双方在沟通中感到舒适和自由。第二，主动约导师进行见面沟通。如前文所述，有些导师由于管理身份陷入各种事务中，不仅与研究生沟通的时间有限，相对固定的交流场所也不太好寻找。在这种情境下，学生在遇到学术难题或者重要的事情时要向导师预约会面时间，以确保能够充分准备和专注于沟通内容，从而在有限的时空环境中提升交流的质量。第三，定期汇报与及时反馈。研究生在与导师会面交谈时，需要提前准备好讨论主题并简明扼要地汇报自己的研究进展、问题和想法，聚焦于重要的学术和研究问题，尽量避免过于琐碎或泛泛而谈的话题。面对导师提出的批评或建议，研究生一定要保持开放和平和的心态，接受建设性意见并将其视为改进与成长的机会，从而及时地调整自己的研究思路、技术路线和研究方案。

11.3.2 良好的师生关系是提升研究生师生交流质量的重要保障

如前文所述，在和谐的师生关系模式下，研究生从事科研的积极性更高、兴趣更浓、创新干劲更足，也更愿意投身于解决复杂科学难题和重大科研任务，从而为国家的现代化建设和前瞻性科研难题突破贡献力量。作为学术领域的专家学者，研究生导师应立足于自身的专业知识、技术方法和研究经验，给予学生学术上的指导、支持和帮助，让学生拥有自由探索的精神和敢于挑战的动力，进而让研究生没有负担地聚焦自己从事领域的创新挑战。除了学术上的指导，研究生导师还应积极关注学生的学习状态、生活情况和心理问题，了解他们的需求、困惑和压力，给予必要的关心、支持和帮扶。同时，研究生应尊重导师的意见、建议和批评性指导，积极参与导师组织的学术活动、汇报会议和创新实践，与导师保持密切的合作关系，从而建立学术命运共同体，提供行动上的支持和心理层面的认同。

11.3.3 加强学术指导是提升研究生师生交流质量的重要支撑

在研究生阶段，研究生评价机制和奖学金评选更加看重学生的高质量研究成果与科研竞赛成绩，所以，导师要投入更多时间激发学生的研究兴趣和科研动力，投入更多精力来提高学生的研究技能，促使学生产生创新性成果，以保证学生在竞争中有高质量学术成果产出。对于研究生而言，应积极主动地要求导师给予更多的时间指导，通过汇报困难、探讨方法、解决疑问、设计方案等形式让导师加大对自己指导的力度，以便在学术指导的过程中获得更多的支持和帮助，确保自己的研究严谨有效，且能产生高质量的学术成果。在接受导师学术指导的同时，研究生要培养独立思考和解决问题的能力，在学术探索的过程中逐渐形成属于自己的研究技能和创新方法。

11.3.4 参与学术活动是提升研究生师生交流质量的有效途径

在研究生阶段，导师会带领学生参加各种学术研讨会、沙龙、学术竞赛等活动，为学生提供一个展示研究成果的机会，让学生在汇报自己研究成果和了解同行研究成果的交流学习中开阔眼界和提升技能。因此，作为一名研究生，需要积极参加导师组织或者要求学生参加的学术会议，特别是与自己研究领域相关的会议，在会上展示自己的研究成果并与其他学者进行交流和讨论，从而为自己学术能力的提升和长远的学术成长提供思路。此外，研究生还应在本领域的主题学术会议与组会上积极地发言和探讨，与导师和师兄师姐一起讨论和深入论证研究特定主题，让自己的专业技能和思维方式有质的提升，从而为创新性高质量成果的产出提供理念和思想深处的支撑。

粉丝留言：

我的导师每天给我布置很多任务，感觉自己压力很大，也不知道如何与导师相处。我该怎么改进？什么样的师生关系是比较好的？

老丁心语：

很多同学提到师生关系，这里老丁简单谈谈什么样的师生关系比较好。

一是不逼不闹。一方面，研究生导师不要硬逼着学生完成不可胜任的科研任务，或者强调不完成就怎样，这样会让学生觉得导师是具有控制倾向或者权威性的领导者而非关心者，很容易使学生对导师产生抵触情绪。另一方面，学生不要经常“闹腾”。有些研究生一旦遇到问题就认为导师不公或者处理得不妥，与导师吵架。在这样“闹腾”的师生关系中，不仅导师觉得你不愿意从事科学研究任务，而且影响你在其他师生心目中的形象。

二是不疯不魔。有些导师为了尽快完成高质量的SCI、CSSCI论文，或者是尽快推进项目以完成横向课题，对学生要求非常严格，学生没日没夜地干，导致学生心力交瘁甚至病倒，让学生觉得搞科研原来这么累人，抹杀了学生从事学术研究的积极性。在这种情况下，有些学生会产生抗拒甚至恐惧心理，慢慢感觉科研索然无味，因此，这种“疯魔”式的培养方式是不可取的。

三是不离不弃。我们常说因材施教，这就要求导师根据学生资质进行不同的路径设计。有些学生需要拔高，导师可以对他们严格一些，并让他们从事有挑战性的学术研究；有些学生资质一般，导师可以多关心其成长，使其在学术研究中有所进步；还有些学生即使导师使劲带也没有成效，那么导师需要看得开，让其顺顺利利毕业就很不错了。

四是不搞特殊。这一点很多导师做不到，因为对于能力强的学生，他想多照顾一点；而对于资质一般、没有科研成果的学生，他可能晾到一边，甚至不管不问，这会导致这些学生心理失衡并产生各种师生问题。可以说，只要导师做到不搞特殊，不过分偏爱某些学生，那么师生间的相互理解和彼此尊重就多了很多心理层面的认同，也就不会因为一些小事就闹得不愉快甚至出现不理智的争吵。师生就能处于相对和谐的状态。

12. 研究生克服“社恐”的策略

社交恐惧症的主要表征是在公共或社交场合中感到异常的紧张或恐惧，不敢公开地发表见解或者与陌生的同行交流观点，从而陷入“心理紧张，害怕开口”或者“开口后无法和别人正常交流”的状态。从研究生的成长环境来看，学生面临着小论文产出、科研任务和毕业后就业岗位不确定等情况，日常学术压力、高标准的科研期望、竞争性的研究环境以及职业前景的不稳定性等，成为引发或加剧研究生社交恐惧的因素。特别是，具有社交恐惧症的研究生在面对如学术会议、小组讨论会或日常的师生交流等与他人交流互动的场合时，可能会产生强烈的焦虑情绪而表达不出真正的学术见解，具体表现为过度担忧自己的言行举止、害怕自己的表现不足以满足他人的期望或是担心自己的行为会受到同行或导师的负面评价。这种恐惧感不仅限于实际的面对面交流，也可能延伸到线上交流和电子邮件往来中，使研究生在准备发言或撰写邮件时消耗大量时间和精力过度审视、修改自己要表达的内容。这种持续的焦虑和恐惧可能导致研究生在社交场合中表现得更为封闭，从而错失与他人建立联系和交流的机会，并影响其长远的学术发展。在一些极端情况下，社交恐惧症还可能引发研究生的其他心理问题，如抑郁症或焦虑症，进一步影响研究生的心理健康和生活质量。基于此，丁老师将分析社交恐惧症的各种表现并提供相关应对策略，以期帮助研究生在学术和社交场合中找到更多自信，以减少社交恐惧现象的产生。

12.1 是有交流障碍，还是有心理包袱

研究生首先要明确自己“社恐”的根源在哪里，是因为交流障碍还是心理包袱，抑或是二者的结合？交流障碍通常表现为不知道如何开始或维持对话，

不知道如何倾听他人的见解且难以表达自己的想法或感受，这可能缘于缺乏社交经验、不熟悉社交礼仪或者与他人交流时容易产生胆怯情绪等。研究生产生交流障碍的原因，丁老师认为主要有以下几个方面。**首先，学业不精和学术压力大。**伴随着学术压力和专业要求的提升，研究生常常需要面对更复杂、更专业的学术交流场景，如参与学术汇报、学术会议以及与导师、同学交流等。如果研究生学业不精或者没有产生高质量的研究成果，那么很容易在这种高标准的学术交流和挑战中产生紧张和不安情绪，从而出现交流障碍。**其次，思虑过多和缺乏交流技巧。**由于研究生沉醉于科学研究和撰写论文，参与社交活动以及与他人交流的机会较少，因而对社交的技巧和规则了解不足，不知道如何与他人展开有效的沟通与交流。此外，一些研究生可能因为社交焦虑和自我意识过强产生交流障碍，使他们过于关注自己的表现且担心自己的言行举止会受到他人的评判或批评，因而他们在社交场合中表现出紧张、回避或者无所适从的状态，难以开口展现真实的自我，从而影响了与他人的良好交流。**最后，性格特点和文化的差异性。**有些研究生的性格过于内敛，愿意静心地进行文字表达和默默地做事，不愿意在公开场合发表见解，导致他们语言表达能力不强，从而陷入一种不愿交流的循环中。因此，当研究生在表达自己的观点遇到困难或者在与他人合作中无法有效地沟通和协调时就会产生挫败心理，进而导致其在学术研究和团队合作中受到限制，从而影响到他们的学术交流活动和参加学术汇报的质量。

心理包袱通常涉及更深层次的情绪问题，如对失败、他人拒绝或批评的恐惧，因为这种恐惧源自对自我价值的怀疑、过去负面的社交经历或过高的自我期望等，所以在心理包袱的压力下，他们可能在社交场合中感到极度焦虑和紧张。研究生阶段是一个学术压力较大的时期，通常需要完成一系列科研项目和研究课题等学术任务，还需要面对导师的期望和同学的评价。这些学术压力、他人评价及期望等可能会给研究生带来心理包袱，使其产生自卑、焦虑等不良情绪，甚至会影响其学习效率、交流能力和科研上进状态，进而陷入恶性循环中。除此之外，心理包袱还可能与研究生的身份认同有关。许多研究生在进入研究生阶段后，由于自身能力不足、害怕进行科研、实验动手能力不强等，容易产生身份认同的困惑，开始怀疑自己的学术能力、科研潜力和人生价值，感到自己不够资格成为一名合格的研究生并难以完成毕业的任务，这种身份认同的不确定性导致研究生出现心理包袱，从而影响其学术表现和参与学术汇报的积极性。

研究生的交流障碍、心理包袱往往不是单一因素导致的，那么怎样克服这些社交恐惧呢？在这里，丁老师给出几点建议。**第一，自我观察与及时反思。**当身处社交场合时，研究生可以留意并记录自己的表现，包括身体反应、情绪变化及行为模式等，反思自己在什么情境中社交最困难，并判断自己是与特定的人群交流困难还是在特定的社交场合沟通困难。通过观察和记录，及时进行自我反思，让自己在沟通困难期进行主动反馈和克服表达障碍，从而为下一次的主动发言和汇报交流提供动力支撑与心理保障。**第二，评估技能并寻找原因。**研究生产生"社恐"的一大原因是受到自身沟通技能的影响和缺乏主动的表现，因此，研究生要学习一些沟通的技巧、社交的礼仪并进行技能训练，提升自身的交流能力，比如通过开启对话、维持对话、解读非言语信号和洞察他人的行为等方式，准确表达自己的想法。在面临社交问题时，研究生要学会分析自己是否因为过去的经历导致了社交恐惧，比如，过去的尴尬经历或被羞辱的记忆等，让自己通过训练不再害怕回忆过往的伤害，从而从容不迫地与人交流。此外，研究生要减少对社交场合的负面预期和担忧，提高应对被评判或拒绝的技巧，从而避免不敢沟通、不会沟通和不能沟通现象的再次发生。**第三，设定目标和实践调整。**研究生在了解了自己"社恐"的根源之后，需要根据自我观察和整体评估的结果设定短期可以达到的小目标，通过循序渐进的改变逐步提高自己的社交能力与自信心。同时，研究生要通过实际参与的社交活动来测试和提升交流技能，根据经验不断调整与他人交流的方法和策略，从而逐渐克服交流障碍并提升交流能力。人们常说"拥有一个良好的心态就成功了一半"，因此研究生要培养积极进取的意识，强化坚定自我的勇气，减少消极的自我否定和害怕被批评的心理，从而在肯定自我、敢于积极回应的过程中提升沟通交流水平。总之，作为一名研究生，要学会坚定自我、克服困难和调整心态，并通过训练克服心理障碍，深入剖析产生这些问题的本质原因，并坚定地迈出解决它们的第一步，同时通过寻求心理咨询、获得同行支持、参与学术交流和融入社交活动等方式，提高自己解决问题的能力，从而建立积极的自我身份认同。

12.2 加强针对性训练

研究生面临社交压力或不愿与他人交流会对其心理、学业以及未来职业发展造成深远影响，因此研究生要敢于正视问题并通过有针对性的训练缓解上述压力，从而在畅快的学术交流中获得对研究生身份的认同感，快速提升科研能力。从心理层面来看，研究生过分担忧自己无法融入社交活动或者社交压力过大，有可能引发封闭、悲观、抑郁等负面情绪，使他们在融入新环境和面对不熟悉群体时产生不安，从而一次次迷失自我而不愿做出改变。如果研究生始终不愿意融入社交活动，且面临的交流压力日益增大，那么这种消极的心理暗示和不愿改变的状态会对研究生的心理健康造成不良影响，甚至出现心理障碍。从应对未来变化的角度来看，学生在研究生阶段如果能克服交流障碍，并建立良好的人际关系和社交网络，对于其未来的职业发展至关重要，因为研究生在积极的社交活动中能更好地展示自我，并在交流的过程中获得他人的认可和赏识。也就是说，研究生因社交压力过大而无法有效地与他人交流和合作，可能会错失一些重要的机会和资源，进而影响他们的学术认同和职业发展前景。因此，研究生应该正视社交压力的存在，并积极寻求解决办法，通过针对性训练更好地应对这些问题，进而在正式的社交场合中不断提高心理素质和交流能力。

12.2.1　认知疗法是有效途径

导致社交焦虑的负面思维模式包括过度关注他人的评价、严重的自我怀疑以及面对失败的过度担忧等，它们像一道道无形的思想枷锁和行动围墙，束缚着带有“社恐”属性的研究生在社交场合中的表现。为了摆脱这些负面思维模式的束缚，研究生需要正视它们的存在并在思想上做出改变，这就要求研究生以更积极、更客观和更现实的角度看待自己与他人，并将注意力从他人的评价转移到自我成长和进步上，最终在克服交流障碍的过程中学会欣赏自己的优点和成就。

12.2.2　暴露疗法是重要手段

研究生在面对社交压力时，可以将自己逐步暴露在一些社交场合，从较小的场景、熟悉的人群和相对安全的社交场景开始，逐步过渡到更大的场景、更多的人群和更具挑战性的环境。在每次社交暴露中，研究生要详细地记录自己的经历，包括当时的感受、内心的想法以及观察到的反应，通过这种反复的练习、不断的适应和有技巧的应对，使自己逐渐融入各种社交场合并减少焦虑感。此外，研究生还需要保持积极的心态和足够的定力，使自己的社交能力有一个逐渐提高的过程，从而让自己有足够的时间和空间去成长、进步、蜕变。

12.2.3 掌握沟通技巧很关键

倾听、表达和非语言沟通等技巧是研究生需要不断学习、磨炼才能掌握的本领和技能。其中，倾听是理解他人想法和需求的基础，需要研究生在沟通中耐心倾听并理解对方的真正意图；表达则是研究生将自己的思想和观点传达给他人，因此需要研究生在正式的场合清晰、准确地表达自己的观点而避免他人产生误解。同时，研究生需要了解并应对一些常见的社交难题，在遇到特定场景时能够用幽默的方式打破沉默、用事实和逻辑支持自己的观点以及用理解和尊重的态度拒绝他人。最后，研究生需要在小组讨论、学术报告和重大会议等实际场景中锻炼和应用这些技巧，增强自己表达见解的能力和展示自己的研究成果，以达到逐步克服交流困难和提升自己表达能力的目的。

12.2.4 评估和调整是重要环节

研究生在应对社交恐惧症的过程中，一定要定期回顾自己的进步和遇到的问题，从而进行有针对性的训练和提升，以找到进一步提升的方法和路径，为自己下一阶段的改进提供正确的认识和动力，只有这样才能更清晰地认识到自己的优点和不足。可以说，每一次回顾都是对自己的一次深度剖析，因为在剖析过程中，研究生能看到自己的进步状态并强化训练的改进方向，也能正视自己遇到的问题并深入分析其产生的原因，从而为下一步的训练计划提供有力的指导。此外，研究生需要根据评估结果及时调整训练计划。如果体会到某些方法效果不佳或坚持难度大，那么可以尝试更换策略或调整训练强度；如果取得了显著进步，那么可以继续保持并进一步优化，以确保训练更加精准、有效。

12.3 不爱交流就是不合群吗

在学术领域，研究生参与学术交流是获取新知识、分享研究成果和推动学术进步的重要途径，这是因为交流不仅可以让研究生拓宽视野，而且可以让其了解不同领域的观点和思路，还可以让其在碰撞中激发创新思维。在现实中，参与交流活动是人们建立人际关系、融入社交关系和增进友谊的重要方式，因此，学生在研究生阶段与导师、同学、同行等建立良好的关系并提升自己的社会融入能力，对于个人的学术成长和未来的职业发展都具有重要的现实意义。然而，每个人的性格和喜好都是独特的，并非每个人都具有融入交流活动的天赋和技巧，因此需要我们正确看待不同人群的性格特点和行为模式。有些人天生就喜欢热闹、善于言谈和融入集体活动，而有些人则更喜欢独处、善思和享受内心的平静，这并没有对错之分。由于研究生需要投入大量的时间和精力专注于自己的研究课题，并长时间地沉浸在要突破的前沿性课题，那么在这种培养环境下，他们可能会花费大量时间独自阅读文献、进行实验和撰写论文，从而减少融入集体交流活动的次数，对社交关系的建立也变得生疏。在这种情况下，他们可能会减少与社会人群和陌生人员的交流频数，但这并不代表他们不合群，而是因为他们只想在追求学术目标的过程中有更多深入思考和实操践行的时间，并且通过独立思考、反复验证和深入研究提升研究成果的质量。同时，我们需要对“合群”的刻板印象和评价标准进行反思，将研究生的创新性思考活动、长时间的实验挑战和静心投入成果产出时间作为“不合群”的孤僻表现，会对研究生的“合群”特质有错误的理解。这种观念是片面的、狭隘的和错误的，因为一个人是否合群主要取决于他能否尊重他人、理解他人并与他人建立良好的关系，而不是仅仅看他是否善于交流和愿不愿意融入社交圈。因此，我们应该摒弃传统层面对“合群”的刻板印象，以更加开放和包容的心态看待每个人的个性与特点。我们需要认识到研究生在学术成长和人际交往方面有一个逐渐成长的过程，导师、同行和家长应该以更加包容的心态理解研究生学习生活的不同。对于那些不爱交流的研究生来说，他们可能正在努力消除自己的障碍、“社恐”状态以提高适应力，应该给予他们足够的耐心和信心，相信他们能逐渐适应研究生阶段的人际交往和社会互动角色。

综上所述，研究生不爱交流并不一定意味着他们“不合群”，而是他们在追求自己的学术目标和个人成长的过程中更注重独立工作与深入思考，在交流方式上更喜欢以书面形式进行交流和论文发表的文字表达，或者他们更愿意与小范围学术圈学者进行深入的学术交流。每个人都有自己的生活方式和表达方式，我们应该尊重并接纳这种多样性，以更加平和的心态看待研究生加强学术交流和融入人际交往圈的状态。同时，我们应该为那些确实想通过自己的训练提高交流能力的研究生提供必要的关心、支持和帮助，让他们能够以更好的状态融入群体，并发挥自己的优势。只有这样，我们才能构建一个更加开放、和谐、包容的学术环境，让每个人都能在彼此交心的学习场所找到属于自己的位置、价值和身份认同，从而为构建学术命运共同体贡献力量。此外，研究生阶段的学习、交流和生活是一个整体，参与交流和学术互动只是其中的一部分，还有很多事情值得研究生关注、投入和参与，我们要理解他们作为研究者要面对的多方压力和生活不易。

12.4　在人多的场合更好地表现自己

沟通交流能力被视为一种关键的职业技能，因为其关系着人群融入社会的状态和建立彼此协作关系网络的能力，因此带着各种角色和身份定位的人，都在拓展自己的交流范围，并期待在社交网络中获得认同。对于研究生来说，社交场合提供了一个展示其专业能力、学术素养和个人魅力的独特平台，能为研究生提供与来自不同领域和背景的研究者交流、合作的机会，从而为其拓宽学术视野和建立人际关系网络提供交流平台支撑。此外，研究生通过在学术会议、小组汇报、团体活动等社交场合中积极参与讨论、分享观点和经验，不仅能提升个人在学术界或相关领域的知名度、影响力和认同感，还能提升个人的自信心、表达能力和社交技能，为打上具有自身学术魅力的身份标签提供场域环境支撑。因此，在公开场合有效地展示能力和魅力是研究生必须要直面的一个问题。

12.4.1　形象是第一印象的关键因素

研究生在公开场合表现出得体的形象是其他同人对其学术成果产生认同的重要支撑，因为形象是构成第一印象的关键因素，且决定了他人对研究生的初步认知和潜在判断。因此，研究生需要在这样的场合中有一个得体、大方和专业的形象支撑。首先，形象是内在素质的外在体现。研究生需要重视公开场合的庄重氛围，需要选择适当的着装以体现对学术的敬畏和对会议的尊重。其次，端庄的仪态和得体的举止可以彰显一个人的家教、修养、态度。比如，研究生在与同行交流时保持微笑、倾听并重视目光交流，很容易让对方获得心理认同、亲和力和内在好感；在发言时，研究生保持语速适中、条理清晰且有理有据，很容易在大会中展现出自身魅力。最后，细节是态度和礼仪的重要体现。在学术交流中，研究生注重待人接物的礼仪，具有为他人着想的同理心，容易获得对方的信任和心理认同。

12.4.2 高质量成果是获得认同的重要支撑

原创性研究成果、高级别期刊论文、重要成果获奖往往是同行评价一个人学术价值、科研潜力和身份认同的重要依据。因此，当研究生在学术汇报、成果分享和论坛交流的社交场合中自信地展示原创性研究成果、高水平期刊论文和创新性研究成果时，更容易赢得同行的尊重和认可，从而建立良好的个人形象并获得较高的学术认同。此外，学术领域的人脉资源对研究生的学习技能、项目合作和就业机会等方面有重要影响，因此，研究生要通过在学术圈的专业形象、社交关系和价值认同吸引更多志同道合的研究者与自己建立深厚的友谊及广泛的合作关系，从而为自己未来的学术成长、创新活力激发和职业规划提供资源与关系的支撑。

12.4.3 领导能力和团队精神是展现自我的重要途径

如果研究生在团队中扮演着重要角色并帮助团队获得创新性的研究成果、重大的科研项目和标志性奖励，那么同行研究者往往会认为他（她）在团队中做出了重要贡献，从而对这个研究生的协作能力、团队精神和奉献精神有更高的评价，认为其具有很好的内在涵养、学术贡献和创新价值。此外，领导能力和团队合作精神相辅相成，共同构成了研究生在社交场合中的综合表现。总之，研究生应注重培养自己的领导能力和团队合作精神，通过积极参与团队活动、扮演领导角色、与他人协作和建立合作网络等方式不断提升自己的综合素质，以在学术研究共同体中树立属于自己的形象名片，进而获得自身在学术研究方面的价值认同。

粉丝留言：

我前段时间有一个重要的文件需要导师签字之后找办公室盖章。自己害怕导师忙不接电话，又害怕联系办公室盖章的管理人员，于是就给导师发了微信消息，但是导师两三个小时之后才回复，差点把这个事情耽搁了。自己在生活中就是害怕与导师交流，该怎么办呢？

老丁心语：

首先，不要因为心里害怕影响重大事情的决策。老丁想告诉大家的是，研究生害怕与导师交流是一种非常正常的心理现象，但如果是重大的决策或者影响自己职业的大事，就要敢于面对并主动地找导师当面交流或者电话沟通。刚进入研究生阶段时，学生对新环境、新任务、新导师产生紧张和不安的情绪是可以理解的。但是，不能让这种恐惧影响到学习和研究，需要正视这种恐惧并找到有效的方法克服它，从而与导师建立良好的沟通机制。

其次，找导师进行学术交流没有想象中可怕。导师的职责不仅是指导学术研究和论文写作，还包括帮助解决研究过程中遇到的各种问题，如生活压力、情感问题和家庭矛盾等，给予研究生个人成长和心理健康等多方面的关心与帮助。因此，研究生要敢于与导师交流，这不仅是学术研究的一部分，更是获得全面发展的重要途径。老丁相信，只要认识到这一点，就有助于“有点恐惧”的你摆正心态，减轻与导师交流时的压力。在交流过程中，你要注意倾听导师的意见和建议并及时做笔记，甚至在征求导师同意后录音，记录重要的信息和指导意见，如此一来，既避免遗漏关键点，又能展示出你的认真态度和学习精神。

最后，要敢于汇报自己不成熟的建议和困惑之处。无论你的想法成熟与否，你都要敢于表达自己的想法和感受，因为只有导师了解你的困难和内在诉求，才能和你进行深入交流并提供有效的建议。当你在研究过程中取得进展或遇到困难时，也要及时向导师汇报进展、分享成果，同时说明面临的问题。这不仅有助于导师及时调整指导方案，还能增强你与导师之间的互动和信任，从而形成更加紧密的学术命运共同体。

13. 研究生完成高难度任务的方法

在学习过程中，研究生会面临各种各样的挑战，其中不乏难度很大甚至无法完成的任务。对于刚入门进行科学研究的新手而言，若实践能力不强、科研储备不足，很容易出现“害怕完成不了任务”的情理包袱，他们心中的困惑与压力是难以言表的，既害怕自己完成不了这么有挑战性的任务，也害怕自己完成不了任务遭到导师的怀疑，毕竟导师作为研究生学术和职业生涯中的引路人，害怕因自己做得不好而让导师对自己的研究能力产生怀疑或者信任危机。那么，在面对这些看似“不可能完成”的任务时，研究生该如何应对？导师为什么要布置这些任务，他的初衷是什么？在本章，丁老师针对这些问题简单谈谈自己的看法。

13.1 不要轻易说做不到

研究生阶段的学习具有专业性、研究性、创新性、学术性与自主性等特征，使得研究生阶段的学习任务难度相较于本科阶段大幅提升。导师一般是本着对研究生前期基础、学术能力与潜力信任的原则交付任务的，因此，研究生在面对“不可能完成”的任务时，直接表示无法完成或者拒绝完成并非明智之举，因为这样不仅会错失一次提升自身科研能力的机会，而且可能让导师认为你遇事喜欢逃避甚至缺乏必备的科研素养，从而为以后师生关系的紧张和矛盾埋下伏笔。因此，研究生首先要坚信导师安排该项任务一定是经过慎重决定的，应抱着自己能完成的信念尽力完成导师布置的任务，以展现自己的学术定力、科研品质和上进态度，而非不愿意承担或直接逃避。如果自己实在无法完成或认为导师安排任务不合理，则可以向导师表达自己遇到的困难和挑战，并期望其给予指导，也可以向师兄师姐寻求帮助以解决一些常识性的问题。那么，研究生如何在任务较难完成的情况下做到与导师有效沟通，从而高质高效地完成任务呢？

13.1.1 寻求帮助，交流探讨

首先，研究生可以向具有一定经验的师兄师姐请教，因为他们在研究生学习之初面临过类似的挑战，并掌握了针对该问题的相关解决方法和技巧，能帮助刚从事研究工作的研究生答疑解惑，轻松进入下一个程序或步骤。其次，导师作为任务的发布者，对任务要求和期望方案有着深刻的理解，因此研究生可以通过与导师的深入交流更全面地了解任务的背景和最终目标，明确具体的解决方法、执行标准和预期成果。最后，研究生可以联系专业领域的专家进行咨询，听取专家对该任务涉及的专业知识和技术难题的专业见解及应对方案，在与这些专家的交流过程中获得最新的行业动态和技术帮助，以深入理解任务在专业领域的应用价值。

13.1.2 设定目标，合理安排

研究生在工作前为自己设定明确的时间节点和阶段性目标是确保任务按时完成的重要步骤。研究生在具体操作方面可以将大任务细分为多个小任务，之后按照时间节点逐一攻克或者重点攻克，因为这不仅有助于研究生更好地管理时间，还能使自己在面对看似不可能完成的任务时更有条理和自信，从而提高解决问题的效率和阶段性任务的质量。

13.1.3 借助工具，利用资源

在数字化、AI 化、智慧化的现代科技时代，研究生可以通过互联网和特定 App 的技术工具与在线资源（如技术教程、工具视频、文献数据等）进行针对性的学习。一方面，教程视频是一种非常实用的资源，个性化的博主以直观和生动的方式呈现操作步骤与技巧，能够让研究生能够轻松理解和掌握复杂的操作。另一方面，研究生可以查阅专业的文献资源并进行可视化、AI 化、网络化的文献梳理和重点解读，了解当前研究领域的文献脉络和核心问题，有助于研究生了解导师布置任务的背景、现状和预期目标，从而为完成任务提供理论支持和实践指导。

13.1.4 调整心态，关注情绪

在追求学术进步的同时，研究生应努力在繁重的科研压力、有挑战的

科研任务与个人生活之间找到平衡点，确保自己拥有充足的休息、运动和放松时间，在健康的生活习惯中逐步实现突破而非陷入困顿、迷茫和巨大的烦躁中。

13.2 努力尝试、不轻言弃

面对一些难度极大的科研任务，一些承受能力差的研究生可能在征程一开始就直接打退堂鼓、挂起免战牌或递交投降令，不愿进行积极的思考、深入的设计和用心的付出，选择逃避任务。当研究生面对难以完成的任务时，首先应对“我认真地尝试了吗”“我竭尽全力了吗”等深入性问题进行反思，认真评价自己是否进行了有效的咨询、技术性的学习和全身心的付出，让自己回归到问题的困难点再去寻找其他方法进行突破。那么，怎样才能应对导师布置的挑战性任务呢？丁老师简单谈几点。

13.2.1 科学规划时间和阶段评估是有效策略

在制订计划时，需要充分考虑自己的能力、资源和技术水平，避免安排过于紧凑或过于宽松的时间表，合理估计每个阶段的工作量并预留一定的缓冲时间以应对可能出现的意外情况。值得说的是，制订计划不是一劳永逸的事情，应根据实际情况随时调整时间节点、任务安排甚至重新分配工作量，以快速解决面临的棘手问题。此外研究生还应养成定期回顾、阶段评估和自查自省的习惯，在每个阶段结束时对计划执行情况进行投入产出分析并找出存在的问题，从而帮助自己按照预期的时间规划，完成导师布置的任务。

13.2.2 积极认真和忘我付出的态度是重要保证

研究生通过与导师进行深入交流，能够从导师那里获得宝贵的指导、反馈和帮助，进而确保自己在正确的轨道上前进，并及时纠正和改进自己的工作。此外，积极主动的态度还体现在研究生对任务本身的热情和不计辛劳的付出上，如主动寻找相关资料和文献、积极参与学术讨论和交流活动、敢于向同行领域专家咨询等。

13.2.3 创新探索意识和拼搏精神是重要支撑

研究生在面对挑战性任务时，仅仅依靠已有的知识和方法难以取得突破性进展，还需要结合导师提供的线索进行探索性分析和多种方法的学习。也就是说，研究生要勇于跳出已有认知框架，敢于尝试新思路、运用新方法和复合技术对未知领域进行创新性研究。为了培养创新探索意识和解决有挑战性问题的能力，研究生要在拼搏进取中及时了解领域内的前沿动态和最新研究成果，通过参加学术会议碰撞出思想的火花，通过主动参与实验和研究项目锻炼自己的专业技能，从而激发更多创新思路，开拓更多解决问题的路径。

13.2.4 团队合作是完成挑战性任务的重要保障

在面对某些时间紧迫且挑战性巨大的任务时，研究生可以求助于课题组的师兄师姐或与导师联手，共同探索解决问题最有效的方案。通过加入团队进行重大科研任务攻关，研究生不仅能提升科研素养和专业技能，还能在解决问题的征程中反思已有研究投入的不足、思路和方法创新的局限，从而为今后从事有挑战性的科研难题提供研究技能和创新动力支撑。此外，研究生通过分享自己的任务进展、研究困惑和所遇难题，还可以获得来自团队的解疑、支持和帮助，从而为导师布置任务的顺利完成提供理念、方法和技术支撑。

13.3 打开“天窗”，豁然开朗

鲁迅有一个著名的“开天窗”理论：一群人在一个房子里，如果有人说想要开个天窗看看风景，就会有一群人劝他说不要这么麻烦，直接走出去就好了；但是，如果他说要砸了天花板看风景，周围的人就会说那不如开个天窗。虽然上述例子是一个解决问题的折中建议，但在现实中研究生可以反思自己的行为模式，从多个角度找寻解决问题的方法，而不是陷入一种僵化的、毫无斗志的、不愿另想办法的被动解决问题的思路中。当导师交给研究生不可能完成的任务时，不要因为自己竭尽全力没有取得进展而放弃解决问题的信念，而应该反思自己是否应另寻他法进行多种思路的思考，反思自己是否打开了那扇象征着积极交流与合作的“天窗”，反思自己是否已积极主动地参与学术会议、研讨会和讲座，反思自己是否阅读了足够的文献并和知名学者进行了深入交流和合作。只有真正打开“天窗”，勇于接受新知识、新思想和新理念的洗礼，研究生才能更好地迎接艰巨任务的挑战，从而提升自己的科研素养、研究技能与创新潜力，并为未来的科研创新突破提供思路和方法支撑。

丁老师所指的“天窗”象征着一种解决问题的思路和主动探索的精神，期待研究生敢于调整研究思路，开展创新设计，从而突破技术障碍、打破思维定式和学科间的壁垒，并解决当前面临的科学难题。打开“天窗”意味着研究生要敢于探索新的研究方向，运用非常规的方法，或与其他学科进行交叉研究解决问题，形成多元解决问题的思维方式。此外，这些新的研究机会可能会激发研究生对特定领域的兴趣，甚至为其未来的职业和学术发展开辟新的道路，从而让其成为这个领域的开拓者、引领者和创新者。但是，在打开“天窗”之前，研究生需要认真考虑几个因素，以确保自己具备足够的资源、时间和专业知识应对新的研究方向或跨学科研究的挑战。首先，研究生需要评估自己是否具备足够的资源、设备和经费支持新的研究方向，其中，包括研究经费、实验设备、数据资源、分析仪器等。如果没有充足的资源、设备和经费支持自己开展研究，那么再难得的机会、再有突破难题的希望也只能是“空中楼阁”难以落地实施。其次，研究生需要考虑自己是否有足够的时间投入新的研究领域，因为研究生阶段的学习任务繁重且学习时间有限，如果盲目追求新的研究方向、挑战性选题，则可能导致现有研究的进度受影响，甚至影响自己毕业论文的进展。最后，研究生需要审视自己是否具备所需的专业知识、科研技能和学术潜力，避免因自己对新的研究领域一无所知或知之甚少而盲目投入，陷入既打不开“天窗”也解决不了任何一个科学问题的困境。因此，在决定开“天窗”之前，研究生一定要深思熟虑，确保自己具备足够的资源、时间和专业知识应对新的挑战，而非让自己在一片无知的学术领地中盲目摸索和打拼。同时，研究生要保持开放的心态、灵活的思维和及时调整的思路，让自己有足够的学术潜力，在新的研究领域不断探索和成长。总的来说，虽然开“天窗”是一种寻求创新和探索未知领域的新方法，可以为研究生生涯带来新的机遇和成就，但一定要在深思熟虑的基础上采取行动，确保自己能有效地应对挑战并取得良好的研究成果。

13.4 追根溯源、破题解疑

当面临看似不可能完成的任务时，研究生首先需要思考导师布置任务的初衷，可以通过与师兄师姐交流获得解决问题的线索和突破口，而不是叫苦不迭地胡乱思考、盲目行动。作为研究生学术领域的引路人，导师布置任务不仅是为了检验研究生的专业技能和培养研究生的科学思维逻辑，更多的是通过过程性探索激发研究生的科研潜力，进而使研究生具备主动思考的精神、敢于探索的勇气，从而超越自我，以取得更高的学术成就。那么，导师布置任务究竟要达到怎样的目的呢？

13.4.1　投入程度

研究生在创新探索过程中的精力投入展现了其在面对任务时的专注力、意志力和科研热情，是研究生科研兴趣、探索精神和意志品质的综合体现。这种投入不仅有助于提升研究生创新思维的质量，还能培养研究生坚韧不拔的性格和持之以恒的动力，为其未来的学术成长提供意志力保障。在科研道路上，高度的责任心和长时间高效能的专注是攻克科研难题的重要保证，“板凳甘坐十年冷，文章不写半句空”就是对科研坚持的真实写照，要求研究生以稳定的心态和长时间的坚持来解决问题与创新思考。因此，导师会布置一些相对较难的任务以培养研究生的专注力和解决问题的心理耐受力，并通过观察学生的反馈和所做的工作，评估学生是否真正投入了科研工作中。

13.4.2　管理能力

优秀的时间管理能力是研究生高效完成任务的关键，其不仅能帮助研究生减少不必要的延误和浪费，还能让研究生在课题攻坚的过程中保持学习和生活的协调与平衡，从而避免研究生因为过度劳累和压力过大产生各种心理问题。保证效率对于科研工作来说是非常重要的，因此有些导师会要求学生在规定的时间内完成一定质量的工作，并要求研究生在特定时间点完成后及时向导师反馈，以便在彼此交流和沟通中顺利完成下一步任务和突破挑战性课题。若研究生总是不能按照时间节点反馈或屡次推迟任务完成时间，甚至在过程中不愿与导师进行沟通和交流，那么导师可能会对他们的时间意识和对待科研工作的态度产生怀疑。因此，研究生应充分认识到时间管理的重要性，在管理好时间的同时及时与导师进行沟通交流，避免因小问题难以解决而陷入泥沼中，从而在师生良性互动的过程中实现小障碍的清除和整体进度的顺利推进。

13.4.3　潜力评估

导师有时会有目的地布置一些有挑战性的任务，以考量研究生应对困难的意志力、探索研究的潜力和应对挑战的能力。研究生在经历艰苦努力后，虽然没有完成预期的任务，但是能够取得一定成果并符合导师的预期，就相当于打开了“天窗”，找到了另外的解决办法。此时，导师依然会对研究生的探索能力和辛苦付出予以认可。这种认可不仅意味着导师对研究生学术能力的肯定，更意味着研究生为导师带来更多的科研方向和更广阔的发展空间。那么，在这种情况下，导师基于新的学术理念会为研究生提供更多的学术资源、设备支撑和方向指导，甚至推荐他们继续深耕该领域以实现新的科研突破，从而为其在崭新的领域开辟新的研究方向并提供强有力的资金支持和技术保障。总的来说，导师在布置任务时不仅看重研究生的科研产出和技术提升，还关注研究生的投入程度、时间管理能力和科研意志，这使其给不同研究生以不同的选题并进行分类培养。值得一说的是，导师布置高难度的任务往往是出于培养创新人才进行的研究水平评估、逆商能力测试以及精神考验。

总体而言，导师布置高难度任务的初衷在于全面提升研究生的学术素养和综合能力，因为这些任务不仅能激发研究生的学术兴趣与研究动力，还能培养其创新思维、团队合作和自主学习能力，从而为研究生未来的学术发展、职业生涯规划和终身学习奠定坚实的基础。

粉丝留言：

我是一名刚上岸的准研究生。目前，我还没有正式入学，但导师给我安排了许多我认为完成不了的工作，这让我感到非常吃力，我该怎么办？

老丁心语：

首先，正确理解导师的良苦用心。导师在研究生阶段布置任务的初衷不仅是测试你的能力，更是帮助你快速进入科研状态，尽快培养你的学术思维和研究能力。这是因为，很多高水平院所的本科生早在大学阶段就开始接受正规的学术锻炼并掌握了科研技能，如果你迟迟进入不了科研的基本状态，那么很难在研究生阶段产出高水平的科研成果。尽管这些任务可能看起来过于繁重或难以完成，但实际上是经过精心安排且专门设计的。

其次，分解任务并精细化安排时间。在面对这些任务时，你不妨尝试分解任务并制订详细的计划，通过将大任务拆分成若干个小任务逐一突破和完成，避免因为任务量过大而产生焦虑。与此同时，你还可以借助管理工具将每天的工作时间合理分配，确保每个阶段的任务都有序进行，这是因为时间管理不仅能提高你的工作效率，还能帮助你在紧张的学习生活中找到平衡，避免过度疲劳和压力过大。

再次，敢于寻求师兄师姐的帮助。当你遇到实际困难时，不要羞于向师兄师姐寻求帮助，因为他们也是从你这个阶段熬过来的，能理解你此刻的焦虑和无助。通常师兄师姐非常乐意帮助师弟师妹解决其在科研中遇到的各种问题。此外，你的师兄师姐也有着丰富的经验和相对较多的学术资源，他们的建议和指导能极大地帮助你克服当前的困难并提高你的科研水平。

最后，要看重长远的学术价值。导师在布置这些任务时，更多的是希望你能够通过这些任务提升综合能力，并为你未来科研技能的提升打下坚实基础。因此，你应该抓住每一个学习和锻炼的机会，在完成任务挑战的过程中磨砺坚强的性格和上进的品质。

总之，在面对这些看似无法完成的任务时，你需要调整心态、科学规划并积极寻求帮助，保持饱满的科研热情去挑战和闯关。

14. 研究生被导师“放养”的原因

导师不仅是研究生学业上进和学术成长的引路人，更是与研究生一同攻坚科研难题的师长和合作伙伴，对研究生的身心健康和持续成长具有重要的引领作用。因此，研究生选择一个与自己研究兴趣相契、性格相投且能够给予自己充分指导和支持的导师，对自己三年的研究生生活乃至未来的职业发展具有深远的影响。有些导师喜欢给研究生更多的自由时间和探索空间，给予其思想上的引领、观点上的指引和方法上的指导，期望其在宽松的科研环境中实现自主探索能力和科研创新能力的稳步提升。然而，有些研究生不理解导师培养学生的方式，认为自己被导师“放养”了，感觉自己没有得到像高中时代老师那样“手把手”“总是被看着”的照顾，导致学习的踏实感和认真劲儿明显不够；还有一些研究生可能最初仅凭“眼缘”选择导师，忽略了研究生导师的学术能力和性格特点，于是出现了导师对研究生的管理非常轻松，但指导帮助意义不大的现象，使得研究生的科研上进空间大大受限且求助导师获得的帮助较少。因此，丁老师将围绕这一主题谈谈自己的观点，分析这种现象产生的原因，并给出相关建议。

14.1 多给自主探索的时间和空间

14.1.1 自由探索的宽松环境，有助于研究生自我突破

研究生在宽松的科研环境下对导师给定的主题进行探索，相比导师直接关注、指导和帮助更能鼓励研究生自主进行学术研究和探索，能有效地培养研究生独立思考和创新解决问题的能力。然而，这一指导模式的效果在研究生个体之间存在差异。一方面，对于具有较好研究基础和创新灵动性的学生来说，导师提供宽松和自由的科研环境能让其具有更多自由度和独立性，有

更多时间和空间探索自己感兴趣的领域，从而实现快速突破和科研成果的产出。另一方面，对于基础能力和科研独立思考能力弱的研究生来说，导师提供宽松的科研环境可能会令其产生迷茫、困惑，甚至面临一些挑战，让其陷入毫无目标的曲折探索和折磨中，因为这部分研究生缺乏自我约束、自我管理和规划能力，“放养”可能会使该类研究生因缺乏明确的指令和精细的指导而感到迷茫和无助，难以有效进行问题突破、学术研究和科研攻关。也就是说，虽然导师期望在宽松的科研环境下培养研究生的自主性和独立思考能力，但部分研究生可能需要更精准的指导和技术支持才能完成研究任务，因而这部分研究生经常会遇到导师缺乏及时性的反馈、指导空有理论高度、监督性机制缺失等问题，使其倍感失落、无助甚至研究进展受阻。

14.1.2　在探索中独立完成任务和研究，有助于研究生自我成长

在研究生培养过程中，导师选择宽松的环境和探索型模式培养研究生并不罕见，因为这种选择背后有其深刻的教育理念和实际考量。一方面，导师认为研究生阶段是培养学生独立思考和自主解决问题能力的关键时期，通过营造宽松的环境、形成自主探索问题的模式和提出开放性问题的思考方式，能让学生在相对宽松的学术环境中自主探索问题、提出假设并进行验证，从而锻炼研究生解决复杂科研问题的能力。另一方面，一部分科研难题需要研究生长时间查阅资料后梳理文献、凝练观点、提出理论和设计研究方法进行突破，因而导师期望研究生在静心思考和独立设计中获取攻坚科研难题的素养和韧性，同时将部分自主权交给研究生以锻炼其克服困难的能力，从而助推拔尖型科研创新人才的培育和成长。此外，在破解重大任务的现代科学研究中，跨学科合作和多领域交叉研究已成为趋势，因而导师期望通过鼓励探索的方式培养学生的跨学科合作和交叉解决问题的能力，从而使其在未来的科研工作中更加灵活和自如地应对各种挑战和机遇。

14.1.3　独立思考与创新解决问题，有助于研究生自我管理

导师给定研究生特定选题并鼓励其在独立思考的时空场景中创新解决问题，是培养研究生时间管理能力、任务完成能力和效能管理能力的重要方式。在这种模式下，导师期望研究生按照既定目标安排研究计划、进行阶段性任务突破和把控时间进度，让研究生在科研工作中学会自我约束、自我安排和自我激励，从而为其未来的学术成长和长远的职业规划提供坚韧、抗压等精

神品质方面的支撑。从培养的定位来看，研究生教育的一个重要目标是培养学生独立思考和创新解决问题的能力，而导师过多的指导、帮助和干预可能会限制研究生思维的延展性、创造力和想象力，因而导师期望通过这种宽松的方式让研究生在独立思考和探索中发现新的研究方向、突破点和创新点并为之刻苦努力，从而激发其学术潜力、创新活力并产生创新性的研究成果。

然而，还有一部分研究生属于另外一种情况，即导师过去一段时间对其的指导一直是非常认真且负责的，甚至进行“手把手”的技术性指导，但是近期导师出乎意料地改变了指导策略，开始实行自由探索式甚至“放养”的培养方式，让研究生感觉非常不适。究其原因，一方面，导师对研究生一段时间的科研实验、学术训练和写作练习进行评估后，认为其已经具备了一定的研究能力和自我管理能力，期望通过创设宽松的科研环境让研究生更加自主地开展研究工作，以提升其科研潜力。另一方面，在某些情况下，有些导师可能因为研究生平时做了一些过分的事而产生偏见，呈现一种不愿指导或者伤心的状态。以下是丁老师列举的几个原因。**第一，与导师发生争执、争吵甚至直接顶撞导师。**这样的行为不仅伤害了导师的感情，辜负了导师的指导付出，而且让导师觉得这些学生难以沟通，难以建立良好的师生关系，因而当这种情况发生时，导师可能会改变指导方式，如采取“放养”观望策略，以免产生进一步的冲突或矛盾。**第二，在组会、讨论中多次迟到，缺乏时间观念。**对于研究生而言，不守时、迟到或不按时完成任务，会给导师留下缺乏时间观念、不负责任、缺乏自我管理能力等印象。如果研究生的这种行为成为常态，导师就会认为这样的学生难以指导、培养、管理和值得依赖，因此选择“放养”该研究生，从而将更多的资源和精力投入其他更努力和更自律的学生身上。**第三，总是害怕吃苦。**意志力在科研领域是至关重要的品质，那些缺乏坚强意志力且遇到困难就轻易退缩或选择逃避的研究生，往往难以在学术研究中取得真正的突破和进展。导师在布置一些需要克服困难才能完成的任务时，一部分害怕吃苦的研究生往往选择逃避、拖延任务，导师在观察和评估之后可能会减少对这部分研究生的培养精力，这也是“放养”状态产生的一个原因。

14.2 寻求自我突破

有些研究生在科学研究方面不仅表现出超强的能力、忘我的付出和不畏艰难的态度，而且对待学术严谨认真且积极投入，因而在科研上取得了不俗的成绩。然而，有些研究生可能因为某次在与导师交流时发表了不当言论甚至使用了侮辱、诽谤导师的言语，或在某次任务执行中极不重视自己的行为，从而出现违反纪律、无礼行事、重大失误等问题，导致导师对该生信任度下降、指导积极性不高和不主动关心等，从而产生所谓的“放养”现象。导师的这种变化可能让研究生感到苦恼、困惑和失落，甚至影响研究生的学习动力、积极性和自信心。试想，一个研究生既不遵守纪律，也不积极向上，还经常出现各类常识性和礼仪性问题，而另一个研究生踏实肯干、积极上进且有远大的科研目标，导师在付出投入方面会自然而然地倾心于后者，因为该生更容易为了远大的科研目标而成就一番凌云志。这并不是说导师在面对自己的学生时做不到公平公正，而是导师基于学生品质、科研状态和未来发展潜力进行的一种分类指导和因“生”制宜和因材施教。从现实情况来看，每个人在认同、支持和帮助他人方面，都期望能找到与自己价值观相契合的人，因为他们渴望自己的观点、见解和倾心付出得到他人的理解、认可和尊重。另外，研究生必须认识到，虽然每位导师都期望对学生完全公平且倾心指导，但研究生如果一味地不听话且经常出现各类问题，那么当导师投入时间和精力指导学生科研工作时，一定会出现指导后研究成果质量的差异。值得一提的是，有些研究生的上进态度、拼搏精神和韧性品质成为他们高质量发展的优秀因子，使他们在专业水平并非出类拔萃的情况下克服种种困难取得高水平成果，导师也愿意花费更多的时间指导他们。

14.2.1 提升自我醒悟和自我改变的能力

研究生在自我醒悟后应积极提升自我学习能力，通过自主阅读学术文献、参加学术讲座和研讨会等方式，不断拓宽自己的知识面和学术视野，不断提升自身的专业技能与科研能力，让自己在与导师的交流中展现出态度、能力和技术上的改变，从而在学术研究中提出新颖的观点和独特的见解，让导师看到研究生愿意进行自我改变的决心和毅力。面对之前难以克服的论文写作和科学研究难题，研究生需要提升与导师的沟通能力，并聚焦核心领域进行专注研究，找出最适合自己研究方向的内容并加以深入理解和应用，从而为自己的研究工作提供坚实的理论支撑和广阔的视野支持。同时，研究生应加强时间管理，提高自我规划能力，通过制订详细的研究计划和工作时间表，确保科研工作有条不紊地进行，并定期进行自我评估和调整，从而提高学术能力、科研效率和成果质量。

14.2.2 提升自我学习和自我驱动的能力

研究生应改变以往颓废的状态，积极提升自我学习和自我驱动能力，通过参与学术小组讨论、与同行交流以及与学长学姐合作等方式获取宝贵的经验和建议，从而在科研过程中更加灵活地应对各种挑战和难题。研究生带着问题参加学术交流并积极进行自己研究成果的展示，不仅能拓宽学术视野，而且能为下一步的研究工作提供多元化的思路和方法，使其在面对复杂问题时能够找到更加高效和创新的解决方案，从而推动自我学习和自我驱动能力的快速提升。此外，研究生应注重培养批判性思维和创新能力，通过独立思考、科学设计和深入分析后不断探索新的研究方向和方法，不断激励自己在学术研究中取得突破性的成果。

14.2.3 提升自我挑战与探索创新的能力

“放养”的研究生要敢于纠正过去不良的行为和存在的问题，下定决心刻苦努力，经历痛苦的蜕变将自己之前缺失的能力和荒废的学业找回来，让自己有动力、有责任、有信心迎接科研挑战。研究生在面对科研难题需要挑战和突破时，要善于利用各种学术资源进行自我学习，开展挑战性突破，深入学习国际前沿性论文并培养批判性思维，向专家学者咨询并敢于践行探索性、假设性和创新性的方向，从而为挑战和突破科研难题提供方向与技术性支撑。研究生应严格遵守科研伦理、学术道德和学术规范，确保自己的研究工作科学、严谨，数据真实可靠，从而为自己的学术信誉和职业发展奠定良好的基础。研究生还应始终保持对学术研究的热情和好奇心，通过不断探索、学习和实践提升学术素养、专业技能和科研能力，从而让自己在研究生阶段实现独立探索能力的提升，逐步成为具备独立科研能力和创新精神的优秀学者。通过这种积极主动的态度和行之有效的行动，研究生不仅能脱离导师“放养”的状态，而且能在学术上有大提升，还能重新与导师建立和谐的关系并赢得导师的信任，从而让自己在研究生阶段有新的突破。

14.3 找到其他路径突破

在面对导师“放养”时，许多研究生常常感到无所适从和压力倍增，觉得自身能力和动力不足，且缺乏学术资源。其实不然，在这种情况下，其实更能锻炼研究生的独立性和自主学习能力，如果研究生能在这种被动的情况下主动寻求自我突破，并善于利用各种学术资源进行自主学习，那么其不仅能有效地应对导师“放养”的挑战，还能在学术道路上实现自我突破，产出高水平科研成果。

14.3.1 反思是自己还是导师的问题

如果研究生自身约束力不强，只想混个文凭，导致导师安排的各项任务都不能很好地完成，那么研究生就需要通过改变自身的行为减少错误的发生，使自己在日后的师生相处中赢得导师的信任并重拾科研的信心。如果研究生是因为自己一两次的错误惹得导师不高兴，就大大方方认个错并下定决心改正，在之后的行为中更加注重自己的言行，也可以通过微信、短信、邮件把近期的一些体会、肺腑之言，甚至对发生事件的一些感想表达出来，让导师看到你的诚意和想要改进的态度，这样你们就很容易在互相谅解后进入新一轮的和谐相处模式。如果是导师性格的问题，那么你要尽快适应与导师相处的模式，毕竟人与人相处都需要适应、磨合和忍让，避免因自己的短视行为而忽略导师对你的关爱、投入和付出，从而让彼此处于一种“相互怨恨”的状态。如果导师确实出现了有违师德师风或者价值观错误的情况而让自己无法忍受，那么可以将这些情况反馈到相关部门进行解决，通过换导师等方法寻求改变，从而让自己进入新一轮的科研适应期并为自己的研究梦想而奋斗。

14.3.2 反思是内因还是外因

如果研究生是因为自己约束不严经常参加娱乐性活动，不愿意完成导师安排的科研任务或者不愿投入时间就想获得高质量的成果，便要反思这种行为背后的内在原因，需要通过改变行为模式和调节时间安排等方式让导师相信你能为此而改变。如果研究生是因为自己课题组管理太严格而其他课题组科研环境宽松使自己陷入“别人”的“科研陷阱”中，经常跟着“别人组”科研团队完成任务后去潇洒和释放，那么你需要正视自己的科研性质和调整自身的时间安排，让自己重新融入导师科研团队的进程，避免从众后陷入自我迷失之中。总之，在有导师监督和没导师监督时，你应该一个样，不能有导师监督的时候奋笔疾书、埋头苦干、刻苦学习，没有导师监督的时候玩手机、打游戏和其他不学无术的研究生嬉闹、追剧。如果导师检查发现你有这方面的行为，那么其在心中对你的认知可能会降低一个维度，甚至感觉你是应付型和不愿付出的研究生之后更不愿意投入极大的时间和精力指导和关心你。

14.3.3 反思是努力还是逃避

有同学说，“导师没有手把手教我一些技能和写作技巧，使我陷入原地踏步、求索无法和创新无果的境地，我真不知道该如何进行突破”；还有同学说，“我不愿与导师多交流，渴望在自由散漫的科研环境中学习，这是因为我能在封闭的自我空间中实现研究效能的提升，所以请导师不要过度干涉我”，从而让自己主动陷入“放养”的状态。其实，很多时候，研究生会出现既想自由又不想付出时间和精力进行科研攻关的情况，处于一种“假努力”而觉得自己足够努力的状态，其实这是一种逃避行为。如果导师在严格的科研环境中锻炼培养和塑造你后，将你“放养”至宽松的科研环境，那么你一定要珍惜和学会适应这种“放养”机会，要学会在没有导师观察、指导和指正的情况下自我监督，积极地培养上进意识、问题思维和创新能力，从而让自己在真正愿意付出的时空环境中获得研究生最终的独立思考能力、实验设计能力和创新实践能力。

14.3.4 反思自己上进的动力问题

有同学经常抱怨，“导师经常给我思想上、方向上和理念上的指引，但是天生愚钝的我既理解不到导师的用意又不愿意去请教别人，致使自己陷入不上进、不咨询、不付出的‘放养’状态”。在这种情况下，你要敢于放下自己的“面子”，突破自己的“围城”，多在导师的指引下查阅专业资料、参与学术交流活动、寻找线上平台资源和求助学校支持体系，让自己在没有导师过多进行技术性支持的情况下取得新的突破。首先，充分利用专业文献，解决常规问题。其次，积极参与学术活动，在交流中提升。再次，利用在线平台资源，开展全球视野交流。最后，借助校内外学术支持体系，提升自主探索和独立解决问题的学术能力。

14.3.5 反思自己是否求助了课题组

课题组师兄师姐的经验和指导是研究生宝贵的资源，因为其传递着导师指导的经验和以往课题组的智慧结晶，所以研究生可以通过与高年级的师兄师姐深入交流，获取他们在研究生阶段的经验和教训，让师兄师姐分享他们如何高效地查阅文献、撰写论文、申请科研项目等学习和科研经验，从而在他们的指导、帮助和建议下获得快速成长的直接经验。此外，师兄师姐会分享一些他们平衡科研、学习和生活关系的经验，以及他们走过的一些雷区，因而研究生在师兄师姐的帮助下能够更快地积累科研、生活经验，并激励研究生在学术研究中取得更好的成绩。丁老师相信，研究生通过反思自己的行为和多求助课题组师兄师姐，一定会在导师“放养”的情况下获得解决问题的方法和快速提升的技巧，从而在导师所谓“放养”的情况下依然保持学术研究的热情和动力，逐步实现自我突破和学术进步。

14.4　导师的目的是什么

丁老师作为一名研究生导师，深知在“放养”的状态下培养研究生有利有弊且因人而异，因此“放养”很考验导师的培养方法、育人智慧和识人艺术。如前文所述，如果研究生的学术定力很强且经过了前期严格的学术训练，那么在培养高水平研究者目的支撑下，采用“放养”模式的导师不是简单的引导者和环境创设者，而是一个精心规划和指导的“幕后”支持者，因为这种方式能够有效地提升学生的独立思考能力和创新解决问题能力。当然，“放养”研究生并不是放任自流，而是要求导师在这种模式下倾注更高的智慧并投入更大的耐心，通过制定长远的教学策略和提供关键的学术资源，确保学生在自由探索的过程中始终朝着正确的研究方向前进，并保持学术上的严谨性和规范性。

在营造的宽松科研环境支撑下，研究生导师在培养学生自主性和独立研究能力方面发挥着至关重要的作用，这是因为导师采用有规律的“放松—指导—放松—提升”等模式与研究生进行定期的学术讨论和个别辅导，引导研究生自我反思和调整研究策略，能让其在面临科研挑战时独立解决问题或者找到应对之策。这种教育模式不仅要求导师在研究生遇到困难时提供建设性的意见和指导，还要求导师在提供交流指导过程中与研究生保持适度的距离，给予他们足够的时间和空间去探索、创新，使其在独立思考和实践中获得更深层次的学术成长和个人进步。此外，在“放养”模式下，师生之间的信任和沟通尤为关键，研究生应保持与导师良好的信任、合作与共赢关系，使自己在独立研究的过程中感受到导师的持续关注、指导和支持。研究生阶段是学生学术生涯的重要起点和良好科研习惯养成的关键期，更是培养研究生独立思考和创新解决研究问题的重要阶段，因此，研究生需要导师给予灵活的指导政策和容错空间，及时地关注研究生的身心健康并设置宽松的科研环境引导研究生探索、试错和检验，帮助研究生在各个阶段及时调整方向和策略，避免研究生因孤军奋战而产生挫败感和孤独感。当然，如果你真的遇到了不愿投入时间指导且言辞、行为等极大伤害了你的导师，那么你一定要学会调整心态并找到属于自己的成长路径，不要在这种自怨自艾的环境中失去自己最初的科研梦想。在这种不正常的“放养”模式下，研究生更要学会自我激励、自我调节和自我管理，建立清晰的研究目标、调整模式和时间规划，通过自主学习和借助外力不断提升自己的科研水平和专业能力，逐渐激发自己的科研潜力和发展优势，从而在科研道路上行稳致远。

粉丝留言：

我尝试向导师反映一些科研上的小事，希望获得一些指导，但导师建议这些小事直接问师兄师姐或者自己解决。此外，当我寻求学术论文写作方面的帮助时，导师经常不给我直接的建议。我理解导师的时间非常宝贵，但我感觉在解决问题上有些无从下手。

老丁心语：

老丁能够理解你在与导师沟通中遇到的困难，因为这种情况在研究生阶段是很常见的，特别是当你刚要开启独立研究的新篇章和导师觉得是时候该“放养”时，你可能会感到更加不安。老丁想要说的是，你需要认识到导师并非不关心你的状态、苦楚和困境，而是期望通过这种方式培养你自主解决问题的能力，希望这种独立研究的“研商”能助你更长远的发展。

在学业上进方面，如果你遇到学术上的小问题和技能上的小困难，老丁建议你通过自主学习和请教同学来解决，因为这些小问题和小困难是研究生自我成长素养的体现，这些阶段性小问题和小困难的解决也是帮助研究生逐渐走向独立思考、独立研究和独立实践的必经环节。因此，在面临学术上进困难时，你可以制订一个合理的时间表和生活计划，通过良性的时间管理缓解学习中的压力，让自己更专注于学术研究和自我提升。

在学术成长方面，导师建议你自行查阅文献和深入思考，并不是放任你不管，也不是所谓的“放养”，而是希望你通过自主学习和探索培养自己的研究能力和学术素养。在这种情况下，你可以先从导师推荐的基础文献入手，逐步扩展阅读范围，精读专业的核心文献，在相关计量分析软件的支撑下形成自己的文献综述和研究框架。老丁相信，通过阅读大量文献后提出问题并设计实验，你不仅可以提升了解学术前沿和研究动态的能力，还能找到解决问题的思路和方法，从而提高学术写作能力和科学研究水平。

在拓展思路方面，老丁建议你积极参加小组例会、学术讨论和会议活动，通过与专业领域的研究者进行交流，在观点碰撞和学术交流中获得更多的启发和支持。在学术讨论中，你可以分享自己的研究思路、面临的困难和下一步的打算，听取他人的思路、建议和意见，使自己在相互学习和交流中不断完善、深化自己的研究工作。此外，你还可以利用学校提供的学术资源和支持，如学术写作中心、图书馆资源和在线资源库中的专家视频，寻求进一步的指导和帮助。

15. 研究生被导师“重用”的应对

丁老师在日常的教科研工作和网络社交平台上，会听到一些研究生发出这样的抱怨：“我的导师天天自己忙科研就算了，每天还给我安排各种任务，感觉自己的工作永远都做不完。”事实上，导师出于对研究生能力的各种考量，确实会在横向课题或科研中频繁地安排某一位研究生参与各种事务，但这种看似平常的工作安排背后包含着导师对于学生个人优势、课题侧重点及工作进展效率等方面的考虑。从积极的视角来看，导师频繁安排某一位研究生参与课题和项目，往往是因为该研究生在特定领域展现出了卓越的能力或独特的才华，比如，扎实的专业知识、出色的沟通技巧和独特的问题解决能力等，在工作表现中得到了导师的肯定与青睐。对于这类研究生而言，通过深入参与导师布置的任务不仅能积累丰富的实践经验，而且能在不断磨砺自己的过程中让自己思维变得更加开阔、处事更有条理、精神品质更加高贵，但是，当导师过于依赖某一位研究生时，课题组其他团队成员可能会因此感到被忽视或被边缘化，引发课题组成员之间的不满和冲突，进而影响团队的凝聚力和合作精神。此外，对于长期承担过多任务的研究生来说，其可能因为承受过大的工作压力而士气低落、身心疲惫或心理状态不佳，甚至会产生对工作和学习的厌倦情绪，这样的“偏爱”和“重用”反而会对其个人发展造成不利影响。因此，研究生在面对导师频繁地安排任务时，应当从多个角度进行深入思考，因为这不仅涉及个人发展、学业上进和职业规划，而且涉及如何在保持个人健康和学术成长的同时有效地处理与导师及团队的关系。

15.1 是否属于“鞭打快牛”的类型

“鞭打快牛”型员工，是指那些在工作中表现出色、行事迅速且质量高的员工。这类员工常常会被赋予更多的任务和责任，其老板和领导会在肯定其能力后给予更多的任务，让其处于疲于奔命的状态，最后却没有得到相应的成绩认可和荣誉。这种现象在现实生活中比较常见，使那些工作能力强、工作效率高的员工，肩上的负担往往会越发沉重；而那些态度消极、进度缓慢的员工，反而承担着较为轻松的工作量。在研究生阶段也有不少研究生深陷这种困境，面对导师布置的各种任务，研究生想要推辞但又害怕导师对自己有负面评价而无法拒绝，从而导致自己不得不承担越来越多的工作。那么，研究生怎样根据自身的情况判断自己是否属于“鞭打快牛”型选手呢？丁老师建议从以下四个方面进行自我分析。

15.1.1　学业压力与自我期望

研究生阶段的学习与科研任务常常让人倍感压力，尤其是在导师额外安排各种科研项目时，研究生不得不经常熬夜奋战、加班加点地工作。出现这种情况一般是因为研究生在学术和工作上表现出色，导师安排其他同学做不放心，所以这类研究生被导师赋予了更多的期望。随着任务的增加，其压力越来越大，也就不得不加快步伐以保证自己能够按时完成任务。同时，有些研究生对自己的学术成就和工作成效设定了极高的标准与预期进程，这在无形中也给努力上进的研究生增加了心理压力。尤其是当预期成果未能达到自己期待时，他们很可能产生强烈的心理落差感，甚至陷入自我怀疑的状态，进而对科研丧失信心。因此，有这类问题的研究生需要在繁重的学习任务和科研压力之间找到平衡，在面对导师“鞭打快牛”时，要主动要求减压减负，同时调整自己的心态以应对可能出现的挫折和困难。

15.1.2　时间管理与生活平衡

在读研期间，研究生要平衡学习压力并兼顾生活娱乐绝非易事，这是因为一些研究生由于过于专注学业和工作任务，忽视了社交活动、休闲娱乐以及身体锻炼等生活内容；还有一些研究生可能会长时间沉浸在图书馆或实验室中，为了完成一项项艰巨的课题和论文，几乎牺牲了所有社交和娱乐时间。这种单一的生活模式虽然能带来学术上的一番成就，但长远来看可能给研究生的身心健康带来隐患，例如，长时间的学习和工作压力会使研究生感到极度疲惫，可能出现焦虑、易怒，甚至失眠和食欲不振等生理问题。在这种情况下，研究生需要警惕自己陷入“鞭打快牛”的困境，并及时对自己的生活学习方式进行调整，让自己在追求学术成就的同时注重生活的平衡，做到合理安排时间以确保学业和工作的进展。只有实现这种平衡，研究生才能在保持工作与学习效率的同时，享受丰富多彩的研究生生活，实现全面而健康的发展。

15.1.3 社交活动与情感支持

在现实生活中，一部分研究生可能因为学业负担繁重，或者长时间沉浸于图书馆或实验室的工作，忽视了与家人和朋友之间的沟通和交流，与家人和朋友之间产生了疏离感，甚至认为给他们打个电话或与他们吃个饭都是在浪费时间。事实上，这种孤立的状态不仅会引起个人情感上的孤独、失落和封闭，还可能对自己的学术及职业发展造成负面影响，例如，处于这种孤立状态的研究生可能会形成一种自我限制的思维模式，即“反正我也不和别人交谈，赶紧做自己的任务吧”，从而更深层次地陷入“鞭打快牛”的困境。因此，一个健康、充实的研究生生活不应该局限于学术研究、学业成绩和任务成效的追求上，更应与他人建立良好的互动和支持关系。试想，如果一个人连人际关系都不愿意花时间维持，那么即使学术水平再高最后也会“空有一身本领”而没有“用武之地”。

15.1.4 自我认知与价值取向

研究生阶段面临着前所未有的挑战和机遇，研究生在学业上进取的同时承受着诸多的压力和无奈，因此，如何正确认识自己的职业规划、如何定位自己的价值等，成为研究生进入社会之前必须面对的重要问题。如果研究生过于依赖外界的评价界定自身的价值，或者错误地将学业成绩和任务完成度视作衡量自己成功与否的唯一尺度，那么很容易沦为“鞭打快牛”现象的牺牲品。因为，这种以外部标准为导向的价值观，不仅可能让研究生在追求成功的过程中失去本心，还可能让研究生在面对挫折和失败时感到迷茫与绝望。因此，研究生应该客观而全面地看待自己，认识到自己的长处和不足并据此制订合适的发展计划，而不应该过度关注他人的评价，让自己不敢去做“真正的自己”。具体来说，研究生应该了解自己的兴趣、能力和潜力，以及明确自己的职业目标和人生追求，不要让外界的评价成为自我发展的“风向标”。同时，研究生应该明白成功并非只有一条路径，学业成绩和任务完成度固然重要，但绝非衡量个人价值的唯一标准，毕竟个人的成长和发展应该是全方位的，包括学术能力、人际交往、情感管理等多个方面。也就是说，一个真正具有自我判断能力和人生上进心的研究生，不仅要在学术上、科研上、荣誉上有所成绩，还要在人际交往、情感管理等方面展现出自己独特的能力和魅力。

15.2 敢于提出诉求

研究生阶段的学习是一场知识与能力的深度探索之旅。在这一时期，研究生不仅需要深入研究专业知识并掌握专业技能，而且需要通过参与各种科研项目和实践活动将所学知识应用于实践，以进一步提升自己的科研素养、综合能力和服务现代化建设的能力。然而，随着学业的上进、能力的提升和情商的锻炼，许多研究生常面临导师布置的多样化、跨领域的频繁任务，使其在同一个时间段内面临着多重任务，陷入疲于奔命的境地。读过研究生的同学都知道，这些任务通常带着严格的时间限制和高标准的质量要求，在多重压力影响下，有些研究生最初的科研追求和人生理想被一点点磨灭了。在这样的背景下，研究生表达自己的诉求变得尤为重要和必要，因为这不仅是对自身权益的维护和生活质量的保障，更关系到自身研究效率和成果质量的提升，因此研究生不要陷入不敢表达或者害怕表达后产生不良后果的前后顾忌状态。现实中，一些研究生畏于导师权威或因为所谓的“面子”问题而犹豫不决，担心表达诉求可能会被导师视为不敬或不满，或者担心自己的需求无法得到满足反而可能面临更多的压力和责备。因此，研究生需要更加理性地看待这一问题，并从以下几个方面提出正当诉求。

15.2.1 有利于促进师生沟通与情感互动

向导师提出诉求实际上不是单向的信息传递，而是双向的、富有深度的交流，因为这样的交流有助于让双方的观点、需求和期望真实而准确地得到表达与理解。因此，在提出诉求的过程中，研究生应当首先对自己的工作能力、任务达成度以及身心承受的压力进行深入的反思和总结，从而厘清自己的需求以清晰地表达自己的观点。导师倾听研究生的诉求，也是一次重新认识和评估研究生的机会，能让导师更深入地了解研究生的学术能力和潜力，从而更加关注他们的生活细节和内心需求。同时，导师会更加尊重研究生的想法和需求，进而在任务安排上给予适当的宽松度，为其提供符合心理预期的实施方法。因此，提出诉求不仅是研究生维护个人权益的一种途径，更是他们展现自身学术追求和独立思考能力的重要方式，因为这样的交流不仅能促进研究生与导师之间的有效沟通，而且能为课题组学术研究能力的提升注入新的活力。

15.2.2 有利于提升自我认知与自我管理能力

对于研究生而言，向导师提出诉求是一个深思熟虑且涉及自我认知提升的过程，不仅涉及与导师的沟通方式，更反映出一个研究生如何在面对学术压力的情况下进行自我定位的现实问题，也反映出平衡自我需求与发展目标之间的关系。那么，具体该如何看待自我认知与自我管理的关系呢？一方面，准确的自我认知是向导师提出诉求的基础，研究生只有对自己的学术能力、兴趣方向以及长远的个人发展规划有清晰的认识，才能准确地判断当前的任务负担是否适合自己未来成长，以及是否对自己的学术进展或身心健康产生不良影响。另一方面，自我管理能力的提升有助于研究生从长远视角进行规划，研究生提出诉求实际上是对自己的学术生涯进行主动管理的过程，是一个希望合理安排时间和精力且实现业务精进和主动表达的过程，从而让自己既能完成导师布置的任务，又能有足够的时间和空间深入探索自己感兴趣的领域。总之，提出诉求不仅是研究生与导师沟通的一种方式，更是展现自我认知和自我管理能力的重要机会，同时这一过程可以让研究生逐渐学会如何合理安排自己的时间和精力，从而更好地应对未来的挑战以实现自己的学术追求的一个过程。

15.2.3 有利于调节身心压力与时间分配

研究生的能力和精力虽然在学术探索和科研攻关方面较普通人群突出一些，但当导师安排的任务超出自身的承受范围时，研究生与常人一样会产生抵触或压力大的反应，任务完成的效果和质量也会大受影响。因此，为了平衡学习与科研任务的关系，研究生有必要在适当的时候就任务量、难度以及分配方式等与导师进行沟通，共同探讨更为合理的任务分配计划。而通过合理调整任务分配，研究生可以确保自己有足够的时间和精力投入学习与研究；也可以在保证任务完成质量的前提下，更加专注自己的研究方向和兴趣，从而深入挖掘学术问题，提高科研成果的质量。总之，平衡学习与科研任务是研究生阶段必须面对的一个重要问题，研究生只有通过提出诉求并与导师进行有效沟通，才能确保在繁重的学习和科研任务中保持平衡，进而在实现个人学术追求的同时维持自己的身心健康。

15.3 拒绝导师交办的任务

对于研究生而言，与导师进行有效沟通是学术生涯中的一门重要课程，因为良好的师生沟通不仅有助于提升研究效率，还能为研究生在学术道路上稳健前行提供支持，形成良性合作机制。现实中，面对导师安排的繁重任务，研究生可能会感到极大的压力，有时甚至会产生逃避的想法。在这种情况下，研究生要学会妥善地表达自己的感受和诉求。研究生该如何表达呢？丁老师给出如下建议。

15.3.1 对自己的感受和需求有清晰认识

面对繁重的学术任务和烦琐的项目推进细节，研究生常常陷入焦虑、疲惫甚至无助的境地，进而产生烦躁不安的情绪，甚至出现失眠的状况。这些是一个人最正常的情绪反应，毕竟在巨大的学术压力下，每个人都会有力不从心的时候，但问题的核心在于，研究生如何妥善地处理这些情绪，并将其转化为自己前进的动力。为了使研究生更好地处理这些负面情绪，丁老师建议研究生先花些时间进行自我反思，认真思考自己对这些任务产生抵触情绪的原因，进而“对症下药”有针对性地解决。究竟是因为任务量过大超出了自己的承受能力，还是因为任务的难度过高让自己感到无从下手，抑或因为这些任务与自己的研究方向和兴趣不符让自己缺乏动力去完成呢？在明确了自己的抵触原因和内心期望之后，研究生便可以更有针对性地与导师沟通，坦诚地表达自己的感受和面临的困惑，使导师充分了解实际情况并提出具体措施。同时，研究生应提出具体的建议和想法以寻求导师的理解与支持，例如，研究生可以请求导师将任务按重要和紧急程度排序，优先完成重要且紧急的任务，或者请求导师提供更多的指导和帮助以减轻自身承受的压力与煎熬。

15.3.2 选择恰当的时机和方式与导师沟通

研究生应尽量避免在导师忙碌或参与重要会议时提出自己的诉求，因为导师在忙碌的时候可能没有足够的时间和精力仔细倾听、理解研究生的需求，甚至可能因忙碌或情绪波动对研究生的请求产生误解或反感。鉴于上述原因，研究生可以通过观察导师的日程安排和情绪状态，选择一个相对轻松、私密的场合与导师进行深入交流，例如，研究生可以在导师空闲的时间前往他的办公室进行详谈，或者约一个特定的时间和地点与导师进行面对面的交谈。在沟通过程中，研究生需要用平和的语气表达自己的观点和感受，避免使用过于激烈或情绪化的言辞，这是因为在情绪失控的情况下进行的谈话往往无法实现真正意义上的交流。

15.3.3 明确表达自己的诉求和理由

在与导师沟通之前，研究生首先要有意识地做充分的准备，将自己的诉求和理由清晰地表达出来，从而让导师深入了解自己的想法并给出足够的认同。随后，研究生需要坦诚地表达自己的感受、困扰和痛苦，但这并不意味着要抱怨或指责导师，而是要客观陈述自己的实际情况和面临的问题。例如，研究生可以提及自己精神压力大且导师布置的任务繁重，担心自己无法集中精力投入，进而影响项目进程和课题质量；研究生也可以表达当前的研究任务与自己的兴趣和方向存在一定的偏差，自己缺乏必要的技能和实操经验，以及研究过程中的激情、动力和韧劲，怕自己的贡献度太低而影响研究的成果质量。此外，在这个过程中，研究生还可以提出一些具体的建议或解决方案，以便导师更好地理解自己的需求并提供相应的帮助，例如，研究生可以建议导师适当减少任务量，以便自己有更多时间和精力投入核心研究；研究生还可以提出调整任务难度的建议，以确保研究任务既具有挑战性又符合自己的实际能力。

15.4 拒绝导师后如何表现

即使研究生征得导师同意不再承担当前的研究任务，也不意味着研究生与导师之间的过程性任务合作就到此结束，而是意味着研究生进入一个新的研究起点，需要其更加专注于深入研究和学术探索，因为研究生经过学术锻炼已经知道自己处于该舍弃什么、该精进什么的阶段，也已经知道自己前行的目标和动力所在。在这个阶段，研究生应当理解虽然不利于自身成长的任务减少了，但并不是为了让自己闲散度日，而是让自己有更多的时间和空间进行长远规划，以便更加专注地投入学术研究。因此，丁老师有如下建议。

15.4.1 要积极学习并拓宽视野

即使研究生已经逐渐从繁重的日常任务中解脱出来了，也需要为下一阶段的目标实现保持一种持续进取的学习态度，让自己处于良性的成长和持续的提升阶段。这种态度不仅体现在研究生对学术研究的浓厚热忱上，更体现在研究生如何主动地关注学术前沿的动态上，以及如何积极地参与学术交流和追求学术上进中。在学术研究中，研究生需要时刻保持敏锐的洞察力，关注国内外最新的研究成果和前沿态势，并利用各类学术资源平台不断拓宽知识视野和提升自己的学术水平。同时，研究生需要积极参与学术交流和讨论，与同行分享自己的研究成果和经验，并从他们的反馈和建议中获得宝贵的启示，以逐渐完善自己的技术路线并提升自身的学术素养和研究能力。

15.4.2 要产出成果并担负责任

在逐渐减轻日常琐碎的任务负担之后，研究生应该将精力聚焦于研究工作和发表高质量论文中，并努力促使自己在学术领域取得显著的成果，因为这些成果既是研究生学术造诣的直观体现，也是自身学术追求的具体体现。一方面，研究生要重视高质量学术论文的发表，积极参与国内外高水平会议，向他人展示自己独到的见解和最新成果，从而在他人的建议反馈中追逐新的科研高度；另一方面，研究生要重视参与高水平的科研项目，因为这不仅能提升研究生的科研能力和研究深度，更能让自己在一线的科研实践中为世界的科技进步贡献力量。此外，加强团队合作也是研究生不可推卸的责任，因为这是反映一个人科研上进的重要品质，也是产生高质量集体性成果的重要保障。总之，研究生应该在追求学术成果的同时，不忘自己的责任和使命，努力成为一个有担当、有能力的学术研究者并积极为学术共同体贡献自己的力量。

15.4.3 要尊重导师并维护关系

研究生在与导师进行深入沟通后，一定要放下之前的芥蒂，重新建立师生关系，让导师在了解你真正的学术追求和长远目标后，给出有利于你成长的培养路径。也就是说，研究生拒绝导师在横向课题或者其他研究方向的安排后，仍然需要与导师保持充分沟通，不要因为之前的事情而心生畏惧，在学术上定期向导师汇报自己的研究进展并分享自己的研究心得，在遇到问题时要及时向导师请教。此外，研究生在日常生活中也可以适当表达对导师的关心和敬意，而不能因为一件事、一段关系不和谐的相处而伤了彼此的心。例如，研究生可以及时关注导师的研究动态并积极汇报自己的研究进展，主动帮助导师和团队做一些力所能及的事情，以及在重要的节假日送上祝福，让师生处于一种相对正常的交流状态。总之，研究生在与导师形成小矛盾并暂时离开一个课题时，要与导师坦诚相待并保持积极上进的状态，让自己在内心平静的状态中进入新一轮学术上进阶段，确保自己在擅长的学术领域产出更多的高质量成果，保证自己在将来的日子里不虚度光阴且能虚心接受导师的教诲。同时，研究生要注重维护与导师的学术共同体关系，在产生高水平成果的同时提升自己为人处世的能力，让导师看到你高水平成果的同时想到你人格的闪光点和高贵的品质，从而形成新一轮的师生良性互动模式。

16. 研究生做组会汇报的方法

不同心态的研究生参加组会状态不一，折射出各种各样的情绪：有些研究生感觉压力很大，因为自身准备不充分，害怕导师提出更多要求；有些研究生感觉焦虑在心中蔓延，因为自己的研究依然没有思路，不想参加组会让组内其他同门认为自己的研究推进速度慢；有些研究生满怀热情参加组会，期待的眼神中闪烁着希望的光芒，因为他期望导师给予指导……然而，当一部分研究生历尽艰辛终于踏上求学之路，一切准备就绪，想在组会上与导师交流时，却意外地发现自己所处的课题组竟然不用开组会。其实组会的有无、召开的频率以及每次组会的时长，都是由已有的习惯传承和课题组负责人决定的，没有组会也不必大惊小怪。实际上，组会的存在如同一位严厉的监督者，确保研究生在规定的时间内完成课题组布置的任务，督促研究生按照时间节点不断推进研究。组会如同一面镜子，让研究生将自己的研究成果和进展清晰地展现在导师面前，让导师对学生的上进态度和学习进度了然于心。组会如同一套规则制度，引导研究生养成规划时间、制订计划的良好习惯。因此，我们可以将组会视为一种引导学习的方式，其主要目的是锻炼研究生的自律能力、表达能力以及思维能力等。当然，对于那些没有组会的同学也无须过于忧虑，因为只要自己拥有足够的自律能力和上进精神，将自己的时间充分地利用起来并完成导师布置的各项任务，不浪费宝贵的研究生时光，同样能够在未来的舞台上绽放光彩，拥有属于自己的美好未来。

16.1 什么是组会

组会是指由导师主导或主持，研究生定期汇报自己的研究进展、学术成果，提出思考问题的一种学术交流活动，导师会根据研究汇报的情况进行下一阶段的安排和任务分工，甚至强调某个时间点必须完成某个任务。组会开展的时间大多依据导师的计划而定，通常一周一次或者两周一次。当然，有些导师比较忙或者有野外调研任务，有些组会就一个月一次或者更久一次。组会的召开旨在为研究生提供一个展示研究进展和反馈问题的平台，同时是导师集体指导、安排研究任务和答疑解惑的重要形式，因此研究生可以根据组会的安排进行任务进展汇报、提出所思所疑和明确期望导师辅导重点，从而确保自己在接下来的周期内顺利完成各项任务。

综上所述，师生通过组会的形式开展学术活动，具有以下几个方面的意义。首先，组会是研究生向导师反馈进展的重要形式，研究生不仅可以通过展示和汇报等方式反映自己的研究进展，还可以在导师和同学的反馈中发现问题与不足，从而及时调整研究方向和方法以确保研究工作的顺利推进。其次，组会是一个极好的团队交流和资源共享平台，研究生通过在组会上分享各自的研究进展和成果，不仅可以使在场的研究生了解同伴最新的研究动态和学术成果，还可以在导师指导的过程中相互启发和相互借鉴，从而拓宽团队整体的学术视野，并提高团队整体的研究能力和创新水平。此外，组会还在培养研究生的学术素养和表达能力方面发挥着重要作用。在组会上，研究生需要用清晰的逻辑和严谨的语言阐述自己的研究内容与成果，这不仅有助于提高研究生的学术写作和口头表达能力，还能锻炼其学术汇报能力和演讲技能。最后，通过定期参加组会，研究生可以逐渐适应并掌握学术会议的基本流程和规范，对于未来参加各类学术会议、撰写学术论文以及进行学术交流都有着重要的帮助作用。

16.2 做现场高质量的组会汇报

研究生想要在组会上做一场高质量的汇报，需要从多个方面入手，进行全面而细致的准备并在汇报过程中注意把握每一个细节。

16.2.1 知己知彼，了解听众

研究生要想在组会上做一场高质量的汇报，首先需要充分了解此次会议的重点和导师的关注点，只有这样才能有针对性地设计汇报内容，使其既具有学术深度又能引起听众的兴趣。具体来说，研究生可以在汇报前与导师和团队同学进行交流，了解他们对自己研究课题的关注点和疑问，从而在汇报

中重点讲解这些方面，并适当调整汇报内容的难度，严谨地使用专业术语，以使听众更好地理解和接受自己的研究内容。如果你的汇报有很多其他组内同学不理解的专有名词和跨学科内容，那么需要你在汇报某些内容时适度解释和详细展开一些。

16.2.2 精心制作，图文并茂

精心制作汇报材料是确保高质量汇报的关键步骤之一，因此，组会前，研究生需要准备一份内容翔实、逻辑严密且图文并茂的 PPT，这不仅是展示研究成果的重要工具，也是帮助组内其他成员理解和记忆汇报内容的有力辅助。在制作 PPT 时，研究生应当遵循以下几点原则。首先，结构要清晰。PPT 的每一页都应有明确的标题和简洁的文字说明，并通过合理的页面布局和色彩搭配使 PPT 看起来整洁美观。其次，内容要精练。每一页 PPT 的文字不宜过多，应以图表、示意图等直观方式展示数据和结论，以增强 PPT 的可读性和吸引力。最后，逻辑要严密。PPT 的内容应按照一定的逻辑顺序排列，使导师和组内其他成员顺畅地跟随你的思路，逐步理解你的研究过程和成果。

16.2.3 内容完整，逻辑性强

在汇报论文工作进展或阶段性研究成果时，研究生应当特别注意汇报内容的完整性和逻辑性，确保每一个部分都能相互衔接以形成一条完整的汇报主线。具体来说，汇报内容应包括以下几个部分。①研究背景。你需要简要介绍研究问题、研究目的和研究意义，使听众了解你为什么要开展这项研究，以及你的研究在学术界和实践中的重要性。②研究方法。你需要详细说明研究设计、数据收集和分析方法等内容，并解释你为什么选择这些方法以及它们的优缺点。③研究结果。你需要通过图表和数据展示主要的研究发现，并针对这些发现进行解释和讨论，指出它们与现有研究的深入之处、创新点和学术贡献。④结论和展望。你需要总结核心的研究结论并指出研究的局限性，提出未来研究的方向和可能的突破点。

16.2.4 注意技巧，懂得应变

在组会上进行高质量的汇报，研究生需要具备良好的口头表达能力和临场应变能力，因为汇报不仅是一个展示的过程，还是一个与导师和组内其他成员互动交流的机会。具体而言，应注意以下几点：首先，要保持适当的语

速和语调，避免过快或过慢，力求汇报发言清晰而准确；其次，要注意与导师和组内其他成员的眼神交流，通过目光传递信息和情感，增强汇报展示的感染力；再次，要适当运用肢体语言，通过手势、站姿等方式增强表达的生动性和表现力；最后，要注意时间控制，确保汇报在规定的时间内完成，并留出足够的时间进行问答和讨论。

16.2.5　心态调整，保持从容

保持自信和从容是高质量组会汇报的重要保证，因此研究生需要在心理上做好准备并保持自信，树立积极的心态，坚信汇报能达到预期效果。具体来说，研究生可以通过深呼吸、冥想等放松技巧缓解紧张情绪，同时积极暗示自己"一定行""绝对能展示自己的风采"等，认为汇报是一种展示自我和获取反馈的机会，而不是压力和负担，从而以更加轻松和愉快的心态投入汇报中。

16.2.6　应对提问，认真倾听

在组会中，导师或同门往往会根据你的汇报内容提出各种问题和意见。这时，你需要通过冷静和理性的分析，给出清晰而有力的回答，从而赢得大家的认可和尊重。在回答问题时，研究生应当注意以下几点：首先，要认真倾听提问者的问题，甚至可以再请教一遍，以确保自己理解无误再进行回答；其次，要有逻辑地进行问题回应，可以先简要概述你的观点，然而再详细解释你的理由和依据，力求回答既简明扼要又逻辑严密；最后，要以谦逊和开放的态度听取提问者的意见和建议，避免直接批评或者硬怼对方，确保在和谐的学术交流氛围中交流问题并保持谦逊有礼的态度。

16.2.7　持续改进，学会反思

在组会结束后，研究生应对自己的汇报进行反思和总结，找出其中的优点和不足，从而为下一次汇报做更充分的准备。具体来说，研究生需要做好以下几点：首先，回顾整个汇报过程，找出自己表现较好的部分进行自我激励，总结哪些内容引起了导师和组内其他成员的兴趣并获得了较好的效果，从而在未来的汇报中保持和发扬这些优点；其次，分析自己在汇报中遇到的困难和问题，反思哪些问题回答得不够充分，哪些环节出现了紧张和失误，从而在未来的汇报中加以改进和避免；最后，收集导师和同学的反馈意见，虚心听取他们的意见和建议，从而不断完善自己的研究内容和表达方式。

16.3 没有组会该如何提升自己

虽然很多研究生非常渴望参加组会并期望从课题组得到更大的帮助，但在某些情况下，受课题组特殊安排或者导师个人习惯影响，课题组不定期召开组会或者不开组会，使研究生参与集体活动的积极性降低，这种现象在一些课题组也是出现过的。在这种情况下，研究生仍然可以通过一系列有计划、有步骤和有目标的方法，在日常交流中提升与导师相处的能力，同时提高自己的学术水平和研究能力。

16.3.1 制订明确的学习和研究计划

在没有组会制度约束的情况下，研究生可以根据自己的研究课题特点、任务难易程度和进度安排，设定短期学习目标和长期学习目标，并将这些目标分解为每周甚至每天的具体任务。如果自己的研究涉及某一特定领域的文献综述，那么可以每天安排一定时间阅读相关文献，并做详细笔记和总结，避免漫无目的的阅读；如果研究需要进行实验或数据分析，那么可以每天制订详细的工作流程、注意事项和数据处理方法，并定期检查和调整进度，从而让自己按照既定目标完成每一天的细化任务。简言之，通过制订详细的计划和任务清单，研究生不仅能保持学习和研究的持续性与系统性，还能在没有组会的情况下有效管理时间和精力，从而最大限度地提升学习和研究效率。

16.3.2 积极参与学术交流活动

研究生可以关注学校或学院的学术活动公告，选择与自己研究领域相关的活动积极参与，并在这些活动中主动与报告人和其他参会者交流、提问和讨论。此外，研究生还可以加入相关的学术组织，通过在线论坛、微信群等平台，定期与其他研究生和学者进行学术讨论和信息分享，不断提高自身的研究水平并按进度推进导师安排的各项任务。

16.3.3 加强自我学习和知识积累

研究生可以通过阅读经典著作、最新论文和专业期刊等系统地学习和掌握相关研究领域的基础理论与前沿知识。例如，可以每天安排一定的时间阅读相关领域的重要期刊和会议论文，并做详细的笔记和摘要以便日后查阅和引用。此外，研究生还可以通过参加在线课程、学术沙龙和工作坊等形式，学习新的研究方法和技术以提升科研能力。例如，许多知名大学和科研机构都提供免费的在线课程与培训资源，研究生可以根据自己的研究需求选择适合的课程进行学习，从而不断丰富自己的知识面和技能储备。

16.3.4　参与科研项目和实际应用

实践是检验理论的最佳方式，研究生可以积极争取参与导师或大课题团队的科研项目，通过实际的科研工作提升自己的实验操作能力、数据分析能力和问题解决能力。例如，研究生可以在导师的指导下承担某个具体的研究任务，从项目的设计、实施到结果的分析和总结，全面参与其中，从而积累宝贵的科研经验。此外，研究生还可以尝试将研究成果应用于实际问题，通过课题组与企业或其他机构的合作，了解研究成果在实际应用中的效果和问题，从而进一步提升自己的研究能力和应用水平。

16.3.5　定期反思和总结

研究生可以在每一个阶段结束后，对自己的学习和研究进行全面的总结与反思，找出其中的优点和不足，并制订改进计划。例如，研究生可以每月或每季度进行一次总结，回顾自己在这段时间内完成的任务和取得的成果，分析遇到的问题和挑战，并根据实际情况调整自己的学习和研究计划。通过不断反思和总结，研究生不仅可以更清晰地认识自己的优势和不足，还能不断优化自己的学习和研究方法，从而在没有组会的情况下依然保持高效的学习和研究状态，持续提升自己的学术水平和科研能力。

16.3.6　利用网络资源和在线平台

在信息化时代，网络资源和在线平台为我们提供了丰富的资源与便利，研究生可以利用各种学术数据库、在线图书馆和科研资源网站，获取最新的研究文献和学术资料来丰富自己知识储备。例如，可以通过 Google Scholar、Web of Science、CNKI 等平台，搜索和下载与自己研究相关的论文与书籍，进行全面且深入的学习和研究。此外，研究生还可以利用在线学习平台，参加各种专业课程和技能培训，提升专业知识和研究能力。例如，通过学习数据分析、编程语言、实验设计等课程，可以掌握更多的研究工具和方法，从而提升科研效率和水平。

粉丝留言：

开学有一段时间了，导师已经开了几次组会，但由于我不重视且经常请假，汇报效果并不好。我现在该怎么办呢？

老丁心语：

老丁理解你目前面临的困境和压力，但话又说回来，自己总是缺席组会活动还不好好准备自己的汇报内容，确实不能称为一名合格的研究生。你要找到合适的方法，积极调整自己的状态，重新赢得导师的信任和支持。

第一，反思与自省，找出问题的根源。首先，回顾你在组会上请假的原因，剖析是客观的不可抗因素，还是主观上的时间管理不当、缺乏计划，诚恳地向导师道歉并进行反思；其次，分析你在汇报中未能达到导师要求的具体原因，剖析是准备不充分、表达不清晰，还是对研究内容的理解不够深入，及时地进行修正并在下次组会上提升汇报质量；最后，总结他人在组会中汇报的优点和不足，找出自己可以借鉴的地方。

第二，积极沟通，与导师坦诚交流。在反思和自省的基础上，你需要主动与导师进行交流，向导师解释你的情况和困惑，并表达你希望改进和提升的决心和努力。你可以通过一对一的面谈或者书面的方式，与导师沟通你在组会上请假的原因和在汇报中遇到的困难，并请求导师给予具体的建议和指导。你可以告诉导师在某些方面遇到了什么具体问题，并询问导师是否有更好的解决办法和建议；还可以请导师帮助你制订改进计划，并定期检查你的进展和效果。

第三，制订计划，逐步提升自己。在与导师沟通和交流的基础上，你需要根据导师的建议，制订一个详细的学习和研究计划，并按照计划逐步提升自己的学术水平和研究能力。具体来说，你可以从以下几个方面入手。首先，明确自己的学习和研究目标，并将这些目标分解为每周甚至每天的具体任务；其次，合理分配自己的时间和精力，将其更多地投入学术研究和学习中，不断丰富自己的知识储备和研究经验；最后，定期检查和调整自己的计划和进度，根据实际情况及时优化和修正，确保每一个阶段都有明确的目标和成果。

第四，积极参与，展示自己的进步。在制订和实施计划的过程中，你需要积极参与课题组的各种活动，特别是组会，在汇报和交流中展示自己的进步和努力，在行动层面赢得导师和同学的认可与支持。具体来说，你可以在每一次组会前充分准备要汇报的内容，并通过反复练习和模拟汇报，提升你的口头表达能力和自信心；在组会上，你可以通过清晰的表达和严密的逻辑，展示你的研究进展并积极回应导师的提问，从而让导师看到你的成效。此外，你还可以通过参与课题组的其他活动，展示你的学术热情，增强和获得导师对你的信任和支持。

17. 研究生参加学术会议的注意事项

研究生阶段参加学术会议，不仅能接触到书本上经常提及的学术大家，了解国内外科研一线的学术动态，而且能在汇报自己研究成果的过程中获得学术上的自信，并锻炼在重大场合汇报的技能。因此，研究生要重视和珍惜每一次参加学术会议的机会，让自己在重大的学术会议中开阔思路、更新理念和提升思维，在学术汇报中获得成长的动力和汇报技能的提升。然而，许多研究生在初次参加学术会议时，往往因为缺乏经验而感到紧张、迷茫和困惑，不知道如何充分利用这一机会提升自己的汇报能力、交流能力和沟通能力，也不知道如何通过记录笔记、拍照留档、学术分享等提升自己的认知高度，更不知道如何协助导师更好地与学术同行交流并做好相关服务工作。那么，学术会议需要做好哪些准备呢？在本章，丁老师将围绕研究生为什么要参加学术会议、如何进行参加前的准备、如何在会议中与导师沟通、如何在会后进行总结等内容谈谈自己的看法。

17.1 参加学术会议的预期

综上所述，研究生参加学术会议不仅可以展示自己研究的最新成果让同行提出建议，而且可以拓宽自己的知识视野、提升自己的思维深度并激发自己的学术灵感，还可以在共同的场域中聆听最新的研究动态，并获得提升研究论文质量的新理念。

17.1.1 在交流中有思考、有提升

研究生参加学术会议的首要目的就是展示自己的研究成果，并借此机会获得来自不同领域专家和学者的有效反馈与提升建议，进而为研究论文框架

的完善和研究成果质量的提升提供理念与技术上的支持。因此，研究生在参加学术会议时，一方面要在会议上汇报自己的研究思路、研究成果、创新点并进行推介，让与会者了解所在团队的研究特色和近期成果，从而为宣传导师团队的研究成果提供交流支撑；另一方面要汇报研究存在的问题和改进面临的困难，可以向同领域的研究者咨询改进建议和优化方案，从而为论文的修改完善提供新思考。此外，研究生还可以围绕自己创新性发现展开开放式的讨论，让自己在交流互动中获得有用的信息集合和观点融合，在互动交流中提升自己在学术界的关注度、认可度和影响力，从而为以后同行之间的深度交流和协作研究提供合作契机。例如，在报告结束后的问答环节，研究生可以认真聆听专家和同行对自己所做研究的评价与建议，经过甄别和筛选后对有价值的评价与建议进行深入思考，从而为今后研究工作的深化和研究设计的优化提供帮助。可以说，这种直接的学术交流不仅有助于提升自身的认知水平、思维深度和科研能力，而且能为自身的学术研究提供新的思路、方向和策略，从而让自己的研究成果质量在专家、学者的指正中大幅提升。

17.1.2　在聆听中有启发、有理念

专业性的大型学术会议是学者了解学术前沿、拓宽学术视野和进行学术交流的重要途径，其汇集着学科领域最新研究成果和前沿动态信息，也是同行之间彼此展示最新科研成果及其应用价值的交流舞台。因此，研究生一定要认真准备并带着问题去参会，让自己在学习研究领域最新进展、学术趋势和研究热点的过程中有所启发，进而优化自己的研究思路并践行新的研究理念。在倾听顶尖专家学者的主旨报告时，研究生可以在了解他们的设计理念、创新思路和研究方法的过程中形成新的学术预判，使自己的研究设计与最新的研究理念相契合，从而提升研究成果的理论深度和实践应用价值。在参加专题性分论坛讨论时，研究生可以充分与自己从事领域的同行专家学者进行讨论，让他们帮助你有效地解决当前面临的技术难题并给出具体的修改建议。

17.1.3　在汇报中有展示、有自信

一般而言，研究生在参加学术会议时，需要提交论文进行分会场汇报，导师希望其代表团队向同行展示最新研究成果，也期望其在参会的过程中提升汇报技能并增强学术自信。因此，研究生要格外珍惜导师给予的参会机会，在参会中展示团队的实力、成果特色和精神风貌，在表达中提升自己的汇报

技能和自信。那么，研究生该如何展示自我呢？一方面，研究生需要多次排练自己要汇报的内容，注意学术汇报的逻辑性、严谨性和流畅性，让专家学者看出你的专业性和学术研究的科学性；另一方面，研究生要有学者的自信，系统地表达自己的观点，要在过程中体现出礼仪素养和专业精神，让专业学者看到你的汇报态度、上进意识和重视程度，从而愿意与你进行专业知识层面的探讨和交心式的互动。此外，研究生在参加重大学术会议并进行学术汇报时，一定要克服情绪紧张和不自信的心理，清晰、流畅和有条理地表达自己的研究思路、实验设计和主要结论，让会场的专业学者对你的学术汇报有认同感的同时加深对你个人内在品格和精神的认同。

17.1.4 在相处中有收获、有联系

除了要高质量地汇报自己的研究成果，研究生参加会议的一个重要目的就是在交流中有收获，通过听取专家的意见和建议让自己的研究更加科学和有说服力。因此，研究生要在汇报结束以后，通过“敬请专家批评指正”“多多交流”等结束词获取同与会专家交流的机会，让他们通过建议、点评和讨论等形式给予你指导。如果研究生在他们发言后还有要请教的问题，可以通过“我能不能再请教一个问题”“这个问题我想深入交流一下”等方式主动询问，以获取他们对自己“有备而来”问题的解答和建议。此外，在学术会议的茶歇、晚餐等场合以及不经意的见面时，研究生也可以主动与专家学者进行交流，通过自我介绍与带着崇拜的问候等方式建立联系，与对方互加联系方式后进行后期的咨询和联系，从而与他们建立起人脉联系并为以后的学术咨询和科研合作提供机会。

综上所述，研究生参加学术会议的目的和意义是多维度的，因为它不仅为研究生提供了一个学术研究展示和汇报交流的平台，更是一个自我学习和快速成长的良机，因此，研究生要从认识上和行动上高度重视，避免自己在忙碌的参会中专注于吃茶歇等小事情而忘记了参会的真正目的。

17.2 参加学术会议的准备

上文介绍了研究生参加学术会议的重要性、目的和意义，那么研究生到底该如何准备，从哪些方面准备呢？接下来丁老师从出行、汇报、应急三个方面简单谈谈该如何进行准备。

17.2.1 出行准备

研究生在收到导师要求参加学术会议的通知或主动请求去参加某一学术会议后，除了要准备好证件、衣服、电脑等日常用品，还应当第一时间了解该学术会议的举办地点、议程安排和参会须知，为导师和自己能够按时到达及顺利参会做好准备。首先，研究生在确认参会后要登录会议的官方网站，及时进行注册、填写相关信息并缴纳相关费用，还要保留好注册成功的页面截图或相关凭证，作为以后填写各类材料的依据。其次，研究生应根据会议地点、时间安排和会议日程主动与导师沟通，选择合适的交通工具并关注发车时间、班次和到达时间，确保参会的时间安排。再次，如果学术会议未安排指定住宿酒店，那么研究生可通过各大预订网站和 App 进行比较，与导师和参会的同门好友商议后尽量选择性价比高且距离会议地点较近的住宿点。最后，研究生应有开发票的意识，要保存好注册费、交通费和住宿费等发票凭证，以便后续财务报销。

17.2.2 汇报准备

首先，熟记内容。研究生需要对自己的汇报内容进行全面梳理、理解和精练，准备一份详细的报告提纲或者汇报逐字稿以增强对报告逻辑结构、汇报层次和汇报重点的认识，确保汇报清晰、准确和熟练。**其次，模拟训练。**研究生在汇报之前可以在实验室或研究小组内部进行模拟报告，邀请导师和同门提出反馈和建议，并根据他们的意见不断优化自己的报告内容和演讲方式，以确保最终呈现的效果达到最理想的状态。**再次，精做 PPT。**研究生在制作幻灯片时不仅要注意图文并茂、言简意赅和突出重点，而且要注意每张幻灯片的内容、逻辑和设计，确保幻灯片既能准确传达自己的研究重点、创新和突破之处，又能有效吸引听众的注意力并让听众迅速理解研究内容。**最后，提前沟通。**研究生要和会务人员做好沟通，提前将要汇报的幻灯片拷贝到会议现场的电脑中，同时自己拷贝一份到 U 盘中，以免突发状况导致文件打不开；检查设备是否正常工作，以防突然出现各类问题。

17.2.3 应急准备

研究生在进行汇报时，要做好 PPT 打不开或者临时停电的准备，要做到临场不乱，让与会者看到你专业和灵活应对的一面。人生如航行在浩瀚的大海上，随时可能遭遇未知的风浪，只有时刻保持警惕并提前做好准备，才能在面对突如其来的挑战时保持沉着冷静。因此，研究生在参加学术会议前，除了要做好出行和汇报准备，还应当思考参会、汇报和住宿期间可能出现的突发状况。例如，研究生要将演示文稿、参会材料、论文等重要文件备份至手机微信或云端，以防丢失或 U 盘故障；确保手机和电子设备电量充足，带上充电宝、充电器和备用电池，以保持联系畅通，并能随时对汇报幻灯片、论文等材料进行调整，必要时可提前打印参会所需的各种纸质版材料。

17.3　与导师一起参加会议

研究生与导师一起参加学术会议，不仅可以通过导师的介绍认识一些专家学者并建立联系，还可以通过交流机会加深专家学者对自己的印象，从而为以后的学术交流和科研合作提供支持。为了让研究生更好地准备学术会议，并且能够在与导师的相处中表现得体且专业，丁老师简单谈几点。

17.3.1　善于沟通，做足准备

研究生在得知要参加学术会议时应当及时与导师进行沟通并确定具体的事宜，确保对导师和自己每一天的计划与日程安排有清晰的了解，这样才能在会议中做到张弛有度，展现导师团队的专业性和协作能力。此外，在准备过程中，研究生应当根据会议的具体安排和导师布置的任务，制订详细的工作计划并严格执行。对于第一次跟随导师参加会议的研究生，可以提前咨询同门师兄师姐参会的要点或与导师共同探讨准备的重点和细节，以确保自己所做准备全面覆盖会议的重要环节。

17.3.2　善于观察，用心付出

第一，研究生在与导师共赴会议时要上心，这就要求研究生带着目的性，积极参与会议，而不是走马观花式参会。比如，在会议前，研究生应认真查阅会议指南、相关资料，积极与导师联系沟通并端正学习态度，以便更好地配合导师。第二，研究生在与导师共赴会议时要细心，无论是会议前的资料准备、会议中的记录整理，还是会议后的跟进反馈，都需要研究生以高度的责任心对待每一个细节。比如，在会议现场，研究生要细心观察会议流程、用心聆听并记录、注意礼仪规范并在与导师或其他学者的交流中准确理解对方的观点，之后再提出自己的见解，因为这样的互动不仅能促进学术交流而

且能证明自己的专业能力，还有助于学术命运共同体的建立和会后的深入交流。第三，研究生在与导师共赴会议时要专心，这不仅体现在认真准备会议和汇报 PPT 上，也体现在对学术的热爱与执着上。在会议中，研究生应主动分担导师的工作，无论是注册报到、会场记录，还是参与讨论，都要以认真的态度全力以赴。同时，研究生要保持开放的心态，诚恳地接受导师和其他专家、学者的建议与批评，这不仅能意识到自己的不足，还能看到自己需要进一步提升的地方。

17.3.3 善于交流，敢于提问

会议前，研究生在与导师单独交流时不仅要注意一些基本的礼仪和沟通技巧，还要在交流中适时提出自己的疑问和见解，以展示自己的思考深度、学术潜力和科研思维，从而与导师进行更加深入和富有成效的讨论。在会议中，研究生应主动与同行建立联系，不仅要认真倾听他人的观点，还要勇于提出自己的见解，在充分准备的基础上，以谦逊、自信的态度参与讨论。同时，要带着问题去思考和交流，无论是在会前的准备、会中的交流还是会后的总结中，研究生都应事先准备一系列有针对性的问题，因为这些问题既是对自己研究方向的深入探索，也是对他人研究成果的积极反馈，还能激发新的研究灵感，展现个人的学术好奇心和求知欲。

17.3.4 善于总结，勇于践行

在会议结束后，研究生应当及时梳理会议要点、归纳会议内容、总结心得体会，并与导师交流参会感悟，这不仅有助于研究生巩固在会议期间汲取的知识与经验，还能进一步提升其学术素养、专业技能和创新思维能力。同时，研究生应主动与会议中结识的学者联系，积极构建并维持学术交流的渠道，以此不断拓宽自己的学术视野，并为未来的研究工作铺设更坚实的支持网络与合作桥梁。在与导师共同复盘会议内容和总结参会心得时，研究生应当仔细回顾学术会议中的重要人物发言，特别是专家提出的前瞻性研究方向、自己所作汇报的不足和参与讨论发言的反馈，细致剖析其中的亮点、不足与待改进之处，倾听导师的看法、见解和建议，进行深刻而全面的总结与自我反思。最重要的是，研究生要将会议中的学习成果转化为实际行动，无论是调整研究计划、细化研究方案，还是优化研究方法，都要将吸纳的新理念和新技能应用到实践中，推动个人的学术成长和团队研究的共同进步。

17.4 参加学术会议后的工作

学术会议结束后，研究生应当迅速、系统且全面地开展一系列精细的后续工作，这不仅有助于研究生及时巩固参会所获的经验、技能和吸纳建议，还能帮助其提升学术水平和扩展学术人脉。

17.4.1 整理、总结与报账

会后，研究生应当对整个会议的内容进行一次全面、系统的回顾和深入的总结，这个过程不仅能帮助其更好地消化和吸收参会所获知识，进一步加深对专业领域的理解，而且能让其清晰地看到自己的成长轨迹，为未来的学术探索指明前进的方向。研究生该如何做好学术会议内容的整理与总结呢？丁老师建议，可以专门建一个文件夹，以数字化的方式存放整理的各种会议资料，文件夹可以包含会议中拍摄记录的专家学者汇报幻灯片转换成的PDF、录音录像资料、团队成员的参会汇报照片、扫描的会议笔记和会议手册等。这不仅节省存储空间、便于资料保存与查找，而且数字化资料可以通过电子邮件、云盘等渠道进行共享，使团队成员随时随地访问所需会议资料。同时，研究生在总结会议内容时，应当特别注重对知识的提炼和关键信息的提取，将会议中的核心观点和重要结论整理成条理清晰、逻辑严密的笔记或文档，内容涵盖会议主题概览、核心专家观点、相关研究讨论以及个人感悟与思考。此外，研究生在会后应当礼貌地向导师咨询报销事宜，并妥善保存所有涉及注册、交通及住宿的发票与凭证，为后续报销流程的顺畅进行提供材料支撑。

17.4.2 聆听、交流与成长

研究生与导师的再次交流是会议后不可或缺的一环，因为这不仅有助于研究生对会议内容的全面复盘和深度反思，更有助于研究生提升个人学术水平、科研思维以及汇报技巧。首先，研究生应主动向导师汇报参加学术会议后的收获与心得，并认真听取导师的独到见解与专业建议。导师的反馈与建议往往能够一针见血地指出问题所在，为研究生的能力提升、思维创新和学术道路指明方向。其次，除了要虚心接受导师建议和深入思考导师提出的每一个问题，研究生还应在交流中不失时机地提出自己的疑惑和见解，在与导师深入探讨中进一步厘清思路、明确研究方向、培养自身的批判性思维和创新能力。最后，研究生应从导师的谆谆教诲中汲取营养并反思自己在学术会议中的不足表现，明确自己下一步的成长方向、提升空间和改进之处，努力提升自己的学术素养并增强自己的综合能力，让自己在下次学术汇报中受益更多。

17.4.3 跟进、反馈与拓展

研究生可以在会议结束后带着疑问和见解适时地向与会专家学者请教，这不仅可以获取自己想要的问题答案，还可以通过礼仪性交流拓展学术人脉，更是获取高质量学术资源与支持的有效手段。值得一提的是，研究生不要不分时间地盲目联系，可以利用电子邮件、社交媒体及专业交流平台等途径与专家学者保持联系，通过适时的互动和有效的沟通，加深彼此间的联系。在此过程中，研究生可以分享个人的研究进展与心得体会，同时诚恳地向他们请教研究中遇到的难题，以期获得专业性建议、建设性反馈和创新性思路。此外，研究生还可以与这些学者探讨科研合作的可能，如共同发起研究项目或合作发表学术论文，进而拓宽自身的科研思路、显著提升研究成果质量，并在学术界建立更广泛和深入的合作网络。值得注意的是，研究生在与这些学者建立联系时应当特别注意保持礼貌和专业性，尤其在初次联系时，应当简单明了地介绍自己的研究方向及成果，并表达对对方研究的尊重与兴趣，为未来的深入交流与合作奠定良好基础。

17.4.4 学习、调整与写作

在参加完学术会议后，研究生应当充分利用会议期间获得的丰富反馈和导师给出的建议，对自己的研究计划和学术论文展开一次全面而深刻的反思、调整及优化，这不仅是对已有工作的简单回顾，更是一次深度挖掘自身学术潜力、识别并解决研究潜在问题的绝佳机会。在此过程中，研究生需要细致分析会议中同行专家提出的每一个问题、每一条建议，乃至每一次批评，从中提炼出对研究有价值的部分，并据此制定针对性的改进策略。在此基础上，研究生应当着手完善和充实自己的研究内容，这意味着要根据会议期间收集到的宝贵意见与反馈，对研究数据进行重新审视、对分析方法进行必要的调整甚至对研究假设进行重新审视或修正。同时，撰写高质量学术论文是研究生这一阶段的重要任务，除了基于完善后的研究内容撰写出结构完整、逻辑清晰和论证有力的论文，研究生还可以针对会议中讨论的某些争议性话题或尚未完全解决的问题，在论文中提出自己的创新见解和结论，为学术界贡献新知并推动相关领域的发展。

粉丝留言：

导师说过几天要让我和他一块儿参加学术会议，我现在感觉非常紧张，不知道该准备些什么，也不知道怎么跟导师单独相处，我该怎么办呢？

老丁心语：

老丁想告诉你的是，在这种情况下，感到紧张是很正常的，因为你可能是第一次参加这种学术会议。为了能够更好地准备这次学术会议，并且在与导师的相处中表现得体且自然，建议你从以下几个方面准备。

首先，提前准备，多问导师。你需要对即将参加的学术会议进行全面的了解，包括会议的主题、主要议程、重要演讲者以及与会者背景。此外，你还应当准备好要带的会议材料，包括电脑、论文、PPT和必要的支持文件等，以便在需要时能够及时修改和展示这些资料，确保自己的发言和展示有理有据。在具体准备过程中，可以与导师进行一次深入的讨论，详细了解导师对会议的期望和你的具体任务，这将有助于你对会议的内容和目标有一个更清晰的认识。

其次，注重礼仪，多多交流。在与导师单独相处时，你要注意基本的礼仪和沟通技巧，这不仅可以体现你对导师的尊重，也可以体现你个人的专业素养。同时，在与专家学者进行交流时，你可以有所准备地适时提出自己的疑问和见解，以展示你的思考深度、学术潜力和科研思维，从而获得你想提升的技能和想要的问题答案。此外，你还应当留意导师与其他专家学者之间的互动，并从中学习如何在学术界建立和维护关系，这对你的学术生涯将产生长远的积极影响。

最后，大胆一些，敢于发问。在学术会议中，你应当积极参与各项活动，勇于表达观点、提出疑问，这不仅能展示你的学术能力和专业功底，还能在讨论中获得更多的反馈和建议，从而为你以后论文的修改完善和质量提升提供思路。发言时，你应当做到逻辑清晰、言之有物且提问精准，并注意与观众的互动，确保你的发言能够引起他们的兴趣和共鸣。此外，你可以在导师的引荐下结识更多的学者和专家，与他们交流你的研究进展和心得体会，从而为未来的学术合作打下基础。

18. 研究生与“玻璃心”同学的相处之道

研究生在求学的道路上会遇到各种同学，既有携手共进、并肩作战的伙伴，也有方向、理念和目标不同而渐行渐远的过客，还有分属不同研究领域三年说不上一句话的“陌生”同学。这些有着不同研究方向、性格特征和价值观念的同学共同构成了研究生的交际圈。所以，学会适应复杂的人际关系是每个研究生的必修课。在研究生日常学习和生活的过程中，有远大目标的研究生往往会被信念坚定、学识渊博、德行兼备的优秀研究生吸引；同样地，优秀研究生会珍视与之研究兴趣相投且能碰撞出思想火花的同伴，期待与他们共同挑战科学研究的新高度。然而，当面对那些心灵敏感、易受伤的同学，也就是通常所说的“玻璃心”同学时，研究生的交往之路、心理压力和情绪释放状态就可能变得复杂了，甚至会感慨人与人之间相处太难了。因为与“玻璃心”的同学交往时，我们往往要考虑对方是否会过度解读，这使我们说话做事变得小心翼翼，要时刻照顾这些同学的情绪并观察他们的反应，以防止自己无意识的话语伤害他们。值得一提的是，我们不能因为与“玻璃心”同学交往需要注意这些事就避免与他们接触，甚至故意疏远他们，因为这些同学虽然思虑较深且敏感多疑，但大都有着超乎常人的认真与细腻，能为攻克重大的科研难题和完成学术任务提供支持。因此，我们要用辩证的眼光看待这些拥有“玻璃心”的同学，用智慧和耐心理解交往过程中可能出现的问题，这不仅是对个人情商的有效锻炼，更是通往更深层次人际理解和自我成长的重要一步。

18.1 什么是玻璃心

“玻璃心”与心理学领域中的专业气质类型“抑郁质”类似，表现为个体常常因深思细节、情绪敏感产生精神内耗和自我消沉。在面对压力或负面反馈时，他们的心理承受力相对较弱，想法较多且不愿交流；在处理问题时，他们更倾向于采用内化式的过度理解方式，因此这种气质类型的研究生容易形成多愁善感的性格。古希腊医学家希波克拉底根据人的体液分泌特点将人的气质类型分为四类，其中一类是抑郁质。据他总结，抑郁质个体通常展现出高度的情感细腻与感知力，但也伴随着对周围环境的异常敏感及深入的解读。在研究生人群中，拥有这种特质的同学在日常行为方面也存在不同程度的表现，这是因为研究生阶段的学习和研究深度较大学阶段有了质的飞跃，需要长时间静思攻关科学难题，这种改变常伴随对自身的高期望和严要求，因此一部分研究生可能表现出较为敏感、冷漠和不愿意与人交流的心理状态，也就形成了所谓的“玻璃心”。具体表现可能包括：在面对导师的批评或论文被退回时，会感到极度沮丧，甚至严重怀疑自我能力；在与同学的学术比较中稍处下风时，就会情绪低落，担心自己无法达到学术预期；对研究进展的任何小挫折都异常敏感，容易放大问题的严重性，感觉自己孤立无援，甚至难以承受压力。这种心态虽然在一定程度上体现了部分研究生对学术追求的认真态度，但过度敏感和脆弱不利于长期的研究工作、个人成长和心理健康，因此培养研究生的抗压能力并建立积极的应对机制尤为重要。研究生要想有针对性地建立应对机制，就要了解“玻璃心”现象发生的两个因素：一是研究生的学术环境具有高度竞争性且对创新成果有迫切追求，这可能导致部分研究生频繁将自己与他人比较，因此对于那些性格内向、心理承受能力较弱以及过分依赖外界认可的研究生而言，任何细微的消极反馈或比较劣势都可能被放大，进而引发对自我价值的质疑和情感上的挫败感；二是对研究生的独立研究要求与他们早期成长经历中的支持系统（如家庭的鼓励、师长的认可）形成鲜明对比，对于在成长过程中缺乏情感支持或经历过不利于自身学术成长评价的研究生而言，他们可能尚未建立足够的心理韧性应对挑战。因此，这些研究生在面对挫折或批评时，过去的不安全感和自我怀疑容易被唤醒，导致他们对外界的评价更加敏感，难以有效调节情绪，进而影响学习效率和人际交往。

概括而言，研究生面临的挑战无疑是多元且深刻的，其不仅需要应对高强度的学术研究，还需要在严格的评价体系中证明自己，这样复杂的环境为“玻璃心”的滋生提供了土壤。这种“玻璃心”使一部分研究生在面对批评或比较时，容易陷入自我价值被贬低的状态，甚至开始怀疑自己是否适合学术研究，从而降低了研究的积极性。此外，这种“玻璃心”还表现在情绪方面的不稳定，比如，一次实验的失败或一篇论文的被拒稿都可能触发研究生强烈的情绪反应，而这些情绪不仅影响个人的心理健康，还可能影响整个研究团队，最终对整个研究项目的进展产生不利影响。因此，研究生在进行情绪管理时，必须深刻认识到“玻璃心”给自身发展带来的潜在影响，并学会采取相应的措施妥善应对。

18.2 与“玻璃心”同学的相处之道

研究生在与具有“玻璃心”特质的同学相处时，应当树立尊重与理解的基本原则，即使无法完全感同身受，也应避免出现可能被视为轻视或贬低的言行。因为自己的一句无心之语，可能会对这些“玻璃心”的同学造成深刻的伤害，加剧他们的自我怀疑、精神内耗与自我厌恶，甚至可能将他们进一步推向社交边缘。那么，要怎样与“玻璃心”的同学相处呢？一些学者以《西游记》为例给大家介绍了一些相处之道。孙悟空在最开始的时候是一个典型的“玻璃心”角色，他的特殊身世、非凡能力和特立独行的性格，加之早年缺乏恰当引导的教育共同塑造了他桀骜不驯、难以驾驭的形象。然而，在伴随唐僧踏上西天取经的漫长旅程后，孙悟空的个性发生了显著转变，这种变化并非源于取经路途中的辛酸和坎坷，而是源于一场心灵的蜕变，是由唐僧、猪八戒、沙僧等师兄弟间深厚的情感互动促成的。

18.2.1 有唐僧的耐心和包容

诚然，唐僧或许给人过分仁慈且稍显啰唆的印象，但他那份耐心与宽容无疑是引领团队前行的重要法宝。在面对孙悟空的错误与任性时，唐僧总能原谅他，这份关爱与信任成了转化孙悟空心态的基础。因此，当我们面对具有“玻璃心”特质的同学时，可以借鉴唐僧的这份耐心与包容，用温柔与同理心去靠近他们，让他们在每一次交流中都能感受到来自他人的呵护与支持，从而使他们学会更加积极地面对外界的挑战与自身的不完美。

18.2.2 有沙僧的信任和鼓励

正如网络上流传的趣谈，沙僧的口头禅就是：“大师兄，师傅被妖怪抓走了”；“大师兄，二师兄被妖怪抓走了”；“师傅、二师兄，大师兄一定会来救我们的”。虽然很多人认为沙和尚“无能”“能力最弱”，甚至吐槽其只会嘴上说说，但这个角色无论在什么环境中都充满希望和正能量，不轻言放弃，他是团队中对孙悟空有着最大认同的人。由此可知，我们对待身边具有“玻璃心”特质同学的关键在于，持续给予他们正面的激励，始终对他们抱有信心并认可他们的努力与进步，从而帮助他们发现自身的优势与潜能，减少过度敏感与脆弱，最终让他们逐步建立起自信并适应与复杂人群的交流。

18.2.3 有猪八戒的陪伴和豁达

尽管猪八戒常以“笨拙”的状态和善于调侃的形象示人，但他的存在无疑为枯燥漫长的西行旅途增添了几分活力，有效地缓解了取经路途中的孤寂感。他那幽默可爱以及嬉笑怒骂的方式，虽偶带锋芒却在无形中拉近了师徒间的距离。同样地，当我们与具有“玻璃心”的同学相处时，要学会不断鼓励与肯定他们的行为以帮助其注入自信的力量，让他们感受到被接纳与被重视。不过，在此过程中，我们需要厘清自己的情感边界，确保在帮助他人时不牺牲自己的心理健康，要学会平衡好同理心与自我保护的关系，让每一次互动都成为促进双方成长的契机，这样才能真正创造一个更加和谐的社交环境。

18.3 是否帮助“玻璃心”同学改变

在研究生阶段，协助“玻璃心”同学进行心态上的改变是一个需要认真考量的决定，因为这并非一次简单的举手之劳，而是一项涉及情感深度、复杂且艰巨的任务。在这个过程中，虽然你可能满怀善意地投入了大量时间和精力，但是可能不会因此收获对方的感激或认可，甚至被误解而引发埋怨。因此，在我们决定对“玻璃心”特质的同学出手相助之前，不仅要评估对方是否愿意接受我们的帮助以及他们自我改变的意愿有多强烈，而且要做好自己的付出得不到预期回馈的准备。我们要明白，真正的支持是建立在相互理解和尊重的基础上的，有时候默默鼓励与适时引导，比直接干预更能促使一个人从内心深处产生积极转变。在心理学上有一个反常识的概念叫“受助者恶意”，我们发现每个人的天性中都有追求平等和优越感的需求，当受助者感受到你的帮助越来越频繁且没有边界感时，他们可能会从心底产生一种负面情感，认为你的帮助实际上是在炫耀优越感，而非真心实意地想要帮助他们。

因此，在考虑是否要帮助他们时，需要确保我们的善意能够得到正确的理解，否则善良和好意很容易得不到想要的结果。

18.3.1　确保自己发自真心

虽然我们常说帮助别人是一种美德，但我们帮助他人的基本前提是善待自己，不要被道德绑架而降低自己的底线，否则会影响彼此间的友好关系。此外，在帮助别人前，要分析其真正的需求，不要惯性地以自己擅长的方式提供帮助，比如，“玻璃心”同学因为感情问题向你哭诉，不一定需要你提供建议或者和他一起控诉，可能仅仅是需要你的倾听和静默陪伴。因此，遇到“玻璃心”同学任何形式的求助时，首先要关心对方真正的目的并稳定其情绪，其次评估自己能否提供支持。

18.3.2　要选择合适的时机

我们在与“玻璃心”同学，尤其是同一师门的同学相处时，应注意避免过度干涉其言行，因为这些同学往往内心细腻且情绪波动较大，需要选取合适的时机，用柔和且尊重的方式提出建议。尤为重要的是，我们在与这些同学交流过程中切忌抱有“救世主”心态，避免任何形式的居高临下，因为这不仅可能在无形中给对方造成压力，而且会阻碍有效沟通的建立。因此，我们应当以平和的心态与这些同学站在同一水平线上对话，让对方感受到被尊重与理解，只有这样的沟通才能真正触动对方的心灵从而带来正向改变与成长。

18.3.3　提供可行的建议并给予有效支持

导演姜文曾说：“指出电影的毛病并不难，难的是你要告诉我该怎么改进。”讲大道理非常容易，但如果这些道理不具备可行性且没有实施路径，那么不讲也罢。我们要针对具体问题帮助对方制订切实可行的计划并监督对方实施，所谓“扶上马送一程”，等对方得到实际收获后自然会从内心接受。给具有“玻璃心”的同学提供建议，需要帮助他们将“玻璃心”修炼成“钻石心”，并提升其“钝感力”，让他们变成内心强大的人。

18.4　要不要与“玻璃心”同学交心

苏轼有一句脍炙人口的诗：“横看成岭侧成峰，远近高低各不同。”意思是我们每个人所处的位置不同，视野和见解也有所差异。在日常生活中，同样存在角度不同的认知、立场和看法。例如，行人觉得我横穿马路，司机就必须给我让道，司机觉得行人横穿马路是不要命了；丈夫希望妻子多关心自己并多给外面活动的时间，妻子希望丈夫分担家务且常回家陪陪自己；子女希望父母多点耐心倾听自己内心的想法，父母希望子女多理解自己的良苦用心。我们要学会站在对方的立场寻找解决问题的最好方案，这要求我们在理解和尊重他人的同时保持自己的立场。此外，需要注意的是，真正的换位思考并非一味地妥协于他人，否则便会变成“讨好”而失去了自我，应该认识到人类的悲欢并不相通，在未经历他人经历的事之前，应保持审慎的态度并避免轻率指责，正所谓“事非经过不知难，未经他苦少劝人”。研究生在紧张的学习与激烈的竞争环境中，通常会面对科研压力、学术竞争以及个人成长的多重挑战，具有“玻璃心”的同学在这样的过程中更会表现出敏感与情绪化的特点。因此，在实验室或课题组的日常互动中，我们应主动与“玻璃心”同学换位思考，以同理心走进他们的内心世界，一句“我理解你的难处”“我也曾经历过”“让我们一起来看看如何解决问题吧”便能给予他们莫大的情感支持。从侧面来看，“玻璃心”同学的细腻情感常常转化为对学术细节的敏锐洞察，使团队在追求科学真理的路上更加注重人文关怀。因此，我们对“玻璃心”同学的接纳与理解，实际上也是一次情感教育与自我提升，它教会我们如何在追求学术卓越的同时，不忘关怀身边人的感受和内心所需，以更广阔的视野和更深的情感理解他人，从而让自己的生命高度和精神追求有所提升。

我们与“玻璃心”同学换位思考是交往的基础，而这种交往是否应进一步深化至“交心”的层面，则需要进一步考虑更为细致的因素。丁老师认为需着眼于以下几个关键点。**第一，要有平等交流的初心。**真诚交流的状态是一种彼此平等、互相尊重且不需要刻意取悦对方，无须为了对方违背自己意愿的松弛状态。这是因为，平等交流会让彼此都感到轻松舒服，愿意将自己内心的真实想法表达出来。**第二，要有彼此信任的爱心。**如果一个人可以在你做得好的时候给予夸赞，在你做得不好的时候直截了当地指出来，在你有疑惑和不解的时候倾囊相授，那么彼此就能真正敞开心扉、放心交流了。**第三，要有不遮不掩的交心。**如果一个人总是表现得强大和优秀而掩饰自己的缺点、难处和软弱，就会让对方产生一种自己不被需要的感觉，那么两人之间便会始终有一层隔膜且很难成为真正亲密的朋友。**第四，要有共同解决问题的诚心。**锦上添花的普通朋友常有，雪中送炭的挚友少见，危急关头共同解决问题的好友亦不常见。有的人能在你失败伤心的时候安慰你，却不想在你成功开心的时候给你添乱，真正交心的关系是能够心灵相通和同甘共苦的，不会因为你失意了就远离，更不会因为你更上一层楼就嫉妒。

研究生在求学过程中追求深层次的人际信任，就如同在学术海洋中寻找灵魂共鸣的灯塔，其难度不亚于在浩瀚的文献中找寻那关键的几篇。相较于生物本能的吸引，精神层面的深度契合与纯粹情感的交流需要更高的认知层次和更深刻的情感共鸣。因此，在研究生日常交往中，选择明智而审慎地付出真心是构建良好人际关系的重要原则。这一原则不仅适用于与“玻璃心”同学的交往，更是与所有同窗建立深厚友谊应遵循的原则，只有在真心引起共鸣和共情后才能走得长远。有时我们可能会遇到促膝长谈的伙伴，但这并不意味着相互之间已经达到了心灵深处的真正契合，更多时候这可能只是一种自然而然的情感流露或是一种情绪上的相互支持，因为真正长久的友情和信任是建立在价值理念与精神认同基础上的。总之，研究生在进行人际交往时，要精准区分各类关系并专注于学术成长，这不仅关乎个人如何在错综复杂的人际网络中保持个性独立与自我成长，更涉及如何恰如其分地与他人建立健康、有益和长久的联系。

此外，研究生在给予他人理解与支持的同时，也应保护自己的情感边界，确保每一次交流都基于相互尊重与真诚相待，确保自己能在学术压力与人际关系的双重挑战中建立既坚固又富有弹性的社交关系，进而让自己的学习生活不仅充满知识的探索与趣味，也洋溢着情感的温暖与理解。人与人之间形成的友情、恋情、师生情等情感关系，都是在日复一日的接触中慢慢强化和提升的，都是在生活细节和重要事件中慢慢巩固和深化的。因此，我们与具有“玻璃心”的同学交心，需要时间的考验，也需要多一些耐心、包容、信任、鼓励和陪伴。如果经历时间淬炼后能和具有“玻璃心”的同学交心，那么恭喜你获得了一段真挚、细腻的友谊；如果理解不了“玻璃心”同学身上的一些敏感特质和多虑情绪，我们也依然要以真诚、友善的态度去对待他们。

横向课题篇

19. 参加横向课题的好处

横向课题作为学者科研转化和服务社会的一种合同约束课题，要求导师按照政府及企业的要求设计符合它们诉求的方案、产品或者技术，对促进产学研转化、知识贡献社会和科技服务生活等具有重要的现实意义与社会价值。研究生导师通常会依托手中的技术或者脑中的智慧，带领所在团队包括研究生积极对接社会需求并解决政府、企业面临的难题，从而实现科研成果的产业化、市场化和价值化。既然横向课题是产学研合作的一个重要维度，导师带领其课题组进行科研攻关和社会服务便是有利于学者学术上进和职业成长的，也有利于激发学者的科研热情并培育学术增长点。那么，为何有些研究生抱怨导师接手的横向课题太多，自己参与横向课题的意义不大呢？

19.1 横向课题的概念

横向课题是相对于纵向课题而言的，我们首先了解一下纵向课题是指什么。一般而言，纵向课题是国家科研部门（国家各部委、国家自然科学基金委员会、全国哲学社会科学工作办公室等）、地方科研部门（省委、省政府、科技厅、教育厅、自然资源厅等）发布的一些攻关类和研究类课题，通过科研院所、高校等机构的学者撰写申报书进行申报。学者按照时间点申报后，由上述科研部门遴选专家进行评选，择时进行社会公布并匹配相应的科研经费。之后，申请成功或者中标的学者要按照申请书的时间节点提交研究成果。纵向课题的成果一般要求有研究报告、专利、论文、著作等，有些要求有社会服务和企业应用的证明或者服务政府的咨询报告或批示，总之是要有成果核查标准的。如果研究者完成了申请书规定的任务并通过了专家评审，项目就算完成了，由发布机构或者评审机构出具优秀、良好和合格等评级证明。

与纵向课题不同，横向课题是由社会需求方包括政府、企业、个人等不同的利益主体，通过发布招投标公告让各类具有资质的单位进行竞标，竞选成功者承担这类课题并完成社会需求方的合同要求。横向课题是合同制的，是一种类似企业性质的契约，研究者必须按照要求完成产品、方案、技术和工程。如果研究者达不到合同的要求，就要承担违约金和各类赔偿，所以，社会需求方对时间节点和合同要求细节是极高的，研究生导师参与这类项目要承受极大的压力并承担责任。多数情况下，研究生导师主持或者参与纵向课题和横向课题是同时的，一方面，纵向课题可以促使学术研究走在时代的前列，另一方面，横向课题可以检验研究成果在现实中的应用性和前瞻性。那么两者到底有什么联系呢？

19.1.1　两类课题是研究的两个维度，不同点在于研究内容的划分和类型差异

横向课题强调对特定问题研究的解决性和即时应用性，是要服务于当下的社会需求和企业难题的，要给出具体的、可操作的方案，提供实实在在的产品和技术；纵向课题则强调对学科内部一个精细领域演化规律、内在机理和潜在影响等方面的研究，是"究天人之际、通古今之变"的长期性研究和周期性研究的结合，是强调"精、深、尖"规律探寻的人类之大者维度的研究。

19.1.2　纵向课题的研究成果可以为横向课题提供理论支撑和研究方法

如果纵向课题对学科精细领域的探索与研究符合当下社会发展需求或者捕捉到了社会应用场景，那么研究者可以将自己的研究成果转化为社会应用产品，服务于当下的经济社会进步、产业升级和科技创新，从而在获取一定的经济社会效益后继续反馈于长远的纵向课题研究。

19.1.3　两类课题的研究方法可以相互借鉴和补充

横向课题通常采用多学科、多方法的综合研究方法解决现实中的难题，经常会组织多家研究单位或者不同类型的研究机构进行联合攻关，因而横向课题的目的性、技术性和实效性比纵向课题更强一些。纵向课题则更加注重精深性、系统性、长久稳定性规律的探索和验证，有时候研究的结论或者结

果具有时间的局限性和不确定性，因此，有时候，学者发在顶尖期刊的文章会被推翻或者引起争议。可以印证的是，纵向课题的研究结果可以为横向课题提供理论支持、现实模拟和实验验证，横向课题的研究方法和结果也可以为纵向课题提供新的研究思路和科研方向。

19.1.4 两类课题的研究目标是相互关联的

横向课题的研究成果既可以解决社会需求方的现实所需、技术难题和关键技术，又可以为纵向课题研究者提供新的社会需求方向和未来一个阶段的产学研合作点，还可以为纵向课题提供研究所需的实证数据、典型案例和具体实验点。

19.2 参加横向课题的收获

导师将一部分研究生纳入横向课题的子课题或者一些小领域研究中，一方面，可以让研究生在参与横向课题的过程中积累研究经验、认识科研价值并理解科研服务社会的现实价值；另一方面，可以让研究生在对接社会服务的过程中提升职业荣誉感和学业成就感，将所学知识应用在祖国大地上并融入祖国社会主义现代化事业的征程中。由于项目是具有契约性的利益行为，导师会给研究生发放一些补助和津贴，让研究生的劳动价值得到体现和尊重。但是，**有些研究生没有责任感且对科研没有敬畏之心，只想着获取经济利益而不想全身心地投入其中，经常出错或者马马虎虎应付差事，使一些实验经常重做或者满足不了基本的要求，导师便会适当减少其工作量或者将其排除在这个课题之外。**此外，有些研究生只是一味地参与课题中的指定任务，很少考虑项目的整体推进和自身价值，认为自己仅仅是一个打工的工具或者“拧螺丝”的技术工，甚至觉得自身的价值没有得到真正的科研认同，抱怨这些课题仅仅锻炼了自己的“劳动能力”，忽略了自己的“智力训练”。那么，研究生参与导师的横向课题能收获些什么，如何在横向课题中提升自己的科研素养呢？丁老师针对上述问题给出六个方面的建议。

19.2.1 主动从横向课题中汲取知识

研究生在课堂上学习获得的科研技能、学科素养、写作技巧虽十分重要但相对有限，因此这些知识通常为普适型、大学科性质、通用型内容，而非实际操作型的知识和围绕自己钻研领域的具体技能，往往无法深入融合自己研究领域的新进展和实际应用。因此，要想真正精进自己的学术造诣、提升自己的科研能力和培养钻研领域的实操技能，使自己在科研的探索道路上阔步前进，就要通过个人自学、实际操作、科研训练以及导师指导获取更多的学术能力与科研技能。基于此，参与导师的横向课题对研究生而言就是一个重要的锻炼机会，因为横向课题往往是应用性强、时效性要求高的项目，能够为研究生提供丰富的科学知识储备、科研实操锻炼，并搭建一个认识学科价值的平台。研究生参与导师的横向课题，意味着其将直面现实生活中的科研问题，并有机会对此加以解决。在此过程中，研究生能提升科学思维能力、实践操作能力，将理论知识服务于社会发展；也能提升独立思考和解决问题的能力，增强文献综述、假设建立、数据解释等诸多方面的理解能力和创新能力。在如今就业市场竞争激烈与人才市场接近饱和的社会背景下，参与过横向课题锻炼的研究生有望成为更具吸引力的职场竞争者，其在未来的就业和工作过程中也更容易适应环境变化并创造新成绩，因为其在参与横向课题的过程中能够真正理解社会需求方对技术的需求和创新能力的期待，也能够真正理解社会需求方所指的团队协作能力、问题解决能力和工作适应能力的具体要求。在工作过程中，这些实际经验将为研究生求职增添突出的亮点，提升其实用性，并助力其在众多应聘者或者同行工作者中脱颖而出，增加他们就业选择的宽度、提升职业的生命力，甚至对他们的晋升和跨行业发展产生积极作用。

19.2.2　在横向课题中积累人脉

人脉资源是现代社会职业发展中的重要资本、隐形资产和潜在财富，不仅关系着一个人的社交能力能否在其发展中发挥作用，更能反映出其在未来的企业生存、职业文化、社会交往、人情理解等方面的软实力。作为在校学生尤其是研究生，在平常社交圈子局限于学校范围的情况下，通过参与项目扩大自己的交际圈并融入带有价值导向的人脉网络，对于个人成长和职业发展至关重要。如前文所提及的，研究生参与横向课题需要通过自身的科研活动与政府、企业进行现实社会对接，不再是“象牙塔”式的学生之间的简单社交行为，而是以社会人的身份与企业界、政府机构的专业人士进行知识合作和企业研发，因此，这样的工作性质能让他们更早理解社会关系、人生价值和各方利益主体的诉求。此外，通过与这些人员合作，研究生能够直接从实践领域获取知识，领会自己未来可能从事行业的最新就业动态和工作发展趋势，促使自己不断更新知识结构和升级技能，使自己的专业能力与市场需求保持同步，从而提高就业竞争力。值得一提的是，在从横向课题中获取人脉资源的过程中，研究生应注意学习人际交往和沟通协作的技巧，以提升自己的社交礼仪和专业素养，从而更好地构建和维护这种人脉关系，为自己的职业发展创造更多机遇。

19.2.3 在横向课题中提升交往能力

社交能力不足或者缺失，是许多研究生面临的问题。很多研究生仅关注自身如何取得领先的研究成果而沉醉于科研数据、实验室操作和论文写作等方面，较少投入时间进行关键环节的人际交流和社会人情方面的锻炼，这就使研究生在学术与专业道路上不断前行取得成功的过程中，人际交往能力提升的不同步性问题越发凸显。从现实情况可以看出，一部分研究生的科研能力较强，但社交能力较差，且不善于体察对方的心理诉求，因此，在与他人沟通交流时，往往感到紧张焦虑，甚至无法将自己内心的真实想法表达出来，让自己面临很大的社交压力，甚至因不想考虑世俗中人际交往的复杂性而错失很多本该属于自己的机会。横向课题能够为研究生提供锻炼人际交往能力的契机，其一大特点是研究生要经常向导师、同组成员甚至项目关联的外部合作伙伴汇报研究进程和成果，而且要参与很多交流活动，进行合作关系的巩固，这些行为无疑是提升沟通技巧、增强自我表达能力的有效实践。研究生要注意，对待不同人群应采取不同的沟通策略，有助于提高大家对你的认可度和信誉度，例如，研究生在向导师汇报科研进度时要注意精准、严谨，并让导师容易理解和接受，而非发脾气不想交流；在与企业合作时，应强调时间节点、效率和实用性而非过分强调科研的严谨性，对别人说的每一句话都较真儿。研究生与甲方人员的每一次交流都是一个提升自我人际交往能力的机会，也是在复杂社交网络中找到适合自己位置的过程，对于形成专属于自身特点的“处世哲学”具有显著的作用。此外，建立一个良性的心理调适机制对于个人社交能力提升也十分重要，因为控制自我情绪以及建立不同语言表达的应对模式，可以有效地缓解尴尬、避免无效交流和提升沟通的有效性，所以建议研究生加强自我心理防御和主动调节能力的训练，通过与同伴或导师的交流反馈，了解自己的不足并加以改进，通过理解对方内心想法、避免无效情绪发泄、规避话语的潜在风险等方式锻炼自己的语言表达和情绪输出能力。

19.2.4 在横向课题中提升团队合作能力

在参与导师主导的横向课题期间，研究生会进入一个更加强调社会价值、经济利益、实际贡献且具有挑战性的实践平台，这会加深他们对专业价值以及与社会对接的产学研合作意义的理解。这种实践平台或者说新的工作环境，不仅要求研究生承担具体的研究任务以满足社会需求方的具体要求，还需要他们与导师及其他团队成员展开紧密的合作。在这个多元复杂的工作环境中，研究生的适应能力、合作能力和综合创新能力会受到考验，促使他们在实际工作中锻炼自身的适应力、理解力和合作能力。具体而言，研究生在承担研究任务时需要与导师、团队成员和社会需求方进行频繁的沟通并参与决策讨论，还需要定期参加会议反馈进度、交流方案并讨论如何更好地加快推进工作，从而促使研究生在这些过程中通过表达自己的观点和提出自己的建议提高自身的沟通与论述能力。在实验设计改进与几种方案选择方面，研究生需要学会综合运用所学专业知识、技能，与社会需求方协商确定最合适的研究方法、研究数据和指标体系等，从而避免自身选择的武断性、不顾及社会需求方的独断性和多方建议的可取性。研究成果汇报展示环节是横向课题最重要的组成部分，如果研究生有机会参与一些重大汇报，那么不仅要求其将研究数据、理论分析和实验结果等各方面信息进行有效融合，通过撰写报告和进行口头演示等方式对外展示，还要求其提升用通俗、简洁的方式向社会需求方清晰传达复杂科研成果的语言表达能力。更重要的是，通过团队合作，研究生能在项目管理和团队合作方面有进一步的提升。项目的推进、检查和成果提交涉及合理规划时间、高效分配资源、高质量沟通以及优质的科研汇报等内容，这些技能的掌握不仅是学术领域的应用所需，更是职场上不可或缺的通用技能。

19.2.5 了解科研的职业道德和学术规范

参与横向课题带给学生的不仅是一次科研技能和理论知识上的深化，更是对科研职业道德和学术规范重要性的一个实证体验。科研工作的根本要求在于保持诚实和正直的品质，它要求研究人员在所有环节中都能保持数据的真实性和公正性，使科研真正服务现代化建设，为企业产生实实在在的产品和技术。这意味着研究生在收集和分析数据时必须小心谨慎，以保证数据的准确无误；在成果汇报时真实反映经过实践获得的研究结果，而非虚构、假设出来的成果，即使是出现预期之外或对假设不利的数据，也应公正呈现，而非选择性地报告。此外，诚实、正直还要求学生在面对学术规范挑战时坚持原则，如在文献引用时准确标明他人的工作，不抄袭、不篡改别人的研究成果并将其作为自己的发现，抵制在数据收集和分析过程中出现的造假诱惑。在横向课题的实际工作中，研究生应该从导师的身上学习到如何在各种压力下保持科研诚信以及如何在实际工作中恪守科研规范，以避免各种学术不端现象的出现，比如，在编写科研报告时，应保证研究的完整性、逻辑性和透明度；在向企业、政府提交成果时，应保证研究的达标性、准确性和实用性；等等。可以说，通过这些在横向课题实践中获得的具体经验，研究生不是被动地接受学术规范的要求，而是主动实施和维护这些规范，进而强化自身的职业道德感和法律意识。

19.2.6 在横向课题中锻炼抗压能力

一些研究生担心自己缺乏处理研究项目的经验和技能，无法达到导师的期望，甚至担心会造成合同违约情况。其实不必过分担心，导师会将课题分配给课题组的研究生共同参与完成，在分配前，导师会综合考虑学生的知识背景、已掌握知识及技能水平和性格特点等，有意识地匹配任务难度和与学生能力相适应，以促进学生的成长，而非制造无法克服的困难。此外，如果学生在承担项目的过程中遇到挫折或者无法完全满足预期，大多数导师会选择让其他同门帮助其分析问题，助力其成长而不是责备，因为科研本身就是在不断探索、纠正错误和解决问题中逐渐实现目标的。研究生应正视这些压力、困难和挑战，并将其转化为成长的动力，还应学会以适当的方式管理压力，用积极的心态调整自己，保持冷静并以积极正面的态度参与横向课题，以及设定过程性的小目标以逐步增强自己的科研能力。总之，面对充满变数和挑战性的未来，研究生在读研期间通过参与导师的横向课题，积累科研实践经历，不仅可以在专业领域种下理论与实践相结合的种子，而且在个人成长方面铺设了自信与韧性的基石，为他们科研实践能力、工作韧性和抗压能力的提升提供了支撑。

粉丝留言：

导师经常指派我参与各种横向项目，我应接不暇。可以说，无论遇到什么工作，导师总是优先派给我，这些工作似乎成了我的常规工作内容。我想给导师反映的是，我有意撰写学术论文并且未来计划攻读博士学位，在繁重的项目压力下我经常感觉有心无力。我该怎么和导师沟通呢？

老丁心语：

老丁想向大家介绍的是，专业型硕士和学术型硕士的定位是存在差异的。如果你的方向是偏向专业技能，或者适合在专业方面深造的，那么导师可能会重点培养你相关的专业技能，因为参与横向课题能够很好地锻炼你的技能并且能让你在毕业后更轻松地融入社会。此外，在这个过程中，你的社交礼仪和职场交往等方面的技能也会得到相应提升。如果你不善社交，并且不希望参与横向课题以提升职业技能，那么老丁建议你尽早与导师沟通自己的想法。如果你不主动表达，那么导师可能会持续安排你完成类似的工作，而很少考虑你的个人志向和学术发展空间。另外，你需要向其他同学学习，如多与那些产出高质量论文的同学交往，观察他们如何完成导师的任务以及他们的学习方式等。老丁记得自己在读研究生时，有一位同学经手的横向课题特别多，经常完成得很累。后来，他主动找到老丁说："丁同学，你能帮我整理一下横向课题需要的资料吗？我教你整理。"之后，他就教老丁一些职业技能，比如规划制图、数据分析、汇报沟通、社会交往等。后来，他成功进入某知名规划公司，而老丁也顺利攻读了博士研究生学位。因此，作为研究生的你不要太在意这些问题，而应该找到一些有效的解决办法。如果你真的想攻读博士学位，那么一定要提前向导师表达自己的愿望并且及时反馈横向课题面临的困难。另外，你在和导师交流的时候，不要觉得自己被导师安排的任务多而产生不安，而应围绕自己的职业目标多谈感想和方法，相信理智的导师会为你提供合适的机会和相应的提升路径。

20.横向课题与论文的结合点

在研究生三年的学习生活中，写作能力尤其是硕士学位论文写作功底的提升是一个不可或缺、直接影响学生能否顺利毕业的重要支撑，也是研究生科学研究、专业技能以及学术思维提升的重要支撑。因此，研究生在参与横向课题的过程中要不断思索如何将实践经验转化为论文写作的重要支撑。研究生的学术成就在很大程度上是通过顶尖论文的发表体现的，因此研究生都期望通过参与项目或者在导师的引领下撰写出高质量的研究论文，以提升自身学术水平和综合科研能力。就现实情况而言，很多参与横向课题的研究生本身就有导师布置的论文写作任务，他们不理解撰写论文和参与横向课题之间的关系，往往会产生抱怨或者消极的情绪，认为这只是按部就班地完成一项合同交付的任务并获取相应的报酬。事实上，如果导师给予了足够的引导并分析了理论和实践的结合点，让研究生带着科研问题进行学术研究，那么研究生在参与横向课题的过程中就能为学术论文的写作提供丰富的实践经验和理论依据，进一步丰富和巩固研究生在某一特定领域的知识，同时加深研究生对实际研究过程的了解并使他们亲身感受知行合一的挑战和乐趣。因此，当导师安排研究生参加横向课题时，研究生有必要深入思考如何将学术论文的撰写与横向课题的参与进行有效结合，包括新的研究发现点、知行合一的成果转化困难点、实践中待解决的问题点等，让研究生针对这些点进行深入发掘或者作为论文中的创新点，以此提高研究生的学术素养和研究能力，进而增加撰写的期刊论文或者毕业论文的深度和说服力。那么，具体该从哪些方面入手呢？丁老师认为可以从以下方面考虑。

20.1 横向课题与学术论文的有效结合

20.1.1 结合自身研究方向，寻找新的灵感点

在进行论文选题的过程中，研究生经常面临数据获取难度大、研究方向不新颖、实践意义不强等困扰，导致论文写作进展缓慢。其中，一个重要问题就是研究生不知道如何挖掘和确定一个既有实际意义又能引起学术兴趣的研究主题，那么参与横向课题则是解决这一困扰的有效方法。一般而言，横向课题更加侧重于解决具体的实际问题，并与行业、市场需求紧密相关，如果研究生能将这些课题的实际需求与自己的研究方向相结合，那么将为课题研究提供一种独特的视角，有助于观察和理解周围的世界并产生新的突破点。具体来说，研究生通过分析和反思自己参与过的横向课题，识别尚未被充分探索的领域或现有研究中待解决的问题，这种“自下而上”的方法不仅能帮助研究生找到与众不同的研究切入点，还能激发他们的研究兴趣并提供原始的研究动机和方向。例如，一个关于市场需求分析的横向课题可能会揭示消费者行为中的未知模式或者探索其背后的心理机制，这不仅可能催生新的产业链和消费者行为，而且突破这种视角新颖、贴近现实生活的课题能带来巨大的经济社会效益。此外，实践中遇到的问题和面临的挑战往往比理论模型更为复杂、多变，这不仅要求研究者有能力将理论知识应用于实际案例，还要求研究者具备批判性思维能力以识别和解决那些理论模型未能覆盖的现实问题。可以说，研究生通过参与横向课题，不仅能在实践中检验理论知识的适用性和有效性，还能在实际操作中发现理论的局限性和存在的问题，进而促进学术界对理论知识的深入理解和必要修正。正因如此，在撰写学术论文时，这些实践经验就变得极其宝贵，不仅可以帮助研究生构建新的理论框架，还可以促使研究生对现有理论提出疑问并激发创新灵感。此外，研究生还有可能发现理论在解释某些现象时的缺陷，进而提出修正建议或全新的理论假设。这不仅补充了相关理论的延伸条件和实际应用场景，而且展示出理论与实践相结合的重要性，进一步强调了实践经验在学术研究中的独特价值和不可替代性。

20.1.2 利用课题资料和数据，开辟新的研究结合点

在推进横向课题的过程中，研究生面临的不仅仅是理论知识的挑战，还

包括如何运用先进的研究方法处理和分析海量的数据，利用横向课题获得大量的调研数据、企业生产数据、统计数据、消费者行为数据能有效检验研究方法的有效性和实用性。对致力于撰写高质量学术论文的研究生而言，这些横向课题处理过的数据拥有更大的价值与作用，不仅可以进一步验证论文的创新点及基础理论的应用性，而且是探索新知识、发现未知领域和找出新规律的关键，还能提高论文的科学性和说服力，开辟跨学科研究的新路径。例如，一个关于企业生产或者消费者购买行为的横向课题能收集大量的消费者调研数据和购买记录，研究生通过对这些数据的细致分析不仅能在心理学或市场营销领域提出新的见解，还能发现与社会学或数据科学相关的研究方向，促进产学研的有效结合，对未来发展、职业规划与求职就业产生积极的影响。

20.1.3　强化实践的理论研究，做出新的学术贡献

在参与横向课题的过程中，如果研究生能够形成理论与实践相结合的成果或者建立完整的理论框架，那么不仅能提升实践的高度，还有利于支撑已有的经典理论或者产生新的理论贡献点，为研究生的论文撰写提供坚实的研究背景、理论依据和实践支撑。具体而言，研究生可以选择将这些实践成果或整合后的理论框架作为强有力的论述基础或论证支点，不仅能提高论文内容的层次性、逻辑性和创新性，而且能在很大程度上提升论文的学术价值和实证信服力，还能展示研究生在特定研究领域的深度，以增强读者对论文观点、结论和应用的认同感。例如，研究生在参与的横向课题中，对企业生产、产学融合、经济现象或者社会认知中的某一个领域进行了深入分析，最终形成了一套解释该现象的理论框架，那么在撰写与之相关的学术论文时，该理论框架就可作为实证分析的研究框架或者基础支撑，进而使论文内容更加充实并展示出研究生在实际研究中的严谨态度和创新能力。

20.1.4　重视内部的交叉合作，形成新的研究创新点

在横向课题的协作过程中，研究生获得了与其他参与者如企业管理者、政府部门负责人以及行业专家就研究方向及问题进行深入交流的机会，不仅能为研究生学术论文撰写提供新颖的视角和新的研究方向，而且能激发研究生创新的灵感、捕捉新的研究方向，引导学术论文与实证研究结合走向新的高度。此外，对于研究生来说，在这一过程中建立的专业联系网络是不

可多得的资源。在条件允许的情况下，研究生可以在导师的引领下积极考虑与这些专业人士建立深层次的合作关系，这不仅能引领理论创新走向新的高度并强化与企业的应用关系，而且能为新一轮的产学研合作提供支撑，还有助于研究生在学术领域产生更广泛的影响力并促进学术知识的交叉融合与创新。这种跨界合作的经验无疑是研究生未来学术或职业生涯中的宝贵财富。

20.1.5 强化实践的学习意识，提升日后情商的应用点

在某些时候，研究生参与的横向课题的研究主题可能与拟写作的学术论文并不直接相关，且在时间上要求颇为严格，使研究生经常抱怨自己的研究时间被挤占，难以获得学以致用的本领。其实，这种横向课题的参与经验仍然能够在研究生论文写作过程中发挥作用。团队合作过程中的相互学习和小组讨论，能够激发研究生在特定领域的学习意识，并帮助其在写作过程中节省时间和精力，这不仅能使其对论文撰写中涉及的关键概念、理论原理和框架结构有更深刻的理解，而且能使其将从这些项目中节省下来的时间和精力用于论文撰写，从而提升论文的质量。所以，参与横向课题锻炼的研究生综合素质会得到全面提升，不仅专业技能提升、知识增长和产学研能力增强，而且团队协作能力、时间管理技巧和解决复杂问题的能力也能得到综合提升。因此，尽管有些研究生抱怨横向课题的研究主题与学术论文的契合度不大并占用大量时间，但在这些项目中获得的专业知识、职业技能、处世情商和抗压韧性，不仅能为研究生撰写毕业论文提供产学研合作的结合点，而且能帮助研究生在学术生涯、职业规划和职场关系中更好地应对各种挑战。

20.2 不要盲目参与横向课题

对于研究生而言，完成毕业论文无疑是读研期间最关键且最重要的一项任务，它不仅关系着研究生三年间学习成果的综合检验，更是直接决定着研究生能否顺利毕业并获得学位。然而，由于时间意识不强、进度推进缓慢和受横向课题影响，一部分研究生过分注重横向课题的参与和报酬而忽略了毕业论文高质量写作面临的风险，那么如何平衡好这种关系呢？丁老师认为，研究生需要进行全面的自我评估，包括时间管理能力、研究兴趣、学术目标以及毕业论文的进度，需注意以下几个方面的核心因素。

20.2.1 横向课题的相关性

当导师的横向课题与研究生个人的研究兴趣或毕业论文主题密切相关时，那么该横向课题不仅可以为研究生提供丰富的研究资源、知行结合的契机和实战锻炼的机会，而且能为研究生加深对当前学术领域的理解提供帮助，还能帮助研究生获得更深入的专业知识、点燃创新思维的火花和为研究生提供研究的新视角。在这种情况下，横向课题成为加快学术探索和论文进度的有力工具，能够显著提高论文的质量和研究的创新性，并为研究生如期毕业和取得学位提供论文深度上的支撑。然而，若导师的横向课题与研究生的研究领域不匹配，或者研究生发现难以将课题成果有效融入自己的毕业论文，那么参与这些项目可能会变成一种负担，不利于研究生的学术锻炼、论文写作和职业规划。在这种情况下，研究生会将大量的时间和精力花费在与毕业论文不相关的研究上，这不仅分散了他们的注意力，还可能拖延论文的进度，甚至影响最终的研究成果，导致出现延期毕业或无法毕业的现象。此时，选择不参与横向课题、集中精力于毕业论文的撰写上，无疑是更理智的决定。所以，在面对是否参与横向课题的抉择时，研究生应该进行全面的考虑，包括评估课题与自己研究兴趣的契合度、潜在的学术和职业发展机会以及对毕业论文进度的可能影响，同时要与导师进行开放和诚实的沟通，如讨论参与课题的期望、目标以及如何有效地整合资源以确保课题参与能为毕业论文带来正面影响。总的来说，研究生参与横向课题应该考虑专业相关性、长远性和战略性，其决策过程需要考虑个人的学术目标、毕业论文进展和职业规划，还要考虑时间投入的多少、师生相处的融洽性和需求方的紧迫性，以避免陷入反复修改和不断沟通的困境中。

20.2.2 自身未来的发展目标

参与横向课题的研究生能更好地理解理论知识与实际工作之间的联系，大幅提高解决实际问题的能力，并有利于提升人际交往等综合素质，对于未来希望在相关行业内工作的研究生来说是一个巨大的优势。然而，对于那些计划毕业后继续从事科学研究、攻读博士学位或在高等教育机构工作的学生而言，更重要的是发表高质量的学术论文、拓宽学术视野和提高研究水平，而过度投入与研究主题不相关或对提升学术能力贡献有限的横向课题、可能会分散研究生的注意力和时间，进而影响他们在学术领域内的深入研究和成果产出。因此，这类研究生需要更加慎重地考虑是否参与横向课题，权衡其对个人学术生涯目标的实际贡献，同时要与导师进行深入沟通，了解导师对于个人参与课题的看法并评估横向课题的内容、目标与个人兴趣和研究方向的契合程度，以促进自己在未来的学术道路上走得更远。

20.2.3 横向课题的可行性与价值

在权衡是否投身于导师提出的横向课题时，研究生必须认真评估课题的研究难度和实施的可行性。选取一个挑战性适中且在可控范围内的课题，能使研究生的研究技能、时间管理及解决问题能力相契合。一个难度过大或现实条件中难以实施的课题则可能导致研究生在研究过程中遭遇难以超越的障碍。这种情况不但阻滞研究生已有选题的进展，更可能对他们的信心和心态产生消极影响，使他们怀疑自身的研究能力、学术水平和职业选择。如果研究生参与的横向课题能带来显著的社会价值和广阔的应用前景，也能让研究生感受到科研的乐趣和生活的意义，那么这样的横向课题不仅能丰富研究生的科研履历，也能体现他们为解决社会问题或推动技术创新所做的努力。因此，这样的项目更易得到资金支持、社会关注和导师青睐，也能为研究生未来的学术水平提升或职业道路带来额外的机遇。此外，在参与横向课题的过程中，研究生还能通过对参与课题的社会实践进行思考来提高他们的自我价值感和成就感，使他们的研究成果转化为社会实践力并对外界产生积极影响，进而使他们获得巨大的满足感和自豪感并增强对所学学科的热爱。总而言之，在选择参与横向课题时，研究生应从主客观两个维度评估课题本身的难度和参与的可行性，同时对课题的社会应用价值做出判断，并合理规划时间，兼顾已有课题论文的撰写进度，从而确保在科学研究、社会实践和学术追求上取得平衡。

20.2.4 合理进行时间分配

参与横向课题虽然可以为研究生带来诸多益处，如素养提高、技能提升和经验积累等，但这类课题往往与企业需求、政府战略和社会效益密切相连且要求完成的速度较快，这种需求的紧迫性往往让研究生觉得难以协调好时间或者产生“怎么这样累”的感觉，因此，研究生在时间和精力的投入上可能超过最初的预期，进而使其无暇从事其他的研究或者深陷于横向课题的烦琐事务中。随之而来的是，研究生在个人毕业论文所做的研究课题上投入减少，尤其是对于需要长时间做实验的学术型研究生来说，这是痛苦的，因为长时间分心于横向课题，会导致毕业论文的进度无法满足导师的期望或学院的要求。一般而言，论文写作需要经历文献调研、实验设计、数据分析、论文撰写、反复修改等环节，这些都是不容忽视也不可或缺的重要步骤，因此参与横向课题激增的工作量和不断上升的时间压力可能会加重研究生的学业投入和精神负担，长期下去可能会导致研究生出现身体和心理不健康的情况。因此，在决定是否投身横向课题时，研究生需要慎重考量个人的时间管理能力以及个人毕业论文研究进展情况，必须拥有合理规划时间的意识与驾驭时间的能力才能避免不利局面的出现。也就是说，研究生一个明智的选择是主动与学术导师进行详细沟通，明确横向课题的时间框架和预期工作量，再结合自身情况制订一个切实可行的计划；同时，研究生需要严格地进行自我约束、自我管理和自我监督，保证充足的休息时间并且在紧急和必要时重新调整优先次序，以确保自身既能为横向课题做出贡献，也能保护自己的身心健康和促进自己的学业进步。

20.2.5 注意与导师的关系

在攻读硕士、博士学位的过程中，与导师建立良好关系至关重要。研究生导师是研究生读研期间相处时间最长的人，也是引领学生学术成长、科研进步和心理日益走向成熟的重要引路人。如果研究生在参与横向课题的过程中与导师产生矛盾甚至发生了决裂性分歧，那么研究生在今后的成长过程中就会受到很大的心理创伤，甚至面临重新选择导师或者延迟毕业的风险，因此，研究生要重视与导师关系的维护，尽量避免产生分歧、矛盾和对立。参与导师的横向课题不仅能为研究生提供一个日常交流时间多、不同场合见面和在合作中对话的机会，而且可以加深研究生对导师研究方向和人生价值观的理解，共同的研究目标会使师生双方的合作关系更加牢固。此外，深化与导师在横向课题中的沟通，不仅有助于研究生加强对项目工作的理解，而且有助于研究生加深对导师的研究思想、工作方法和人生经验的深层次理解，从而为研究生个人的身心成长乃至职业生涯规划提供支撑。在导师亲自指导项目的实际操作中，研究生除了学习到课堂之外的知识、技能和处事技巧，还可以在完成导师托付的任务中赢得导师的信任和好评，进而为未来的研究工作争取到更多学术认可和职业资源，尤其是在求职、申请研究项目和发表学术成果时能得到导师的支持和帮助。因此，研究生在积极参与导师项目的同时，应注意维护与导师的和谐关系，以避免过激矛盾的出现。因为这不仅影响研究生的学术表现和日常生活中的情绪状态，还会影响研究生未来长远的职业规划和道路选择，甚至影响自己的身心健康。也就是说，研究生和导师之间的矛盾在任何时候都应该尽可能避免，丁老师建议通过有效的沟通、积极的反馈和平和的心态解决，而不是通过争吵、忍让或者诉诸媒体的方式解决，确保在相互尊重和彼此理解的基础上解决出现的问题与解开心结。

21. 不参加横向课题的注意事项

丁老师在研究生导师的职业生涯中，或多或少遇到过一些不愿意参加横向课题的研究生，见识过一些研究生在参与横向课题的过程中直接“怼”导师的场景，听到过一些研究生向朋友、同学及家长表达自己对横向课题的抱怨。其中，抱怨的主题往往是研究生在横向课题上投入了大量心血和时间，导致自己无法专注于进行高质量论文和毕业论文等学术工作或追求其他个人兴趣，也就是说这些横向课题占据了他们日常生活的大部分时间，使得他们无暇他顾。为此，这些研究生经常感觉身心疲惫和“压力山大”，甚至对学业产生了倦怠，无时无刻不想从各类横向课题中脱身出来，投入自己喜欢的事情，但面对导师不知道如何表达自己的困惑和意愿。对于研究生面临的这种困扰，丁老师将从以下几个方面进行深入的讨论和解答：首先，阐述研究生是否应该投入导师的横向课题；其次，研究生如何恰当地表达不参与横向课题的意愿；再次，研究生如何把握正确时机向导师提出退出横向课题的请求；最后，研究生要衡量选择不参与横向课题可能会给个人发展、研究能力以及未来职业带来的影响。

21.1　学会正确表达与处理

在与同学日常交流以及社交媒体互动中，丁老师经常会听到有同学说“做横向课题好累，我不想再干了”，“就想全身心只写论文，不喜欢横向课题跑来跑去”，等等，这是研究生参与横向课题普遍面临的问题。面对这种情况，研究生该如何表达不想参与的想法并妥善处理与导师的关系呢？丁老师认为可以从以下方面考虑。

21.1.1 正视真实的想法

研究生已经是成年人，思考问题一定要“三思而后行”，不要因为一时的冲动让自己走上不想做科研、不想承担责任的错误道路。因此，研究生在向导师表达自己不愿意继续接手横向课题之前，一定要经过慎重思考和仔细考量，确保自己不想继续参加横向课题有正当合理的理由。例如，研究生反映问题时可以从个人的能力、技能和职业规划的匹配度，以及时间成本、个人投入成本、与甲方沟通的社交成本以及该课题与自己未来学术路径的契合度等方面入手，让导师正视你参与该项课题的困难。深入一点讲，研究生可以总结自己对纵向课题的兴趣、论文发表的诉求以及未来走科研路线的目标，让导师理解你的担忧和当下参与的困难，明确说明放弃横向课题是一个积极的选择和对职业目标的负责。丁老师相信，如果研究生能从上述视角和导师交流，就能在向导师说明情况时提供合理的论据，让导师理解你是经过深思熟虑后做的决定，那么导师会尊重你的想法，给予你更大的发挥空间。

21.1.2 寻找替代的方案

研究生在决定退出导师的横向课题之前，不妨思考自己是否有可替代的备选方案，或者构思一个符合导师期待的课题组人选或项目计划，既表明自己的诚心，又给出退出后的弥补方案。这意味着研究生需要深入思考自己在该项横向课题中的价值和作用，寻找一个有效的实施方案并和相关人员进行沟通，从而确保该备选计划具有全面且深入的可行性，以便在与导师沟通前做充分的准备。这种做法不仅能表达研究生的积极主动性，还能让导师看到自己并非轻易放弃，而是有责任担当和大局意识。也就是说，如果研究生能够提前找到替代方案并对此早做准备，那么在与导师进行沟通交流时，就有可能避免与导师之间潜在的争执和冲突。

21.1.3 做好前期的准备

在与导师沟通之前，研究生有必要做好前期资料的整理与工作推进进展的上报工作，还要整理好退出横向课题的关键理由和论点，以避免导师认为你是武断的决定。具体而言，首先，研究生可以明确指出横向课题的研究方向与个人兴趣及专业发展规划之间存在显著差异，这种差异会使自己在持续投入研究的过程中动力不足，并时刻担心这种心态可能会对研究的质量和进度产生负面影响。其次，对于有意向继续攻读博士学位的研究生来说，可以向导师说明个人的学术追求与人生发展目标，以及自身对高质量论文的强烈需求，表达出渴望能够拥有更多的时间与空间专注于论文写作。最后，对于对自己未来职业有清晰明确定位的研究生来说，需要考虑这个横向课题是否有助于未来的求职发展，因为一些公司在招聘时非常看重研究生的项目经历。总之，研究生在与导师沟通的过程中，既要努力保持清晰和开放的态度听取导师的意见与建议，也要为导师可能提出的质疑和讨论做好准备，进而达成双方都满意的共识。

21.1.4 尊重导师的想法

在研究生与导师就退出横向课题的问题进行深入交流和探讨时，建立相互尊重与理解的对话环境是至关重要的，这是沟通和交流的前提与基础。研究生对导师的尊重不仅体现在表达自己观点时的礼貌和谦逊上，还体现在认真倾听导师对于这一问题的看法上，即便这些观点与自己的不同，也应给予导师足够的空间和机会阐述其立场。同时，对于导师给予的建议，研究生的理解不应仅仅停留在表面上，而应从导师的思维方式、价值观以及他们所承担的职责和面临的压力角度出发。也就是说，这种双向互动要求研究生在全面理解导师的意图、期望和背景的同时，也要把自己的目标、困境和期待传达给导师，从而真正实现开诚布公的交流。例如，研究生在讨论退出计划时，除了要展示自己的热情和前期准备工作，还要考虑导师的研究兴趣、资源限制及其对自己能力的期待。在这个过程中，研究生期待导师的答复不仅仅是批准或给出指导，更希望导师能够真正理解其痛点所在，体会其内心的纠结和研究过程中可能遇到的难题。因此，只有研究生和导师相互理解、相互体谅，双方才能在沟通中减少误解和冲突，提高效率和满意度，并在共同努力中找到一个广泛认可且高质量的解决方案。

21.1.5 敢于正面的交流

研究生在向导师表达想法和沟通交流时一定要将直率与真诚放在第一位，因为这能让对方感受到自己的所忧所虑是真实的，也能为构建一个高效且富有建设性的对话氛围提供关键支撑，从而大大提高解决问题的速度和效率。研究生在阐述自己的决定时，需要具体说明观点形成的过程并详细解释自己选择中途退出的真正原因，避免因担忧导师生气而含糊其词或遮遮掩掩。如果研究生老是畏惧导师的权威或担心导师的批评而不敢讲真话，那么双方可能会在无意间产生更大的误解，甚至可能会伤害双方的信任关系。因此，研究生要尽可能地与导师保持开放、真诚与互信的沟通，将自己的观点进行清晰的表述，只有这样才能促进双方信任升级并在沟通中达成双赢。

21.1.6 寻求他人的支持

由于研究生导师在学术研究和横向课题中具有一定的权威性，很多研究生害怕与导师交流，甚至出现胆怯、紧张、词不达意和语无伦次等表现。在这种情况下，研究生可以在寻求其他人的支持和建议后再向导师表达自己真正的想法，从而避免自己真正的意图表达不清楚或者让导师会错了意。例如，你可以先与室友或师兄师姐分享自己的困扰，让他们给你提供一些经验和建议，毕竟他们可能经历过一些类似的状况，能给你现身说法或者进行潜在的风险分析；你还可以给父母或者学院负责研究生工作的管理人员反馈，让他们了解你的身心健康状态，从而让其正确评估后给出合适的疏导方案和中途退出课题的建议。当然，你反馈给其他实验室的导师或者不相干人员是不合适的，因为这可能引发团体的围观和课题之间的矛盾，从而让大家处于关于这件事的是非议论中。

21.1.7 尊重导师的决定

无论最终导师对研究生退出横向课题的态度如何，研究生都应该对导师做的决定保持一种尊重和理解的态度，而不是不通情理地到处发泄和广为宣传，这样不仅会让你们双方均处于不利的地位，而且可能让学校荣誉受损，由学校职能部门出面协调你们之间的矛盾。虽然研究生有时可能会对导师的某些决策感到失望或不满，但作为研究生学会接受并理解导师的有关决定是读研阶段不可缺少的一部分，因为绝大多数导师本着对学生负责的态度，将学生当成自己的孩子，所以出发点和本心是为学生着想。如果导师坚持暂时让你继续参与横向课题，那么这很可能是在给你传达减少任务的信息，因为导师很有可能在接下来的一段时间安排其他同学接替你的任务，以减少你当下面临的困难和压力。这个时候，研究生要调整自己的态度，积极探寻课题中的学术价值和兴趣点，将其视为一个难得的学习和成长机会，让自己在退出课题之前学到更多有意义的知识和为人处世的道理。

21.2 不要在关键时刻甩手走人

在参与导师领导的横向课题过程中，一部分研究生可能会遭遇一系列挑战，如加班赶工、出差外联以及临时修改项目等，使其已经出现了疲劳和倦怠的情况，加之早期的一些抵触心理，如研究方向的改变、科研论文需要创作等致其产生了“一走了之”的想法。然而，无论出于什么原因，研究生在横向课题进行过程中选择“中途离场”，都可能引发一系列严重后果，如破坏师生感情、影响课题组利益以及合作伙伴的声誉。

21.2.1 不讲情理的退出，是缺乏责任意识的表现

导师在开展横向课题前，往往需要制订一系列研究计划和时间表，以确保课题组能够严格遵循预设的时间表促使课题顺利进行。如果研究生在课题进行到某个关键阶段时选择退出，那么之前取得的研究成果很可能会因此无法得到顺利推进和应用，投入的时间与精力也将因此付诸东流。中途离开横向课题，可能会让身边的同学怀疑你的专业态度，认为你缺乏责任心和稳定性，从而对你的个人声誉和认可度大为下降。此外，中途不讲情理地离开，也会使导师对你的信任度大打折扣，导师在评价研究生时通常会综合考量其研究进展、成果展现、工作态度、责任心和团队协作能力，期望学生能够坚持完成课题并取得学术成果，而中途退出无疑会降低导师对学生的积极期待进而对后续的师生关系产生不利影响，这不仅表现在当前课题的进度影响，更可能对学生未来的学术研究和职业发展产生深远影响。因此，参与横向课题的研究生应该充分了解课题的长期价值和导师期待，明确自己的角色定位和责任要求，尽量避免不必要的退出行为并为课题的顺利进行贡献自己的力量。

21.2.2 不讲理智的中断，是缺乏团队意识的体现

首先，导师在指导研究生参与横向课题时，通常会投入大量的时间和精力进行课题的策划、指导、监督，因为研究生作为“新手”往往需要较长时间的适应和培养。研究生的中途退出可能导致导师的前期培养、期待和努力付诸东流，可能对导师的项目进度和任务质量造成一定的负面影响，还可能影响与甲方的顺利合作。其次，研究生的中途退出会给导师的课题进度和计划带来极大的困扰，迫使导师投入额外的时间和精力寻找合适的学生填补空

缺，并对课题进行重新规划和交接，这势必会导致课题的进度被延误甚至影响课题的最终质量和效果。同时，课题组的成员之间通常需要相互协作、共同推进课题的进展，当某个成员选择退出时，课题组的整体协作可能会受到影响，余下成员则需要投入更多时间和精力弥补工作空缺，这会降低课题组的整体效率。最后，课题组在制订研究计划时通常会考虑每个成员的专长和角色，成员的退出会迫使课题组重新调整研究计划以适应新的团队构成，这就增加了时间和精力成本。因此，无论是从导师的角度还是课题组的角度考虑，研究生都应该充分认识到这一点，并尽量保持对课题的持续投入和热情，避免给导师和课题组带来不必要的困扰与损失。

21.2.3　不明大义的退出，是缺乏职业远见的体现

对于专业学位型研究生而言，参与横向课题不仅可以为其提供一个与外部机构或企业建立紧密合作关系的绝佳机会，更是研究生在进入社会前接触企业和政府层面的重要途径。研究生在职业生涯的早期阶段得到这样的机会，既能锻炼社交能力、职业适应能力，也能提升情商应对能力。因此，研究生选择中途退出横向课题，不仅意味着将错失与外部合作伙伴深入交流和合作的机会，而且可能限制自己在职业发展方面的早期训练和错失潜在的职业岗位。如果研究生确实因个人原因或不可抗力因素需要退出，那么理应尽力完成当前手头工作以确保项目的顺利过渡，同时及时向导师表达自己的想法和决定，以便导师能够提前做出调整，降低个人退出带来的不良影响。总之，参与横向课题是研究生学习生涯中不可多得的宝贵机遇，不仅可以增强研究生克服困难并坚持奋战的能力，而且可以使研究生在提升自己综合能力的同时积累宝贵的经验和资源，为未来的职业发展打下坚实的基础。

21.3　不参加横向课题的得与失

21.3.1　可能会对攻关科研难题产生一定的影响

横向课题往往来源于企业、政府或其他机构的实际需求，虽然可能与研究生当前的研究方向存在一定的差异，但为研究生提供了更广阔的学术视野和更具挑战性的研究环境。通过这类横向课题的锻炼，研究生有机会深入接触实际问题并能从中锻炼自己的实际操作能力和问题解决能力，同时可以积累对未来学术研究和职业发展有价值的经验，有利于研究生进行科研攻关。

此外，横向课题通常伴随着一定的经费支持，这不仅能为研究生的日常生活和科研活动带来额外收入，还能通过企业高端的技术支持，帮助研究生认识世界打开局面和攻坚新一轮的科研难题。可以说，研究生拒绝参与横向课题，可能会错失这一难得的学术与实践相结合的机会，进而导致自己难以接触到更多元化的研究领域和问题，同时相当于放弃了能够获取经费支持与财政补贴的机会。因此，研究生在决策时一定要全面了解课题的背景、目标和意义，评估自己参与项目的必要性，同时要掌握课题的具体要求和实施计划，以避免研究过程中的潜在麻烦。

21.3.2 可能会对师生关系产生一定的影响

横向课题作为导师与企业、政府或其他机构合作的重要载体，为导师与研究生提供了一个共同参与、共同成长的宝贵平台，同时为加强师生关系和强化双方适应性提供了时间和空间。如果研究生拒绝参与或在关键节点退出，则可能会给师生关系带来一系列潜在影响，甚至间接导致师生之间相处矛盾的产生。首先，研究生此举可能引起导师的不满或失望，使导师认为其缺乏积极进取的精神和实践意识，进而降低导师对其能力和信任度认可。其次，研究生此举可能对师生之间的合作关系或导师与校外组织的合作关系产生负面影响，从而让导师花费更多的时间巩固和拓展这些合作关系。再次，研究生在参与横向课题的过程中如果不全身心投入，则可能使导师在急需用人的环节因缺少关键人物支撑而额外投入更多心血，进而导致横向课题的推进迟缓或者投入其他成本解决。因此，研究生参与横向课题，应学会培养与导师的关系并增强承担责任的意识，提升自己在导师和课题组中的地位与形象。

21.3.3 可能会对自己的就业前景产生一定的影响

在当前竞争激烈的就业市场中，用人单位更倾向于选择那些具备实际操作经验、能够迅速适应工作环境并解决实际问题的人才，而参与横向课题正是提升这些能力、积累实践经验的有效途径，这无疑对增强研究生的就业竞争力有着极大的价值。此外，在课题实施过程中，如果研究生有机会与不同领域的专家、学者以及企业人士进行深度合作并建立人脉资源网络，那么这些人脉关系不仅能为研究生提供更多的职业机会和咨询建议，还能使其在未来的工作中得到更多的支持和帮助。因此，研究生应充分利用横向课题这一平台提升自己的实际操作能力和综合素质，同时应注重在课题实施过程中积累人脉资源和搭建关系网络，为自己的职业发展创造机会。

但任何事物都具有两面性。研究生拒绝或退出导师的横向课题并不意味着自己的决定是错误的，对于个人来说也许会有一些积极影响。

首先，会拥有更多的自由度和选择权。尽管研究生参与导师的横向课题能够为其提供实践机会和资源支持，但在一定程度上限制了研究生的研究方向和选择，让其花费了大量时间赶研究、忙出差和催质量。与此相比，拒绝或退出课题可能赋予研究生更大的自由度，使其能够根据自身的兴趣和专长更自主地确定学术发展路径并探索感兴趣的领域。然而，研究生拒绝参与横向课题并不意味着完全脱离导师的指导和合作，导师的经验和资源对研究生的学术成长至关重要，能促使研究生在科研道路上取得重大的研究突破和提升关键科研能力。**其次，可以更加专注于自己的研究方向。**由于横向课题的研究主题可能与研究生的个人兴趣和研究方向存在一定的偏差，研究生不能投入大量的时间思考自己钻研的领域，因而摆脱横向课题的束缚可以让研究生更加专注于自己真正感兴趣的研究领域。一方面，没有了横向课题的参与压力，研究生可以在其选择的专业领域中深化专业知识，形成独特的研究视角和方法，甚至可能在该领域取得突破性的成果；另一方面，研究生专注于自己感兴趣的领域，有助于激发个人的研究热情和动力，也促使自己更加主动地探索新问题和新挑战，有助于研究生在科学探索的道路上持续取得新进展。**最后，有更多的时间和精力进行学术研究。**研究生参与横向课题往往要投入大量的时间和精力，这会减少研究生自主分配的时间，进而对研究生个人学术研究和兴趣探索产生一定阻力并减少主动思考的时间。因此，拒绝或退出横向课题能够为研究生提供更多的时间和精力进行探索和科研攻坚，同时研究生有更多时间参加学术会议、撰写论文和进行学术交流，有助于研究生更广泛地与同行交流思想、分享研究成果并丰富自己的学术生活。如果研究生执着于科研领域的探索和学术成长，则应综合考虑个人兴趣、研究方向、导师意见以及职业发展等多方面因素，谨慎思考后做出符合自身需求的最终决定，使自己更专注于学术研究和学历提升，让自己在科研领域释放更多的能力，创造属于自己的一片天地。

22. 研究生与甲方沟通的准则

横向课题作为一种涉及多方合作的特殊科研项目，通常涵盖了学校、导师以及多个组织或个人，因此项目的推进需要明确的时间限制与合同约束。在此协作过程中，甲方扮演着至关重要的角色，其不仅是课题的发起人和负责人，而且需要在课题推进过程中提供必要的资源和专业的指导。然而，由于横向课题具有合同性质和一系列约束条件，使得导师、同学与甲方沟通成为一项复杂而关键的任务。为确保课题顺利进行，导师通常会亲自或指派一些研究生负责与甲方沟通交流。对于大部分研究生而言，这个过程是一个不小的挑战，一方面，有些研究生由于性格内向或不擅长交际，在与甲方沟通时往往会不知所措，甚至出现了所谓的"社交恐惧"；另一方面，研究生担心在与甲方交流时因自己言辞不当或理解偏差，对导师或课题组的声誉造成负面影响。此外，当横向课题的进展达不到甲方的预期时，研究生更害怕与甲方进行正面对话，担心受到来自导师、课题组、学校或甲方的批评与指责。然而，参加横向课题的研究生必须认识到，只有及时、充分沟通，才能确保课题的研究方向与甲方的实际需求相吻合，避免由误解或信息不对称导致的资源浪费和进度延误。那么，在与甲方的沟通交流中，研究生应如何看待自己的角色，应采取何种态度与甲方进行对话，又该如何维护好学校、学院、指导教师以及课题组的形象？丁老师在本章就重点讲一讲研究生在横向课题与甲方的交流中应该知道的事。

22.1 正确看待

在横向课题的执行与推进过程中，无论双方地位谁高谁低，其合作特点与约束性质都决定了课题组与甲方的充分交流是完成项目不可或缺的一环。

在课题的推进过程中，导师安排研究生与甲方进行沟通不仅可以让其了解课题推进的状况，也是对其人际交往能力的一种培养。因此，研究生应该正确看待与甲方的沟通交流，并将其视为一个学习和成长的宝贵机会。

22.1.1 与甲方的沟通交流是建立互信、明确分工和协同作战的过程

在横向课题实施与推进的初期阶段，与甲方进行密切深入的交流尤为重要，这不仅是项目顺利启动的保障，更直接影响后续的成果质量。只有通过初期阶段与甲方的交流，课题组才能深入了解甲方的具体需求、期望目标及约束条件，因此，这对于明确研究方向和目标具有至关重要的意义。同时，在与甲方的沟通中，双方会就课题的分工、进度安排以及成果形式等关键问题进行讨论和协商，以增进双方相互了解，共同攻坚项目的关键步骤。可以说，课题组师生通过前期与甲方充分讨论，不仅能促使课题组在合作过程中与甲方形成紧密的合力，而且能为课题的研究进展取得成效提供前期支撑。此外，在项目推进过程中，课题组及时、有效地与甲方沟通还能为双方在未来合作中建立良好的沟通与协作机制，为后续的科研或横向课题合作奠定坚实的基础。同时，课题组师生能在沟通中不断提升自身的沟通能力和合作水平，并学会如何与他人形成良好的人际关系，进而为未来的科研工作积累宝贵的交流经验。

22.1.2 与甲方的沟通交流是获取新知识、了解新动态和拓宽视野的过程

甲方作为横向课题应用实践的主导者，通常在相关领域拥有丰富的实践经验、深入的行业知识以及敏锐的市场洞察力，能够设计或者制造符合行业需求的产品和技术。正是这些独特的优势，使加强与甲方的深入交流成为研究生获取行业最新动态、市场最新需求以及技术最新发展宝贵机会的重要途径，进而能对课题的研究方向进行适时调整。更重要的是，通过与甲方的深入交流，课题组师生能够更加精准地定位课题的实际应用价值，这不仅有助于研究成果更好地服务行业发展，还能使课题的研究更具现实意义和市场价值。

22.1.3 与甲方的沟通交流是发现问题、分析问题和解决问题的过程

在横向课题的推进过程中，研究生有时可能因疏漏未能及时发现潜在问

题，或面临一些超出课题组能力范围的难题。然而，通过与甲方的及时交流，研究生可以迅速洞察到问题的存在，并深入了解其背后的原因和影响范围。这种深入的沟通，不仅有助于研究生迅速定位问题的根源，更能促使课题组与甲方一同分析讨论、集思广益，共同寻找解决问题与突破瓶颈的最佳方案。同时，课题组的师生与甲方共同探讨解决问题的策略和方法，不仅能汇聚双方集体的智慧和力量，而且能形成解决问题的合力以确保课题稳步、有序地推进。这种合作模式不仅提升了研究生解决问题的能力，而且在无形中加强了双方之间的信任和默契，为课题的圆满完成奠定了坚实的基础。

22.1.4 与甲方的沟通交流是建立良好人际关系、增进相互了解和友谊的过程

在横向课题的合作过程中，虽然双方的理解、支持与尊重是合作成功的基石，但这种相互之间的尊重和理解并非一蹴而就的，而需要通过真挚的交流和沟通逐步建立。可以说，课题组师生与甲方的每一次深入对话、每一次细致探讨都是加深彼此了解、增进双方信任的重要环节，而这份信任也能为未来的合作铺就更为宽广的道路。因此，当研究生接受导师的委派与甲方进行对接时，应展现出课题组的诚意和专业性，以此维持与甲方之间的良好关系和提高彼此间的信任程度。同时，研究生在与甲方沟通时需要注意表达的方式和技巧，如学会用简单明了的语言准确传达自己的观点和想法，在论证观点时，善于将数据和事实作为支撑，使信息传达更准确、更有效等，而不是一味地坚持己见与甲方争执或者不愿意修改当前的方案。此外，课题组维持与甲方长远的合作关系也至关重要，双方应定期就课题进展、问题解决方案进行深入探讨，因为这不仅有助于寻找最优的合作方案，也有利于建立良好的人际关系和更加多元的合作渠道，进而产生更多的合作往来和合同关系。综上所述，研究生应该从合作、学习、解决问题和人际关系等多个维度深入解析和看待这一交流过程，不断提升自己的沟通能力和合作水平，为课题的顺利进行提供有力保障。

22.2 行为准则

在横向课题的实施过程中，课题组要通过不同的方式加强与甲方的沟通和交流，因为这对于项目的推进非常重要。作为乙方的代表，导师与整个课

题组的研究生，不仅要确保课题的顺利进行以达到甲方的要求，而且要在与甲方交流时恪守自己的行为准则，以确保沟通的效果和质量能够满足双方的期望。那么，研究生要怎么注意自己的行为准则呢？

22.2.1 尊重甲方，保持谦逊有礼

研究生在与甲方沟通时应将尊重对方的观点和需求作为首要原则，因为甲方作为委托方对课题有着特定的期望和要求，其意见和需求直接关系到课题的推进方向与最终成果。因此，在沟通过程中，课题组师生要以谦逊的态度认真倾听甲方的每一个意见和建议，力求理解其真实需求及言外之意，甚至反复揣摩或者再次确认对方的意图和目标。这意味着课题组师生不仅要认真倾听，而且要心领神会和认真记录，深入解析甲方的言辞和言外之意，捕捉甲方对课题成果的期望、对研究进展的关注以及对合作关系的看法，从而确保修改处理的成果或者方案紧密贴合甲方的实际需求。同时，课题组师生要避免将甲方简单地视为“金主”或“老板”，让课题组的研究成果质量走向不正确的科研方向或者偏离原定的主要方向，进而失去产学研合作的真正意义。此外，课题组师生在沟通过程中要积极分享研究成果和进展，并邀请甲方参与研究成果质量的讨论，共同为课题的发展提出建设性意见，因为通过多种层次的交流和反复沟通，不仅能让课题组更好地理解甲方的需求和期望，还能让课题组与甲方建立更加深厚的信任和默契的合作关系。

22.2.2 保持诚信，坦诚解决问题

诚信作为人际交往的前提条件，在横向课题推进过程中与甲方交流时显得尤为关键，否则以欺骗或者不诚信的态度很难让双方产出高质量的成果。当课题研究中遇到难以解决的问题或挑战时，课题组师生应第一时间与甲方进行沟通并共同商讨可行的解决方案，这种积极的态度不仅有助于问题的及时解决，更能体现研究生的专业素养和责任心。此外，诚信还体现在对承诺的严格遵守上，比如，合同是双方进行横向课题合作的法律依据，必须严格按照合同约定的时间和要求完成课题任务。

22.2.3 注重细节，提升沟通效率

沟通中的细节无疑是展现专业素养和工作态度的重要窗口，正所谓“细节决定成败”，所以，即使是一个微妙的交流瞬间，也可能成为影响合作走向

的关键因素。因此，课题组的师生在与甲方进行沟通时需要进行充分的准备，确保呈现的数据准确无误、逻辑严密，而且能全面反映课题的实际进展情况。沟通方式的选择同样关键，言简意赅、条理清晰的沟通不仅能节省时间，还能帮助甲方迅速理解课题的核心内容和关键进展，因为这样的沟通方式不仅体现了课题组师生的专业素养，也有助于建立甲方对课题组的信任，进而提升课题组师生在甲方心目中的地位。当甲方对横向课题提出问题时，课题组师生应及时和导师沟通，然后准确地给出解答，避免拖延或含糊其词的回答方式，以免出现不专业或者不正确的解答。沟通的频率应根据课题的进展和甲方的需求灵活调整，在课题研究的初期阶段，双方可能需要更频繁的交流，以更好地理解对方的需求和期望；在课题研究的后半阶段，课题组师生应伴随课题的深入，让沟通的重点逐渐转向具体的技术问题或实施方案。因此，课题组师生还需要保持对课题进展的敏感度，并在沟通交流过程中把握甲方需求的变化，确保双方的沟通始终畅通无阻且高效执行。

22.2.4 保持专业，展现科研实力

在与甲方进行沟通交流时，课题组师生不仅要对研究的领域有深入透彻的理解和独到的见解，更要熟练掌握并灵活运用各种科研方法，因此课题组师生要格外重视交流的专业性、科学性和准确性。此外，研究生还要时刻保持高度的职业敏感性，密切关注横向课题的核心问题和关键节点，确保能够及时、准确地把握课题的进展情况。在交流过程中，课题组师生还应积极倾听甲方的需求、意见及发展建议，理解他们的关注点、期望点和产出点，从而更好地为他们提供有针对性的建议和解决方案。同时，课题组师生要注重与甲方的沟通方式和态度，尊重他们的意见和建议并积极回应他们的关切和疑问，以专业的回复和沟通打消他们的疑虑。通过专业的沟通和高效的互动，课题组师生可以与甲方建立良好的合作关系，并通过合作共同推动课题研究的深入发展，在更长远的目标上实现双方的互利共赢。

22.2.5 灵活应变，妥善处理分歧

在横向课题的合作过程中，由于合作双方在立场、经验及视角上的差异，出现意见分歧或矛盾在所难免。面对这种情况，课题组师生需要保持冷静、客观的态度，灵活应对并妥善处理导师、课题组与甲方之间的分歧，以避免出现尴尬的瞬间和不愉快的相处。倾听是解决复杂问题与处理内在分歧的关

键，因为如果双方都只站在自己的立场上进行分析，那么往往只是"占了嘴上的便宜"，对项目的实质性进展没有任何益处。因此，课题组师生需要耐心、认真地倾听甲方的意见和诉求，理解其立场和考量并确保双方之间的信息交流畅通无阻，以换位思考的方式进行平和的交谈和冷静的分析，确保项目推进大方向一致。另外，课题组师生应结合自身的专业知识和经验，提出既符合课题组研究方向与目标，又满足甲方实际需求和利益的合理解决方案或建议。同时，课题组师生应以建设性的态度推动问题的解决与分歧的消除，比如，在沟通过程中，保持积极、主动的态度，及时回应甲方的关切和疑问并寻求双方的共同点与利益交汇点。

22.2.6　注重保密，保护双方利益

在横向课题的合作过程中，双方涉及的敏感信息和技术秘密往往关乎核心领域的竞争力。因此，坚守保密原则、严格遵守相关保密规定，同时坚守科研伦理的道德底线并践行科研价值观，便成为课题参与者义不容辞的责任与义务。因此，课题组师生在日常的口头交流和书面文档处理中应做到谨言慎行，确保自己不泄露或传播任何敏感信息而使课题产生负面影响。同时，课题组师生要充分认识到甲方知识产权的重要性和商业秘密的严格恪守性，绝不擅自使用或披露甲方的技术成果与智慧劳动成果，否则不仅要承担法律责任，而且会毁掉已有的信任契约和未来长远的合作关系。

22.3　重大事项要让导师主导

由于研究生在知识储备、经验积累以及身份地位等方面与导师存在较大差异，因此其在与甲方交流时应当明确自己的角色定位，将一些重大的事情甚至直接决定横向课题走向与质量的事情交给导师负责。基于此，丁老师给大家提出以下几点需要注意的事项。

22.3.1　明晰自己的角色定位与职责

在参与横向课题的过程中，研究生主要扮演着执行者和辅助者的角色，主要负责执行包括文献调研、设计实验方案、分析实验数据等具体研究任务。在某些情况下，研究生还需要在导师的引领下协助与甲方进行沟通交流，以便准确理解甲方的需求并及时反馈研究进展。然而，考虑到研究生在学术和经验方面的局限性，在与甲方交流时，往往难以独立应对一些重大事项，因

此，研究生在重大问题决策时上需要让导师进行处理与抉择。

22.3.2 坚定导师的核心作用与价值

导师作为科研团队的核心，具备深厚的学术造诣和丰富的实践经验，也是横向课题中与甲方交流的关键纽带，因此其能够凭借对行业的深刻理解和敏锐洞察力，准确把握甲方需求，提出切实可行的解决方案，并有效维护团队利益。此外，导师还能根据课题的研究进展和甲方的反馈，及时调整课题组的研究方向和技术方法，确保课题顺利进行并达到甲方和合同的预期目标。因此，将课题中的重大事宜委托给导师处理，不仅能提升与甲方的交流效率，还能避免研究生的经验不足或理解偏差带来的不必要困扰。

22.3.3 听从导师在大事要事上的安排

在横向课题合作中，研究生在遇到如课题方向调整、经费使用、合作协议签订等重大事项时，应将这些关键决策交由经验丰富、学识深厚的导师处理，因为他们是签订协议和合同的主要执行人，也是项目推进的主要把控者。由于这些大事要事不仅关系到课题的成败，更直接影响整个研究团队的利益和声誉，由团队的核心导师安排这些事情或者提出解决方案较为合适。例如，当甲方提出课题研究方向需要调整时，研究生应及时、详细地向导师汇报，由核心导师结合团队的研究实力、技术储备以及甲方的实际需求进行决策，研究生不应自作主张调整方向。在经费使用方面，研究生更应遵循导师的指导和预算计划，若遇到特殊情况需要调整经费使用计划，应第一时间向导师请示并详细汇报调整的原因和计划，以确保经费使用的合法性、合理性和有效性。

22.3.4 明晰自己在课题中的辅助作用

在与甲方进行课题交流的过程中，研究生尽管在重大决策上依赖导师的专业指导，但是同样扮演着至关重要的辅助角色，不要总是让自己处于“绝对听从”的执行命令状态。研究生通过积极参与讨论发表新观点、倡导新思路和提供新方案，不仅能为导师提供新颖的视角和独到的见解，而且能有效地向合作方展现课题组的团队实力和专业能力。同时，研究生在与甲方的日常沟通中，如果能够及时反馈遇到的难题和挑战，并及时向导师传达甲方的诉求与预期目标，那么这些信息对于导师调整研究方向和方法、优化课题计划具有较高的参考价值。因此，研究生与导师之间的合作与分工是一种相辅相成的关系，一方面，研究生应充分展现自己的专业素养和责任感，通过细致入微的工作为导师的决策提供有力支持；另一方面，导师凭借深厚的学术造诣和丰富的实践经验，承担起重大事项的决策责任，确保课题能够按照既定的目标顺利推进以实现团队利益的最大化。

22.3.5 提升自己在课题过程中的所得

在协助导师处理关键事项与重大决策的过程中，研究生不仅可以近距离观察和学习导师如何把握大局、权衡利弊的方法和谋略，而且可以学习导师在处理具体事情方面的细节方法和待人接物技巧。通过与甲方的深入沟通，研究生可以学会如何准确理解甲方需求的沟通技巧并有效地表达自己的观点与立场。在课题的研究过程中，研究生还将面临诸多问题与挑战，这就需要研究生学会如何发现问题、分析问题并寻找解决问题的最佳方案。因此，研究生应珍惜与导师共同参与横向课题的机会，充分利用此平台不断提高技能、积累经验和提升创新水平，逐步成长为既具备独立科研能力又拥有深厚学术造诣的杰出科研人员，从而为中国式现代化和国家科研事业贡献自己的力量。

总之，在横向课题推进的过程中，研究生一方面应明确自己的角色定位和工作重点，将重大的事情与抉择交由导师负责，避免在“一知半解”的情况下“大包大揽”，让课题处于不健康的推进状态；另一方面通过积极参与课题交流并充分发挥自己的辅助作用，让自己在实践中不断领悟、成长和提升，进而为科研团队的发展做出更大的贡献和创造更多的价值。

22.4 维护学校、学院的形象

22.4.1 不要因不理智破坏了信任机制

面对甲方的怀疑或贬低等态度，研究生首先要保持冷静和理智的态度且不能被负面情绪左右而乱发言和胡“放炮”，更不能“以牙还牙”地向甲方发起攻击和言语伤害，从而让双方陷入僵局和无法沟通的局面。在沟通过程中，双方出现分歧或者甲方对研究生所在学院、学校的能力产生疑虑都是合作过程中可能遇到的正常情况，因为很多时候双方会因为一些小误会和小细节让对方产生理解方面的不信任。当然，这种不信任可以通过过程中的接触、合作中的沟通、成果的产出质量等消除，因此研究生应深入探索合作方错误理解和信任破坏的根据，分析是出于合作双方对横向课题理解的差异还是对学校、学院实力的担忧等，进而采取一系列补救措施消除影响。也就是说，研究生必须坚定立场，不因合作方的质疑而动摇，也不因对方的打压而消沉，而应以充分的论据支撑研究成功并强化信任机制。总之，在横向课题推进过程中，研究生既要用心用情也要有谋有略，面对甲方质疑“有话可说”“有理支撑”“有法可解”，而不是被甲方攻击到薄弱之处“牵着鼻子走”“让干什么就干什么”。

22.4.2　不要因不了解失去了合作机会

如果甲方因不了解课题组的任务进度和实际成效而错误地以为学院和学校的实力不足以承担起该课题，那么课题组师生深入商讨后可以主动邀请甲方考察学院、学校的软硬件水平，以此作为一个展示实力和特色的重要机会，从而使其有一个正确、客观和全面的认知。通过实地考察和详细讲解，甲方能够直观地感受课题组所在学院、学校在教学设施、师资力量、科研成果等方面的优势，并且这些“亲眼看到的”软硬件实力无疑会给甲方留下深刻印象，如现代化的教室、实验室以及先进的教科研设备，都能体现学校、学院、实验室对课题组的重视程度。同时，优秀的师资力量也是学院、学校实力的重要体现，因为师资队伍深厚的学术造诣、丰富的教学经验、优质的学术水平和创新能力不仅能为学生提供高质量的教育，也能为合作研究提供有力支持。此外，学校、学院、实验室、课题组的科研成果也是展现实力的重要途径，一方面具有代表性的科研成果、获奖情况以及学术论文等，能让甲方深入了解学校、学院、实验室、课题组在相关领域的研究水平和影响力；另一方面让甲方对彼此合作后的科研产出有了更信任的期待。此外，在与甲方交流过程中，研究生所在的课题组应定期、主动、积极地与甲方进行互动，让其感受到学院优势、学校特色和地方人文关怀，从而建立更加牢固、可信的合作机制。

22.4.3　不要因不在乎细节葬送了共赢发展的机会

细节的把握是否得当也是直接影响项目推进的关键因素，因为其不仅关乎甲方对参与人的信任程度，更直接影响合作成果的质量和双方关系的稳固，因此课题组师生需要从多个方面入手，确保每一个细节都得到妥善处理。在会议接待或谈判场合中的言辞和态度，往往成为甲方判断其专业性和合作诚意的重要依据，因此，在涉及专业性汇报或者接待时，研究生一定要保持冷静、自信的底气，并用清晰、准确的语言表达自己的观点和需求，同时要注意礼貌待人并尊重甲方的发言和意见，以免产生不必要的冲突和误解。在面对甲方的质疑或批评时，研究生应持有开放和包容的心态，避免因自己“容不得半粒沙子”而公开回怼或者给对方脸色。虽然甲方是合作方，其意见和建议往往具有一定的针对性、建设性、批评性和强制性，但研究生应耐心倾听、认真分析并在理解的基础上给予积极回应，或者在表达理解后交由导师处理，而不应擅自做出影响课题组信誉或者过激的行为。更重要的一点，研究生、核心导师和课题组还应关注双方合作过程中的实际需求与变化，及时解决各种意料之外的情况和问题，灵活应对存在的问题并及时调整合作策略。值得一提的是，有时课题组为了消除分歧与矛盾还会寻求与甲方合作的共赢点和利益交集点，从而采取一些联合活动，因此研究生应在导师的建议下深入挖掘双方在人才培养、科研合作、成果转化等方面的潜在合作机会，通过共同举办学术活动、开展联合研究项目、推动成果转化等方式，进一步加强与甲方的合作，实现资源共享和互利共赢。

粉丝留言：

我现在是一名在校研究生，参与横向课题汇报或服务主要负责人，一旦遇到一些领导或者重要人物，我就会非常紧张从而导致说话不够流畅。我该怎么解决这个问题呢？

老丁心语：

老丁给大家以下三个建议。

第一，勇敢面对。很多研究生虽然是逐步走入社会的年轻人，但心态上仍觉得自己是“学生身份”而不敢主动交流，害怕自己的表达不准确或不礼貌而影响课题组在甲方的形象。其实，每个人在交流和沟通过程中都有表达的权利以及平等的地位，即便我们在与他人交流过程中有一些小失误也不必过于担忧，大胆且勇敢地去做，不要因过于担心出现错误而使自己畏畏缩缩。

第二，精练表达。在参与重要任务或者与领导的交流过程中，应确保自己的话语紧扣交流主题，并清晰地表达自己的观点，以确保对方能够明确理解你的意图。而那些恭维或表达辛苦的话语，如果双方在交流过程中感觉平等且关系融洽，则可以适度省略这些社交用语，轻松且愉快的交谈也没有太大问题。

第三，坚守原则。当研究生在与地位较高的人交流时，不要过于谄媚或放低自己的姿态，也不应过度以对方为中心从而完全失去自我。当自身有需要表达的重要事项时，应该坚定不移地维护自己的立场，不要只是一味地附和他人的观点，因为缺乏原则的行为可能会让别人觉得你在相处中摇摆不定或表里不一，从而影响他人对你的评价。

23. 避免反复修改报告的策略

在参与横向课题的过程中，一部分研究生常常会陷入反复沟通与修改的困境中，甚至发出“参与横向课题怎么这样麻烦”“我再也不想参加横向课题”的感慨！那么，为什么会出现这种情况，真的会出现这么多的修改次数和情绪抱怨吗？这种反复沟通和修改的现象，不仅是对研究生学术上进和科研攻关的考验，更是对其心理承受力、抗压韧性和时间管理能力的多重挑战。想象一下，夜深人静时你还在为横向课题的下一步修改苦思对策，一遍又一遍地打磨着研究成果以满足甲方提出的目标要求，期待着早日完成横向课题畅玩一会儿，这是怎样的孤独情境。更为艰难的是，由于时间安排等因素往往需要费尽周折才能见甲方一面，甚至有时不得不参加一些与甲方沟通的汇报会，这样的经历对于研究生来说无疑是极其煎熬的，使得一些研究生开始感到焦虑、沮丧，甚至产生崩溃的情绪。此外，反复沟通和修改也占用了研究生大量的时间与精力，比如，需要不断地调整研究方向、修改实验方案和整理数据等，让研究生疲惫不堪或者疲于奔命。针对这个问题，丁老师谈谈自己的见解。

23.1　反复修改报告的原因

在横向课题的研究过程中，反复沟通与修改是一个普遍存在的现象，其根源在于课题本身的复杂性以及甲乙双方意见、见解的不一致性。以下是丁老师对产生这种现象的一些见解。

23.1.1　课题的复杂性与多样性

由于横向课题具有挑战性、前瞻性和社会服务性的特点，其往往融合了多个领域的知识和技能并要求知识的符合与系统的耦合，其内在的复杂性和多样性给研究生带来了巨大挑战。在研究过程中，由于不同领域的知识背景和思维方式存在差异，课题组师生和甲方之间难免会出现理解上的偏差与分歧，双方也就产生了多次反复沟通和协同观点的过程。此外，横向课题的研究目标通常具有挑战性且需要从多个方面进行协同，课题组各个团队需要在独立研究后进行内部的沟通和整合，而在这一过程中会产生意见的分歧和目标任务的一致，因此这也是研究生在参与横向课题时需要反复交流和沟通的一个重要方面，只有多方意见达成一致，研究的过程才会更加顺畅，研究的目标也就越发明确。在这样的背景下，甲方与乙方、课题组内部不同团队之间需要构建一个开放、透明、高效的沟通机制，因为这有助于消除不同参与方的理解偏差和分歧，并促进各方在共同的研究框架下进行协作，从而推动横向课题研究顺利进行和促使共同科研目标实现。

23.1.2 团队的磨合性与协作性

在横向课题的研究过程中，甲方与乙方团队研究目标的契合与融合、课题组内部师生的磨合与协作非常重要，因为只有在共同研究目标支撑下以及系统思维的协同运转下，才能达成集成性的优质成果和具有高显示度的科研成果；但由于课题组成员之间的学术背景、工作经验及专业技能并不完全一致，他们在参与过程中产生了多元化的见解，引发了团队成员间的观点分歧和误解。因此，为了确保研究顺利推进，各成员需要放下个人偏见，积极倾听他人的观点，通过开放且坦诚的对话共同探讨最适合的研究方法和路径，进而找到解决横向课题存在问题的最佳方案。此外，随着研究进程的加快和研究内容的深入，新的研究问题或方向可能会不断浮现，这就要求课题组师生及时与甲方沟通和调整，以确保研究始终沿着正确的方向前进。总之，反复的沟通和协调是研究生与课题组之间、课题组与甲方之间建立默契和信任的关键，也是逐渐了解彼此的思维方式、工作习惯并达成最终目标的必要过程，更是形成高效合作机制应对困难和复杂挑战的重要保障。

23.1.3 数据的严谨性与可靠性

在横向课题的研究中，数据和结果的准确性与可靠性是核心，因为这是确保关键因素能否实现研究目标的重要保障，需要课题组师生在整个过程中付出极大的努力和耐心。**首先，数据的科学采集非常重要。**课题组师生需要设计合理的数据收集方案与构建翔实的评价指标体系，明确数据来源和采集方法，确保数据的真实性与完整性，进而实现关键因素的集成和模型目标的实现。在收集过程中，课题组师生需要对数据进行初步的筛选和整理，如去除异常值和错误数据，进而为后续的数据分析工作和系统工作顺利推进提供支撑。**其次，数据的分析过程非常关键。**课题组师生一方面需要运用科学的方法和技术手段对所获取的数据进行深入的分析，尝试运用不同的分析方法找出最适合的研究路径；另一方面需要与甲方进行合作交流并关注研究领域的最新动态和进展，以确保横向课题的研究能够充分展现创新性和实用性。**最后，结果的验证是不可或缺的一环。**课题组师生需要对研究结果进行多次验证和复核，对存在的问题和数据偏差进行充分论证，以确保研究结果符合横向课题的实际需求。课题组师生在验证过程中发现的任何问题或误差都应及时纠正和完善，因为只有这种反复的验证和修改过程才能确保研究结果的可靠性和科学性。总之，数据的准确性和可靠性是研究人员进行科学研究的基本要求与重要保障，因此横向课题的推进需要课题组师生在每个阶段都持续投入高度的精力和注意力，以严谨的态度保证研究工作高质量完成。

23.1.4 环境的多变性与适应性

横向课题的研究往往受现实诉求、政策变化和市场需求等外部环境的影响，因此课题组师生在推进横向课题的过程中要根据甲方的预期、政策的引领和外界环境的持续变化调整研究方向、技术手段、推进路径，以更好地达成横向课题的项目要求和最终目标。在这种情况下，参与横向课题的师生需要敏锐地洞察这些变化，并迅速与甲方沟通进而对横向课题的调整做出响应，从而让课题的推进处于良性运转的轨道中。除了环境的多变、新政策的出台和市场行情的变化，课题组师生还会发现原定方案的不足或推进过程中这样或那样的问题，这是因为在现实的推进过程中，横向课题往往会出现研究方法的局限性、数据采集的困难性和技术路线的优化性等问题，因此需要课题组师生及时地调整思路、改进方法和优化路径以适应新的研究范式。在这个调整和优化的过程中，课题组师生不应陷入固有的研究套路或者已有的范式窠臼止步不前，而应坦诚地交流彼此的想法和观点，共同探讨解决问题的办法，在逐步完善研究方案的过程中确保研究的准确性和研究目标的实现。总之，面对外部环境的不断变化和研究过程中的挑战，参与课题的各方力量需要保持敏锐的洞察力和灵活的应变能力，合力调整和完善研究方案以达成双方期待的价值目标或实现预期的产品和服务。

23.1.5 利益的双赢性与最大化

在横向课题研究中，虽然甲方团队和课题组师生在双方合同的约束下有着共同的价值目标，但由于各自的利益诉求不同，在合作的过程中难免会产生分歧，从而导致参与横向课题组的师生进行多次修改与反复沟通。通常情况下，作为商业实体的甲方更关注课题研究的实用性和商业价值，希望研究成果能迅速转化为市场竞争力强的产品或服务，实现经济收益的倍速提升、品牌形象的社会化和综合利益的最大化。与此相对，课题组师生更注重课题的学术价值和创新性，期望在学术和科研领域取得显著突破，进而推动学科发展并提升课题组在业内的学术影响力。这种价值目标的不完全一致性使得双方在研究方向、研究方法和成果应用等方面存在差异化诉求，也就导致了双方必须在合同约束的框架下进行价值导向的一致性、研究方案的内在融合性、研究目标的潜在共同性讨论，从而使双方共同的价值目标在反复修改的过程中达成共识。在沟通过程中，双方可能会因坚持己见而陷入僵局，如企业会认为研究机构过于理想化而忽略了实际应用的可行性，研究机构则认为企业过于功利缺乏对学术价值的追求，这种互不理解的状态会影响课题研究的进展，需要双方多次沟通加以解决。此外，甲方团队和课题组师生在课题研究中掌握的信息也可能存在差异，这是因为甲方关注市场需求、竞争态势等商业信息以促使研究成果更好地与市场对接，课题组则更关注学科前沿、技术应用的长远价值等前瞻性目标以提升其研究团队的国际学术影响力，这种信息不对称也导致双方在沟通中产生误解或偏差。为了克服这些障碍，甲方团队和课题组师生必须在课题研究中建立有效的沟通机制，进行意见交换、信息共享和问题磋商，充分尊重对方的利益诉求、观点和预期以寻求共同点与利益交汇点，在不断沟通和反复修改的过程中形成一致的价值观，进而在愉快的合作环境中达成双方合同约束下的价值目标或实现理想的产品和服务。

23.2 应该保持的心态

23.2.1 面对挑战，保持信心与决心

面对横向课题的反复沟通与修改，研究生首先要保持一种积极的心态，

坚信自己能够在课题组导师的带领下完成任务，坚信自己的专业知识、技能基础和课题组系统的分工是能够应对复杂挑战的，而且你是在课题组系统安排下奋战的，学校信誉、课题组品牌就是你最坚强的后盾。然而，在面临不断沟通与反复修改的局面时，研究生难免会出现一些不适应、不愿改和不想面对的心态，这是因为有时候甲方的意见过于密集、改动难度较大且必须在规定时间内完成，也可能因为甲方要求来回出差调研或者汇报方案让人感到太过紧急。这种情况下，会使第一次参与横向课题或者参与横向课题经验少的研究生精神疲惫，甚至出现参与横向课题“这么累”的感觉。面对这种情况，研究生需要学会调整自己的心态，积极适应横向课题的节奏，将每一次挑战和挫折都视为成长的机会并从中吸取经验教训，以坚定的信心、高度的责任感和项目组一定能集体完成的决心挑战难题、攻克难关，从而在不断提升沟通技巧和研究能力的过程中让自己变得更加成熟。

23.2.2 接纳意见，保持沟通与合作

在参与横向课题的研究过程中，面对甲方提出的新想法或意见分歧，课题组师生应保持谦虚、开放和进取的态度，理性分析和评估甲方意见的合理之处，通过及时有效的沟通和意见交流理解对方的诉求、要求和期待目标，以促进课题组的研究目标和成果达成更贴合甲方实际需求。然而，谦虚的态度并不意味着对方毫无道理的要求，开放的心态并不意味着毫无原则地妥协，进取的状态也不意味着盲目修改，而是要求课题组师生在接纳甲方意见的同时结合课题的实际情况和自己的专业知识进行理性的思考，对甲方的意见进行深入剖析和判断，而不是武断地接受和毫无来由地修改。当课题组师生发现甲方的建议、意见和要求与科研范式或学术标准存在偏差时，应勇于坚持科学的主张和正确的见解，并通过充分的沟通和解释寻求双方都能接受的解决方案。此外，课题组师生在沟通过程中还需要学会坚持自己的立场和原则，虽然要尊重甲方的需求和意见，但也不能忽视课题的学术价值和研究目标，在必要时应坚定地表达自己的观点以确保课题研究的顺利进行和最终成果的质量。

23.2.3 应对修改，保持冷静与理性

由于课题的复杂性和甲乙双方利益诉求的不一致性，课题组与甲方在沟通过程中难免会出现误解、分歧和反复修改的情况。在这种情形下，课题组

师生必须保持冷静和耐心，认真倾听甲方的意见和建议而不是争吵，以理解其真实需求和期望的同理心共同协商解决之策。在解释和说明自己的观点时，课题组师生需要保持冷静和理性的态度，以确保甲方能够充分理解并接受意见；同时，课题组师生需要耐心接受甲方的反馈和修改意见，从而不断完善课题内容和质量。然而，课题组师生保持耐心不应理解为无限期的等待或无原则的妥协，而应在理性接受的同时设定明确的期限和目标，确保课题的进度和质量不会因过度延展的讨论与修改而受到影响。也就是说，课题组师生需要在坚持自己的学术立场和灵活应对甲方需求之间找到平衡点，通过有效的沟通策略和时间管理，确保研究工作既符合甲方的实际需求，又能维持学术的严谨性和创新性。

23.2.4 处理情绪，保持稳定与乐观

面对课题的反复沟通与修改，研究生容易陷入焦虑、沮丧、烦躁等负面情绪，这些情绪的滋生不仅会影响研究生的工作效率，更可能阻碍课题的进展与成果产出。因此，如何有效应对这些负面情绪并保持情绪的稳定和乐观，对于研究生而言至关重要。首先，研究生可以通过积极的心理暗示和自我调节驱散负面情绪。在面对困难和挑战时，可以对自己说“这是一个挑战，也是一个成长的机会”或者“我具备解决问题的能力，我可以做到”等，以积极的心理暗示提升自信心并激发面对困难的勇气和动力。其次，寻求他人的支持和帮助是缓解负面情绪的有效途径。研究生可以与导师、同学或朋友交流课题进展中的困惑和难题，分享自己的感受和体验并接受他人的建议和引导，让自己在践行中不断提高理论认知，积攒实践经验。此外，还可以通过自我调节等方式放松，如进行适量的运动、聆听舒缓的音乐、阅读一些励志的书籍或文章等，从各种活动中汲取正能量以缓解自己的压力。

23.2.5 无法承受，积极沟通并退出

研究生在面对横向课题的挑战时，可能会因课题的复杂性、时间的紧迫性或个人能力与课题的不匹配而感到推进不下去或者难以承受。在这种情况下，研究生选择退出课题组未必不是一个理智的决策。需要注意的是，研究生退出课题组并不意味着草率地结束手头的工作，而是应当尽可能地完成手头的任务并向导师反映面临的困境，确保课题组后续工作能够让代替者或者新进入队伍的师弟师妹维持研究的连贯性和完整性。在退出之前，研究生应

当与导师或课题组成员进行充分的沟通，说明自己的情况、想法和压力，并通过沟通确保自己退出后课题的进展和后续工作能够继续进行，避免因自己的退出给课题组和甲方带来不必要的麻烦。同时，研究生可以尝试与导师或课题组成员共同商讨，从而调整课题方向和研究方法，让接下来的参与者得到更多的支持和资源，以提高课题的完成效率和质量。

23.3 将反复修改作为常态

在参与横向课题时，个别研究生对于课题带来的各种压力感觉不愿承受，但又不愿轻易放弃这样一个锻炼自己的机会，于是选择“硬着头皮”推进横向课题。这种“拧巴”的心态不仅会让其任务推进和项目对接变得沉重，也让其无法投入百分之百的精力，使自己在不愿与导师沟通的情况下完成的课题质量不断下滑。在这种情况下，丁老师给大家提出如下建议。

23.3.1 沟通与修改是课题顺利进行的必要步骤

横向课题通常源于企业、政府部门等一线工作部门的实际需求，紧密关联着企事业单位的工作实践、技术瓶颈和经济效益。因此，当课题组承接这样的横向课题时，首要任务便是与甲方展开深入的交流以了解对方的诉求，围绕课题背景、研究目标、具体需求以及期望成果进行细致的探讨，以确保课题组最终提供的产品和服务符合甲方预期。然而，实际工作中的复杂性和多变性使课题的研究过程充满变数，如甲方可能会随着工作的推进提出新的需求或建议，甚至对原有的研究方向和内容进行调整，此时，课题组师生必须快速地应变、改变和求变才能实现新的目标要求。面对这样的变化，课题组师生需要保持高度的适应性、灵活性和智慧性，及时与甲方交涉，并根据甲方的反馈内容与导师沟通，从而对课题研究进行相应的修改和调整。这种动态的调整过程不仅要求研究生具备强大的沟通能力，也要求其快速学习和应用新知识以应对课题需求的变化，从而确保研究成果有效地满足甲方的期望并提升自己对横向课题实用性的理解。

23.3.2 沟通与修改是提升研究质量和效果的关键

在实际的研究过程中，研究生可能会遇到各种意料之外的问题和挑战，涉及技术上的难题、数据获取的困难以及实验条件的限制等多个方面，甚至超出了实验的预期和先前的假设。那么，在这种情况下，通过与甲方进行有效的沟通和交流，课题组师生不仅能获得更多关于课题背景和实际需求的信息，还能得到来自一线实践的宝贵经验和建议，从而有利于深层次理解问题的本质和挑战的方向。作为沟通反馈，甲方也会根据工作进展和实际需求对研究进度和成果提出推进意见与改进方案，使课题组师生在改进技术路线后直指研究的核心问题，从而提升研究成果的质量以契合甲方的诉求和目标。

23.3.3 沟通与修改是促进合作和信任关系的基础

在横向课题研究中，课题组与甲方构建的是一种紧密的合作关系，涉及双方在目标任务驱动下的互信程度、默契信度和合作深度，对双方都是合作的考验和信任的检验。这种合作关系的建立与维持离不开双方的充分信任和有效沟通，因此双方要珍惜每一次的沟通和交流机会，确保每一次的交流直指问题的深处和痛处，确保每一次的修改都能提升研究质量、科学性和实用性。此外，课题组师生要能从甲方的沟通和交流中获取宝贵的实际应用场景信息，让研究成果更加符合市场需求和客观诉求，全方位提高产品或者服务的实际应用价值。反过来，甲方要利用课题组的专业知识、技术力量和学术功底，解决实际工作中遇到的“卡脖子”技术和理论难题，让研发和攻关深入应用到提升工作效率和产品质量维度上。因此，课题组师生保持开放和持续的沟通态度，不仅能更好地理解甲方的需求和期望，还能在项目的每个阶段都与甲方保持同步，从而在研究过程中保障研究成果的有效性、实用性和价值导向性。在这种模式下，课题组师生能在实际应用和理论研究之间搭建桥梁，还能为甲方提供切实可行的解决方案，共同推动科学研究与市场实践的融合发展。

23.3.4 沟通与修改是应对风险和突发状况的方案

由于横向课题的研究内容通常关联着实际工作部门的需求和利益，在研发过程中会不可避免地伴随一系列不确定性和风险，包括技术难题的攻克、市场动态的瞬息万变、政策环境的调整变动等多个层面。面对这些潜在的风险和挑战，课题组师生的及时沟通与修改成为至关重要的应对策略，这是因为双方可以共同分析潜在的风险点，探讨可能的问题症结、解决方案和应对策略，从而制定出更加合理有效的研究方案。同时，这种常态化的沟通与修改机制有助于增强课题组师生工作的适应性、灵活性和韧性，有助于课题组在面临外部环境发生变化或挑战时在甲方的引领下迅速做出调整，共同制订新的研究计划和策略以符合实际需求，从而提升研究成果的实用性、价值性和推广性。

总之，甲方和乙方的反复沟通和交流在横向课题研究中是一种常态化的现象，不仅体现了科研工作的严谨性与灵活性，更凸显了科研工作者与课题委托方之间紧密无间的合作关系，是提升每一项工作沿着双方预期目标进行的重要保障。因此，在进行横向课题研究时，课题组师生应深刻认识到沟通与修改的重要性，主动采取有效的措施确保沟通质量的提升，同时让甲方积极参与到沟通后修改方案的执行检查中，充分发挥其在实践经验和实操方面的优势，为研究工作的顺利进行提供有力的支持和帮助。

粉丝留言：

前段时间，在我投稿论文的返修意见中，编辑对我的论文提出了批评，指出我的文章研究问题不明确、研究论证不充分以及研究结果概括不完整。我的论文曾根据专家的意见进行了一次修改，这次编辑又提出了一系列新的建议，我感到非常崩溃，现在一看到论文就排斥，不知道该怎么办了。

老丁心语：

老丁想告诉你的是，任何一篇论文的发表都经历了多次修改，“改到崩溃”是正常的心理状态。为尽快结束论文并达到外审专家和编辑部的要求，老丁给出以下意见。

第一，不要“投机取巧”。当专家提出看似很简单的问题，如要求深入论证特定主题、加强论述、调整图件字号以及修正参考文献等时，你不要以“投机取巧”的心态简单修改，因为这是专家对你内容质量严谨性和态度认真性的检验。如果将这些建议视为简单的内容补充和格式修改，仅做表面文章，那么外审意见和编辑部反馈便可能是拒绝的。如果专家再次审查时发现这些敷衍的修改，那么他对论文的评价便可能是负面甚至直接否决的。

第二点，不要“简单修改”。当研究生接到专家提出的具体修改建议时，一定要进行系统修改。例如，专家指出论文应围绕三个点展开修改，那么研究生应当围绕这三个关键点展开详尽的论述，甚至围绕每个点撰写一大段文字进行深入论证。如果修改没有达到预期的效果，就有可能让专家感到失望，甚至让专家产生“直接毙掉”这篇论文的念头。因此，要学会准确把握专家意见中的深层含义，确保修改的内容达到专家的预期。

第三点，不要“提啥改啥”。研究生在修改论文时，不要局限于专家提出的个别修改意见，而要根据其提出的这一类问题去全面考虑论文的整体结构。如果专家建议对某一个图表进行修改和提升，就应该对全文的所有图表进行细致的调整；如果专家要求加强某一段的论证，就应当从整篇论文的逻辑框架出发，对论文前后关联的内容进行系统的修改，因为这样的修改方式不仅能确保论文在各个方面都达到较高的质量，而且能展现作者严谨的治学态度。

第四点，不要“不敢重来”。当专家对论文提出非常多的修改意见甚至否定时，要按照专家的意见进行颠覆性的修改，甚至重新撰写。也就是说，面对这样的修改建议应该秉着“不破不立”的理念重新撰写，按照专家的指导思路指引打破先前的局限，重建论文的整体框架并重新写一篇论文。从老丁的投稿经历来看，这样的做法在实践中被证明是有效的，因为这种彻底的修改往往能够让论文“起死回生”。为何会有这样的效果呢？主要是因为专家对你痛下决心进行彻底修改的态度认可，对你听取他的建议并进行系统修改的科学精神认同。

24. 项目汇报时调整心态的方法

在研究学习阶段，参与课题项目汇报、学术会议报告和论文答辩等活动是每一名研究生都要经历的锻炼与挑战，也是研究生过程性培养必须经历的环节。虽然研究生汇报项目进展的时候不多且对研究生的素养要求极高，但过程性小组汇报、与甲方的小范围交流、简单的进展汇报还是研究生参与横向课题经常遇到的事情。由于这些汇报活动不仅是对阶段性研究成果和系统性研究内容的展示，更是对研究生学术能力、表达能力和临场发挥能力的全面考验，研究生应该掌握在重大场合给重要领导汇报的技能和方法。然而，不少研究生在向领导、专家学者和课题组导师汇报时，常常因为怯场而出现语速过快、声音颤抖、思路混乱、语言表达不清等问题，最终导致汇报呈现的效果不佳且未能给领导、专家学者和课题组导师留下好印象。这种现象既暴露出研究生在心理素质、语言表达和逻辑思维训练等方面存在短板，也反映出研究生在汇报技巧、大场面应对方面的能力不足，更考验着导师培养研究生的水平和质量。可以说，这种项目汇报方面的不足和短板，不仅会成为研究生学术成长道路上的绊脚石，而且会在一定程度上使研究生在学术汇报方面产生抵触情绪甚至削弱学术热情，进而影响其未来在学术领域的深入探索和职业发展。为了减少研究生在项目汇报时紧张、怯场和汇报质量低的现象产生概率，丁老师分享以下几点建议。

24.1 怎么准备

在研究生进行课题研究和汇报的过程中，许多同学由于准备不充分过度依赖手稿、PPT 等文字材料，几乎无暇与现场观众进行眼神交流或语言互动，汇报像“点读机”一般显得机械且缺乏活力。更有甚者，有些研究生对汇报持“只需要上台走过场”的敷衍态度，认为这就是一个“形式主义”的项目材料汇报，丝毫不在意台下听众对这场报告的看法和意见。这种随意的态度不仅使汇报的研究生错失了从他人反馈中吸取建议、提升自我的宝贵机会，而且可能因为自己“不上心”的汇报给课题组带来一些不可预知的后果或经济损失。特别是，在横向课题中，如果研究生的汇报表现得一团糟，不仅会影响甲方对课题组师生专业能力的信任和认可，还会损害课题组的声誉甚至丧失未来与其他甲方合作的机会。因此，为了体现自己对学术成果、听众和合作方的尊重，并在汇报过程中得到充分锻炼，研究生在进行项目成果或学术汇报前必须进行充分的准备。**一方面，做足准备，自信汇报。**研究生只有对课题内容有全面而深入的理解和掌握，才能在汇报过程中自如地应对专家提出的各种问题和挑战，用逻辑清晰的语言准确阐述项目的研究观点和研究亮点。同时，在汇报过程中，研究生要从容地与观众进行互动，并通过眼神交流和语言沟通激发观众的兴趣，及时观察观众的反应以调整汇报节奏和重点，使内容更具吸引力和针对性。相反，缺乏准备的研究生在汇报时容易显得紧张和不自信，甚至可能出现语无伦次、思路混乱和脑子空白的情况，这样不仅会影响现场汇报的效果和质量，还可能给领导、专家或者评委留下不专业和“你们课题组就这水平”的不佳印象，从而对课题组的学术声誉和形象造成负面影响。**另一方面，思路清晰，紧抓要点。**研究生在汇报前需要预留足够的时间系统地梳理思路、整理资料和彩排演练，以确保汇报内容的逻辑性和完整性，同时确保汇报的核心要点和关键问题能够系统地展示研究成果的整体框架。此外，充分的准备也能让研究生有机会发现并纠正项目中存在的问题和不足，使其在准备过程中持续进行反思和改进，进而保证汇报内容的准确性和完整性。那么，具体该如何进行准备呢？丁老师给出如下建议和大家分享。

24.1.1 全面熟悉汇报内容

在准备项目汇报之前，研究生务必对课题研究内容进行全面而深入的钻研与探索，以确保精准掌握课题的要求和目标，具体包括课题背景的细致梳理、课题意义的深刻理解、研究内容的精准掌握、研究方法的科学运用以及研究结果的客观分析等。同时，在准备汇报的过程中，研究生需要构建一个逻辑清晰、层次分明和重点突出的汇报框架：①简明的引言，简要介绍课题的背景、重要性和研究意义，使与会专家能够迅速了解课题的基本情况；

②课题的构成，介绍课题的研究思路、主要内容和研究重点，确保观众能够跟随研究生的思路深入了解课题；③方法的说明，说明采用的研究方法和手段，详细介绍具体的操作步骤和技术手段，以展示研究的科学性和严谨性；④结果的呈现，展示课题的研究成果和发现，以数据和图表等形式直观地呈现研究的主要结果；⑤结论的总结，总结课题的主要观点和研究意义，进一步凸显重要的结论和创新性结果；⑥讨论和展望，对研究结果进行深入分析和讨论，揭示研究发现的意义和影响，提出未来的研究方向。这样的框架结构有助于研究生在汇报时保持内容逻辑清晰和条理分明，使领导、专家和评委更好地理解和接受汇报内容。此外，研究生还应提前思考领导、专家和评委可能提出的问题，并准备好相应的答案以缓解在汇报过程中的紧张感，让自己在面对提问时更加从容自信，进一步展现对课题的深入了解和扎实程度。

24.1.2 提升自信与心理素质

在准备课题汇报前，研究生应充分认可自己在课题研究过程中付出的辛勤努力与取得的成绩，积极肯定自己对课题的贡献和价值，以增强汇报的信心和底气。研究生可以把汇报看作一次宝贵的学习和交流机会而非一场重要的考试或竞赛，一方面有助于减轻心理压力和紧张感，另一方面有助于汇报过程更为放松和自然，从而提升现场汇报的整体效果。为了更好地汇报，研究生可以进行模拟练习和现场彩排，比如，在同学或导师面前按照实际汇报的流程和内容模拟真实的汇报情境，并根据同学和导师的反馈进行调整与改进，以不断提升自己的汇报实力和自信，从而确保自己能够在汇报现场从容应对。

24.1.3 熟悉汇报流程与环境

首先，研究生应在汇报之前深入了解项目汇报的完整流程和相关要求，包括汇报的具体时间、地点、汇报方式以及主要的汇报对象，以更好地安排汇报内容和精准分配时间。其次，为了进一步提高汇报的效果，研究生可以提前到达汇报地点适应和熟悉场地，仔细观察场地的布局并了解各种设备的使用方法和性能，确保自己在汇报时能够顺利地使用这些设备，避免因技术问题影响汇报的连贯性和流畅性。最后，研究生要与场地管理人员或技术支持人员进行沟通，了解在汇报过程中可能遇到的技术问题或突发状况，并提前告知工作人员做好突发情况的紧急预案。在充分准备和熟悉会场的情况下，即使在实际汇报中遇到意外情况，研究生也能迅速做出反应以最大限度地减少外界因素对汇报的影响。

24.1.4 寻求外部支持与帮助

在课题汇报准备过程中遇到困难时，研究生应主动向导师表达自己的困惑和担忧，并寻求导师的建议和指导，避免因为问题不清晰、汇报错误和核心内容缺失而影响汇报的质量。这是因为导师作为“身经百战”的学术汇报专家，其意见和建议往往能够给研究生提供新的思考角度和解决方案，使研究生在汇报中展示特点、重点和亮点。此外，研究生也可以与课题组同学分享自己的准备情况和经验，学习和借鉴对方在课题汇报中的亮点，这是因为提前的演练和分享不仅能缓解自己的紧张情绪，还能碰撞出新的思维火花，从而使研究生有机会在汇报中增添创新元素提升汇报的质量。对于经常怯场的同学来说，提前做好准备是克服恐惧的关键，不仅能帮助自己在课题汇报中展现出积极向上的一面，还能帮助自己在熟悉的汇报中稳定地发挥和获得肯定的反馈。

24.2 现场如何调整心态

尽管一些研究生在面对重要的汇报任务时已经进行了周密的准备，但当真正置身实际现场，面对由业内专家组成的评审团队时，心中依然会产生紧张、不安和害怕等情绪。这种紧张情绪不仅会影响汇报时的思维清晰度，还可能导致原本熟记于心的内容在关键时刻变得“不是当初想象的模样”。如何在紧张的氛围中调整好自己的心态以确保汇报顺利进行呢？在这方面，丁老师有以下看法和建议。

24.2.1 调整呼吸，平复情绪

研究生在上台汇报前感到心跳加速、思维混乱和莫名紧张时，可以尝试深吸一口气将内心紧张的情绪慢慢呼出，通过调整呼吸帮助自己稳定心率并恢复冷静。同时，研究生要在潜意识里告诉自己这只是一次普通的汇报而不是决定生死的考验，将自己平常演练的内容表达出来即可，通过肯定自己的过往表现和项目成绩提升上台后的自信心。重要的是，研究生要提醒自己已经为此做了充足的准备，无论是汇报的内容还是表达的技巧都达到了最佳状态，这样汇报时的紧张就会从现场的压力转移到汇报内容上，而对汇报内容的熟悉和逻辑的顺畅又会进一步减轻研究生的紧张感，从而让其在积极的心理暗示下增强自信心。

24.2.2 灵活应对突发状况

研究生在汇报过程中难免会遇到一些突发情况，如话筒不响、PPT 出现故障和投影出现问题等，使汇报者在紧张之余又多了一层心理维度的不适感。面对这些意外，研究生的首要任务是保持冷静并迅速采取应对措施确保汇报顺畅进行，之后通过流畅的表达和出彩的汇报减少专家对前面障碍与突发情况的不好印象。首先，设备问题，及时调整。研究生在汇报时遇到设备故障不必慌乱失措，可以临时调整汇报方式维持报告的顺利进行，不要因为设备故障而停顿时间太长或者不愿意往下汇报。比如，投影仪突然失效，研究生可以利用纸质材料进行详细阐述或者利用手机等便携设备进行替代展示，以确保汇报内容的连续性。其次，时间问题，灵活调整。在时间紧迫的情况下，研究生应灵活调整汇报计划并优先介绍最关键的部分，确保汇报内容的核心点在规定的时间内得到充分展示。最后，心态问题，自信应对。研究生在整个汇报过程中要始终保持自信、冷静和从容的心态，即使遇到突发状况也要相信自己有能力妥善处理和顺利汇报，不能因处理不当而自己的汇报无法继续进行。

24.2.3 通过状态展现自信

身体语言和面部表情是一个人内心状态是否稳定的直接表现，因此，研究生在汇报时应保持昂首挺胸和笔直的站姿，双手自然下垂或轻轻交叠在身前，使自己展现出自信从容、积极向上和谦虚包容的精神面貌。在介绍到关键内容时，研究生可以适当加重语气并适时使用手势以强调重点，但应避免幅度过大引起的表达夸张。此外，在汇报时，研究生需要注意面部表情管理，时刻面带微笑并保持友善的态度，因为这样不仅能缩短与观众的心理距离并营造一个积极友好的氛围，而且能激发观众的热情和增加自身的亲和力，使观众更加愿意接受汇报者传达的观点。

24.2.4 调整语速，掌控语调

研究生在汇报过程中语速过快可能让专家感到理解不清或者烦躁不安，而语速过慢又可能让汇报显得冗长拖沓，让评委的注意力难以集中。因此，研究生在汇报时应根据内容的重要程度和评委的反应适时调整语速，在介绍关键内容、核心结论或重要数据时，可以适当减慢语速以凸显其重要性；在阐述复杂概念或解释难点时，更应减缓语速，确保每个词汇和句子都能被专

家清晰地接收和理解。此外，在强调重点或表达强烈的观点时，可以提高语调，让声音更具穿透力和感染力；而在阐述一些较为平淡或基础性内容时可以采用平稳的语调，以保持汇报的连贯性和稳定性。总之，通过对语速和语调的精细控制，研究生在汇报时不仅能提升信息传达的清晰度和准确性，而且能在汇报过程中与领导、专家或评委产生更深层次的沟通和共鸣。

24.2.5 保持专注，屏蔽干扰

在汇报过程中，研究生会不可避免地受到外界因素的干扰，如现场人员的窃窃私语、手机铃声和人员进出等，因此汇报者需要高度精神集中进行项目的阐述。面对这些干扰，研究生一方面可以将视线定在书稿或 PPT 上帮助自己避开外界扰动，另一方面应快速厘清思路并重新集中注意力进行后续的汇报。此外，研究生在汇报前应该有意识地做好准备，熟练掌握自己的研究内容并多次进行练习和彩排，确保自己在面对干扰时从容应对和灵活应变。

24.3 处理刁钻问题

经过组会的定期汇报展示和学术会议论文汇报锻炼，许多研究生具备了一定的课题汇报经验和 PPT 制作技巧，往往不再对汇报本身和制作 PPT 感到有压力。这是因为经过导师的引领、前期的训练和自我的提高，研究生具备了从事横向课题的专业知识素养和表达的实用性技巧，也具备了进行科学展示研究成果的基本汇报能力。在身经百战后，研究生仍可能遇到出乎意料的尴尬境地，特别是当专家评委提出尖锐且深入的问题进行质疑时，一些研究生往往不知如何回答甚至愣在原地。这是因为这些犀利的问题如同锐利的剑直指研究生尚未深入考虑的盲点，让研究生汇报后不自觉地陷入不能很好回答和自我怀疑的状态。这未必是件坏事，因为这样的挑战不仅能检验研究生的专业素养和应变能力，还能促使他们更深入地思考自己研究课题的意义和存在的问题，从而进入新一轮的深度学习和自我提升过程。在遇到专家评委的刁钻提问时，研究生该怎么应对呢？丁老师给出以下建议。

24.3.1 保持冷静，理性分析

当甲方领导或专家评委提出刁钻问题时，研究生应保持冷静、镇定并积极思考，通过已有的知识积累进行尝试性回答或者铺垫性解释，避免让惊慌失措的情绪影响自己的表现和回答。同时，研究生在回答问题时应力求条理

清晰、逻辑严谨和有理有据，首先给出一个清晰的逻辑框架，然后再详细阐述自己的观点和支持的论据。此外，研究生还应该把这些刁钻提问看作一个学习和提升的机会，通过回答这些问题发现自己研究中的潜在不足和知识盲点，并据此对未来要进行的课题研究方向进行调整。同时，研究生可以从甲方或专家的反馈中吸取宝贵的经验和教训，为今后的研究工作积累更多的知识和能力。

24.3.2 了解问题，明确目标

在课题汇报过程中，每当面对甲方或专家的深入性、质疑性或者刁钻性提问时，研究生都应当深入剖析每一个问题背后的深层含义和逻辑起点，深挖提问者的初衷、问题的起源以及它与当前课题的紧密关联程度，从而按照逻辑事实进行直指问题本质的回答。只有这样，研究生才能更全面地把握问题的核心要点，避免对问题理解不够深刻导致回答偏差，也能避免因为思考不够深入而陷入专家的提问陷阱中。为确保自己的回答精准地切中问题要害，研究生还需要深入解析课题的研究目标和关键问题，确保自己的回答不仅能回应甲方的疑问，而且能与研究主题和实践应用价值紧密相连，确保问题的回答不偏离专业性、创新性和应用性。

24.3.3 灵活应对，合理解释

在应对甲方领导或专家评委提出的刁钻问题时，研究生要具备回应自己不确定答案问题的专业素养、回答技巧和应变能力，通过尝试性回答、深入性理解和技巧性解释进行反馈。当遇到一些难以直接回答的问题时，研究生可以选择采用间接回答的方式进行应对，也可以通过与专家的互动交流分析专家提问的本质。此外，研究生在汇报时要注意多引用行业内的专业文献、行业报告或新近研究成果等权威资料，以此提高回答的可信度和权威性。

24.3.4 反思总结，提升自我

在汇报结束后，研究生应当静下心来对整个过程进行深刻的反思与全面的总结，细致审视自己在面对那些刁钻问题时的表现，评估自己是否应对得当以及是否充分展现了专业知识与技能，让自己在反思的过程中有所收获和提升认知。同时，研究生要学会正视自己在汇报过程中存在的问题，深入分析自身知识储备上的不足和应变能力的欠缺，这些问题都应受到重视并深入分析其产生的原因。在找出问题的根源后，研究生需要积极思考解决的方法，

包括查阅相关文献、请教专家学者或者参与实践活动等提升自己的专业素养和解决问题的能力。通过这种不断的自我反省和改进，研究生不仅能提升自己的学术水平和科研技能，还能在未来的学术道路上走得更加稳健和自信。

24.4 展现特色与亮点

由于横向课题项目汇报的首要目标是向专家评委展示课题组研究成果的核心内容、关键成果和最新进展，为了吸引甲方领导或专家评委的注意并达到自己汇报的目的，研究生最重要的是在汇报中将成果亮点突出展现出来。研究亮点是研究生向导师、同行乃至学术界展示课题组研究成果的重要方式，因此，研究生需要在汇报时着力凸显研究的创新性、实用性和前瞻性，让甲方领导、评委专家和现场师生更加清晰地了解研究成果的现实意义和应用价值，进而提升课题组研究成果在学术界和产业界的认可度和影响力。此外，为了提升汇报的现场效果和成果吸引力，研究生需要在准备的过程中进行亮点的提炼和重点的解析，让专家评委在汇报的思路体系中不自觉地认同成果的价值和潜在的市场吸引力，从而让甲方产生合作的共赢意识和情感上的协同共振。那么，研究生应该如何在汇报中展现研究亮点呢？丁老师给出如下建议。

24.4.1 明确指出研究精髓，指出亮点

研究亮点通常是指研究中产生的创新价值、实用价值和独特之处，其不仅能反映项目成员的集体智慧和攻关成果，而且能反映项目组的创新能力、学术水平和协作精神。因此，研究生在课题汇报的过程中应通过汇报技巧重点展现研究精髓，让甲方领导、评委专家和现场师生在欣赏亮点的同时产生价值认同和情感共鸣，从而少一些对过程中汇报不足的质疑和提问。更重要的是，研究生展现亮点，有助于甲方领导和评委专家更好地理解、评价研究成果的现实价值，也可以让他们深入理解研究的创新之处和独特意义，还可以让现场的师生感受到科学的价值和产学研合作的现实意义。

24.4.2 深入剖析研究内容，提炼观点

在准备课题汇报的关键阶段，研究生必须提炼出汇报的科学思维、体系框架和重点阐述部分，以系统、连贯和集成的思想对研究思路进行高度的概括与凝练，对研究内容进行全面、深入的剖析，包括研究数据的详细梳理、研究核心问题的明确界定和主要研究结论的呈现。只有进行系统的梳理和深

入的归纳，研究生才能更准确地把握研究成果的主要观点创新之处和汇报节奏，才能在该聚焦呈现的时间充分突显观点，在展示过程中增加课题汇报的说服力和影响力。

24.4.3 合理安排汇报结构，突出要点

研究生在准备汇报时应当合理规划汇报的时间和各章节所占的比例，在科学汇报、重点突出和时间分配合理的前提下进行结构式汇报。一般而言，首先，汇报应从研究背景、研究意义和本研究的突破点展开立论分析，让甲方领导、评委专家和现场师生理解研究的起始与项目意义；其次，汇报要详细介绍研究方法和实验过程，包括采用的技术手段、实验设计、数据收集和分析方法等，让甲方领导、评委专家和现场师生明确研究的技术支撑与实现路径；最后，汇报应通过图表、数据、案例等多种方式重点讲解研究的结论、创新之处和现实意义，分析研发出来的产品和服务所具有的市场应用价值和长远竞争优势，让甲方领导、评委专家和现场师生直观地了解研究的发现点、创新点和实用之处，从而提升其对课题组攻关能力的认可度和市场的信誉度。

粉丝留言：

在进入研究生阶段后，我发现自己难以进行文献的静心阅读和深入总结，不仅不会进行文献述评，而且不会在小组中进行有效汇报。我在观察到他人流畅而自信的陈述时，经常感觉到自身知识匮乏和自信心不足，内心充满迷茫与不安。我该怎么进行文献汇报呢？

老丁心语：

老丁从六个方面给出建议。

第一，找文献的相同点。在阅读了上百篇文献后，你会发现这些文献在研究思路和内容上存在共性，你可以通过总结这些文献的特点打通思路，了解撰写这些论文的基本范式和写作技巧。同时，文献会引用一些经典的研究成果，你可以通过剖析这些经典文献夯实知识基础。此外，研究方法也具有共性，如技术路线、实验流程等，你可以总结这些共性内容，从而抓住研究的核心内容与共同特征。

第二，找文献的不同点。在大量文献的阅读过程中，有些论文在观点和研究视角上具有创新性与独特性，你可以通过深入剖析这些文献拓宽思路，进而提高创新思考能力。这些“具有不同见解”的论文往往是从新视角探讨其他研究者容易忽略的问题，能为该领域的深入研究做出独特贡献。此外，通过对这些文献的深入分析和对比，有助于你找到值得进一步研究和讨论的方向。

第三，找文献的亮点。一些领域的高水平论文往往具备显著的特点，如研究深度较高、研究思路独特以及图件精美等，你可以汲取其中的优点进行深挖或者仿照学习，让其为你即将发表的论文提供新思路。可以说，通过精心挑选并深入阅读这些文章，不仅可以提升你的思维高度、写作深度和创新能力，而且在对文献有了新的认识的同时还提升了你的二次归纳能力。

第四，找文献的缺点。已有研究往往会存在一些遗憾并在文末的讨论部分进行表述，你可以深入挖掘这些潜在不足，看其是否有应对之法或者解决支撑，通过“寻觅不足—尝试解决—提出思路—发力攻坚”的模式进行机制的探索和深入分析，并将这些不足作为创新突破点进行论文创作，相信你突破之后一定可以发表高水平的论文。

第五，讲自己的收获点。在深入阅读大量文献后，虽然很多研究生能够识别其中的相同点、不同点、亮点和潜在不足，但往往缺乏自我反思和总结研究进展的能力，也发现不了未来创新的领域和研究的前瞻方向。因此，研究生在总结文献收获后一定要向导师讲出来，让其对你的研究预期和可能成果进行评价，这将为你突破性或者创新性的挑战提供科学的方向。

第六，说自己的痛苦点。在阅读和探索过程中，研究生经常会遇到读不懂的理论、想不透的设计、搞不懂的方法和弄不明的含义，从而陷入对文献的反感和痛苦中，甚至不想再正视这些文献的价值。在这种情况下，研究生应该直面文献带来的痛苦感受，一旦攻克了这个难关，就会发现原来“他是这样思考的”“他就是这样突破的”等，从而进入新的学术空间，或许不久后的某天就产生了新的高质量研究成果。

25. 研究生向导师结算费用的流程

在研究生参与横向课题的过程中，通常会产生一系列与课题运作相关的费用支出，如科研数据的获取、课题资料的整理、实验设备的购买以及外出调研考察等开销。这个过程会涉及研究生向导师汇报费用支出或者提前支付一些差旅或教科研用品支出。可以说，研究生论文的推进与种类繁多的科研经费紧密相关，甚至在很多情况下，科研经费的支出是保障课题研究顺利进行的必要条件。从日常科研活动的开展看，师生科研费用的借款和支出，都需要对经费使用进行严格的监管和审计，因此大部分研究生进行科研活动需要和财务系统产生关系。研究生与导师进行科学合理的费用结算，不仅能确保课题经费使用的合理性、规范性以及透明度，而且对于有效避免财务纠纷和违规行为的发生具有重要的监督作用。从情理上讲，研究生参与课题研究主要是为了学术能力的培养与专业技能的提升，而不应承担不必要的经济压力，因此，研究生不要因为爱面子或者畏于导师的威严而不敢向导师结算费用。从利益保障来看，导师通过结算费用可以详细地了解科研经费的使用情况，有助于确保科研经费支出的合理性与后续费用的合理分配。同时，费用结算有助于研究生得到导师与课题组其他成员的认可、支持以及建议等，不仅对自身的日常汇报、活动组织、团队管理以及沟通表达等能力的提升具有重要意义，而且能避免经费开销过度导致课题研究无法顺利进行的问题。所以，在参与横向课题时，研究生与导师结算费用是一项必要且重要的工作。那么，研究生该如何与导师结算费用呢？丁老师从以下几个方面来谈一谈这个问题。

25.1 要提前约定好

通常情况下，学校会根据科研项目的现实需求和研究生导师的课题计划，对各学院下发相应的科研经费用以支持研究生科学研究活动的顺利展开。值得注意的是，为了保障科研经费利用的合理性与有效性，科研经费的使用必须遵循严格的财务审查与管理制度，要求在经费报销的过程中提供各种凭证、单据和材料证明支撑经费报销的合理性。这些证明材料主要包括发票、收据、合同等，用以证明经费的支出与科研项目直接相关，并且符合学校的报销规定与财务管理要求。因此，研究生在参与科研项目并涉及经费使用时，为了确保经费报销的顺利进行，应当提前与导师就所需凭证进行详细的沟通。具体而言，可以从以下几个方面与导师提前约定。

25.1.1 了解报销的政策和流程

在与导师讨论科研经费报销事宜之前，研究生首先应深入了解所在学校或研究机构的报销政策和流程。这就需要研究生仔细研读学校财务处下发的相关政策文件，弄清楚报销的范围、报销的标准，以及申请报销时需要准备的材料。同时，研究生了解完整的审批流程能避免不必要的“来回折腾”，提高报销的效率和费用返回的速度。可以说，通过对报销政策和流程的全面了解，研究生不仅能在与导师沟通时有的放矢，而且能清晰地表达财务要求，还能确保经费报销申请符合相关财务管理的规定，进而避免因对政策不了解而提出不合理要求的情况发生。

25.1.2 准备报销的明细与计划

研究生应当提前整理好所有需要报销的经费明细，确保每一项费用支出都清晰无误，减少来回奔波的辛苦。这些明细主要包括购买实验所需的各种材料、参加国内外重要学术会议的注册费、差旅费，以及支付论文版面费等各项相关费用。在整理过程中，研究生还需要详细列出每项费用的预算和预期用途，以便导师全面了解经费报销的过程及内容，并有利于导师向财务部门申请后快速得到审批与报销。

25.1.3 选择合适的时间与方式

考虑到导师工作繁忙或者公务较多，研究生应尽量在导师较为空闲的时间段与其沟通，以提高沟通的质量和效果。在实际的报账环节，有些学校职能部门的签字盖章耗时或者财务部门的时间安排较紧，就使经费报销较为紧迫，研究生应考虑采用直接的沟通方式，如电话联系或办公室面谈，以便尽快确定相关报销事宜，避免延误科研经费的报销工作以及后续相关实验费用的支出。这不仅体现了学生对导师时间的尊重，而且能在很大程度上为团队科研活动的连续性和高效率提供强劲支撑。

25.1.4 遵从导师的指示与要求

在与导师进行深入沟通与交流后，研究生应当认真听取并仔细消化导师的反馈与指示，以避免自身理解不清或者害怕麻烦导师而让报账停滞不前。如果导师对报销计划表示赞同，那么研究生可以按照学校既定的规章制度和流程，依次向相关管理人员提交报销申请并接受核实。如果导师对报销计划提出了修改或补充意见，那么研究生也应当及时对报销计划进行相应的调整，在调整完毕后再次与导师进行沟通，确保报销计划符合导师的期望和要求。

25.2 及时向导师反馈报账进展和细节

如上所述，经费的使用和管理是保障研究工作顺利进行、实现研究目标的关键环节。然而，在科研项目的实际操作过程中，经常会出现一些不可预见的问题，如研究生可能需要垫付部分经费以支持研究，而导师没有了解情况或沟通不畅忘记了这部分经费报销的事情，因此就产生了花费没有及时返回的现象。这种情况看似是一个小小的疏忽，却可能给研究生带来不小的困扰，因为研究生日常生活费国家补助有限，且其不想向家长索要，加之生活中还需要支出一些额外花销，所以迫切需要尽快结算导师或者课题组未报销的费用。在经费不能及时回流的情况下，研究生可能无法主动地参与到项目的一线需求中，这将直接影响课题的深入研究和最终成果的质量。因此，丁老师建议研究生做好以下几个方面的工作。

25.2.1 积极并及时与导师沟通

面对自己临时垫付一部分经费而导师不了解全情的情况，研究生首先应保持冷静和理性，并积极寻求与导师的有效沟通，而不应该产生害怕这个顾忌那个的心理。研究生可以选择合适的机会向导师清晰明了地说明自己垫付经费的具体情况，包括经费的用途、金额以及垫付的时间等，委婉地提醒导师尽快办理报销手续，进而确保经费的及时报销。在沟通过程中，研究生也可以适时地向导师表达自己对垫付经费问题的关注和担忧，如垫付经费已给个人日常生活带来的具体困扰，使导师可以更深入地理解研究生的处境和需求，从而加快经费的报销流程。

25.2.2 理解导师的工作与压力

导师通常负责多个研究项目，不仅需处理包括论文审稿、会议组织在内的各类学术事务，而且还要应对学校或研究机构的各种要求和考核，因此在各类事务的交织中难免会遗忘一些事情。在这样的背景下，导师偶尔因为事务繁忙而忘记报销经费是可以理解的，毕竟人的精力有限，难免会有疏忽的时候。因此，研究生在提醒导师时，应保持一种理解和尊重的态度，避免以指责或催促的口吻给导师带来额外的压力，并在可能的情况下主动协助导师完成相关事务以减轻其负担和压力。

25.2.3 清晰明确地说明问题

在与导师沟通经费报销事宜时，研究生应注意语言表达的清晰度与准确性，以便向导师有效地传达当前面临的问题并寻求有效的解决方案。具体而言，首先，研究生可以向导师强调报销工作的必要性和紧迫性，使导师快速了解其当前面临的情况和需要解决的问题。其次，研究生可以详细列出具体的经费报销信息，包括报销金额、报销项目以及相关的文件材料，以便导师全面了解报销情况并做出相应决策。最后，研究生可以提醒导师关注报销的截止日期和具体操作流程，以确保科研经费得到及时且规范的处理，进而避免疏忽或延误带来不必要的麻烦和损失。

25.2.4 主动协助导师解决问题

研究生可以协助导师系统地整理所需的报销材料，以确保每一份文件的准确性与完整性；还可以帮助导师填写报销表格，并严格按照相关规定和流程进行操作，进而避免低级错误导致经费报销延误。此外，研究生还应主动与相关部门取得联系，进而了解经费报销的具体要求和操作流程，在保证整个报销工作顺利开展的情况下，能够最大限度地提高科研经费报销的准确性与高效性。

25.2.5 持续关注跟进报销进度

在提醒导师关注经费报销的相关事宜后，研究生应持续关注报销进程的状态，确保所有步骤都按照既定的流程进行。如果发现导师因忙碌或其他问题未能及时处理某项经费报销事宜，那么研究生应定期向导师汇报报销工作的最新进展，包括已经完成与正在进行的相关科研工作，并让导师清晰地了解自己的工作成果和时间付出。这不仅增强了导师对研究生的信任与认可，而且有助于研究生及时发现并解决突发问题，进而确保课题经费的有效支出与按时报销。

25.3 如何处理导师多给的奖励费用

在横向课题及各类项目的经费使用和报销过程中，有时可能会因为导师对学生的关爱之情，或对研究生工作表现的认可与奖励而使研究生额外获得一部分奖励。只要是合情合规的导师给予，那么研究生既要表现出感激之心，又要展现出极高的谨慎性和责任感。因此，研究生应当严格按照相关规定处理导师额外奖励的费用，并维护自身及所在研究团队的声誉和利益，避免产生不必要的误会和纠纷。

首先，研究生在参与科研项目时，应详细了解并严格遵守经费使用的相关规定和流程，其中包括对经费报销流程的详细了解、明确经费使用范围的界定以及费用报销标准等。更重要的是，研究生应当清楚了解违规使用经费的处罚措施，以此警示自己要时刻严格遵守相关规定。通过全面了解和遵循相应规定，研究生可以在遇到经费使用问题时迅速准确地做出合理判断，为课题经费的合理且规范使用与项目的成功推进提供坚实的支持。

其次，当研究生发现导师给予的奖励超出了预期时，要先保持冷静与理智，不能被这突如其来的“意外之财”冲昏头脑。随后，研究生应当尽快与导师取得联系，了解多给经费的具体原因和背后的意图，避免自己在不自觉中犯错误。如果经过沟通得知额外的经费是导师的疏忽或计算错误导致的，那么研究生有责任主动向导师阐明实际情况，并与导师协商决定如何处理这部分额外经费。如果额外经费实际上是导师对研究生工作表现出色的肯定和奖励，或者对研究生参与课题项目所发的日常生活补助，那么研究生更应该珍惜这份信任和鼓励。

再次，在面对导师多给经费补助时，研究生必须始终坚守合规原则，牢记不得有任何逾越底线的行为或忽视法律道德的偏见，确保每一步操作都严格按照课题经费管理办法的规定进行。为确保经费使用的透明性和可追溯性，研究生需要对所有相关的财务凭证和记录进行细致管理，包括保管好每一张发票、收据和报销单等重要文档，确保以后追溯源头和核查时自己有“铁证”在手。也就是说，这些凭证的妥善保存至关重要，因为任何丢失、损坏或私自涂改的行为都会影响经费报销流程的精准审计与参考信息的有效获取。

最后，在学习和科研的过程中，研究生不仅要不断提升专业素养和研究能力，而且应当注重加强自我管理和监督的自觉性，特别是在参与涉及横向课题的财务工作过程中要做好各类烦琐票据的登记和保存工作，因为很多交通不便、住宿条件不好的地方不能开具有效的票据。同时，研究生应自觉遵守学校有关财务的各项规章制度，确保课题组各项经费支出有理有据，以免研究生、导师、团队其他成员以及学校之间产生不必要的摩擦和矛盾。此外，对于经费的使用，研究生应严格按照课题组的要求进行操作，应根据研究需要制定合理的经费预算，并在实际使用过程中进行严格的把控和调整，避免经费的滥用或浪费。最重要的是，在处理课题研究中各种经费与财务问题时，研究生可能会面临各种诱惑和挑战，这时需要加强自我监督，确保自己的行为符合法律规定且不触碰道德底线，及时发现并纠正自己的不当行为，避免违规行为的发生。

25.4 如何理解导师的培养之情

在横向课题及其他科研项目中，导师向研究生提供的额外经济支持无疑会对他们的学术成长、个人发展及未来职业生涯产生深远影响，不仅能为研究生的学术生涯提供实践经验，还能极大地拓宽课题组成员的学术视野。为什么这样说呢？丁老师认为有以下几点原因。

25.4.1 有助于减轻研究生的经济压力

研究生阶段是学生学术探索和知识积累的重要时期，需要沉浸在学术的海洋中进行科研能力的锻炼和上进品质的培养。然而，这个阶段的研究生需要面对来自生活各方面的压力，如学费、生活费、住宿费等各项开支，如同一座座大山压得许多研究生喘不过气来，需要研究生参与一些科学项目获得一些津贴。特别是，对于那些经济相对困难家庭的研究生而言，这些经济压力更是如影随形，使其在追求学术梦想的道路上步履维艰。幸运的是，许多导师深知研究生面临的困境，他们不仅在学术上给予其悉心指导，更在日常生活中为其提供必要的经费支持，以减轻研究生的经济负担助其静心科研。这些经费虽然可能无法完全覆盖研究生的所有日常开支，却能在很大程度上降低其面临的经济压力，促使他们暂时卸下生活的重担，以全身心的状态投入学术研究。有了导师的支持，研究生不再需要为生计和生活压力分心，可以更加专注于课题研究，进而深入探究学术领域的奥秘。可以说，这样的科研环境和导师助力，无疑为研究生的学术成长提供了有力的保障，也为个人未来的学术成就奠定了坚实的基础。

25.4.2 有助于提升研究生的生活质量

生活质量的好坏直接关系到一个人的精神状态和学术表现，也能为其破解科研难题提供没有杂念的内心保障。这是因为，当研究生无须为日常开支忧虑时，可以有更多的时间和精力专注于学习和研究，这无疑为研究生在学术领域深耕细作创造了更有利的外部环境。这是因为，只有在生活有基本保障时，研究生才能以更加积极的心态面对学术挑战，更深入地挖掘课题内涵，更富有创造性地提出新的观点和见解。

25.4.3 有助于培养研究生的独立性和责任感

研究生在接受导师的部分横向课题经费支持和劳动补贴时就会明白，这些经费和补贴不仅可以保障其日常生活开销，更是导师对其学术研究的信任和殷切期待，甚至这些物质上的奖励如同催化剂，激发了研究生更加努力学习和研究的动力。为了回报导师的期望和信任，研究生会全身心地投入课题研究，不断探索、创新力求取得更好的学术成果。同时，研究生获得导师的经费支持和劳务津贴后，会让其学会更合理地规划和管理自己的劳动应得，也让其体会到“汗水下辛劳”的不易。可以说，这种经历不仅培养了研究生独立自主的生活能力，更让其在面对未来生活时能够更加从容应对各种经济挑战。

25.4.4 有助于稳定科研团队的状态

作为科研团队不可或缺的重要成员，研究生的稳定性对于项目的阶段性推进和成功实施起着至关重要的作用。这是因为这些科研费用的支持不仅减轻了研究生日常的经济压力，还提高了其生活的满意度和对团队的归属感。当研究生感受到来自团队的关爱与支持时，会更加珍惜这份团队情谊，更愿意为团队的共同目标付出努力。可以说，稳定的团队成员意味着项目能持续稳定地推进，也意味着每个成员都能在自己擅长的领域发挥专长，更意味着大家在遇到难题时能够上下一心进行科研攻关并推动项目向前发展。在有科研经费保障的团队建设下，研究生获得感和价值感的实现不仅有利于知识的积累与传承，而且有利于保持积极上进的状态和科研攻关的自信，助力团队在科研领域取得更加显著的成果。

总之，研究生表达对导师让自己参与课题并获得劳动报酬的感激之情并不局限于某种特定的方式，而应有属于自己的方式和真诚。无论是实际行动还是口头表述，只要是发自内心的真实情感，导师就能感受到学生的敬爱之心，导师也愿意投入更多的心血培养研究生的学术能力和科研技能。在表达感激之情的过程中，研究生还需要注意以下几点。**首先，要尊重导师的意愿和选择。**虽然导师给予了研究生很多帮助，但研究生仍需保持独立人格和学术追求，在表达自己的感激之情时，要避免过分依赖导师或干涉导师的私人生活。**其次，要保持谦逊的学习态度。**即使取得了不错的成绩或进展，研究生也不应骄傲自满或忘记科研初心，而是要时刻铭记导师对自己的教诲和指导，并通过不断努力提升自己的学术水平和综合素质。**再次，要珍惜与导师相处的时光。**研究生阶段是与导师建立深厚师生情谊的重要时期，也是培养研究生能力和提升科研潜力的黄金时期，因为师生共同体的建立能使研究生明白很多科研的意义和人生的价值，也能为研究生职业规划提供帮助。在这段时间里，研究生应当多与导师沟通交流，了解导师的学术思想和人生经历并从中汲取智慧和力量，为自己职业生涯的发展与规划获取师者的讲解。**最后，要与导师保持长期联系。**毕业后，研究生可以定期向导师汇报自己的工作和生活情况，分享自己成长、收获和喜悦的瞬间，让导师感受到传承的力量和杏坛传道的魅力。同时，研究生可以邀请导师参加自己的重要活动、婚礼见证和联谊活动，让导师感受到朋友般的关怀和精神价值，让生活有更多的人情味、获得感和培育价值。

26. 处理紧急项目的建议

在研究生阶段，很多优秀的研究生如同不畏艰险的科研先锋军，时常需要承担课题组各类复杂且富有挑战性的研究任务，以解决国际前沿的科学问题或者应用于一线的社会生产实践。这些任务由于涉及多方利益且经常需要开会讨论，课题组需要研究生进行及时反馈并解决问题，也需要一部分研究生处于随时待命的状态，因为一旦项目进度滞后就可能影响课题的顺利完成，从而影响课题组的研究质量和综合效益。面对研究课题的紧迫性，许多研究生不得不选择熬夜或者投入更多的时间赶进度，以满足甲方的某些诉求或者一线应用的某些实践。然而，这种作息模式不仅打乱了研究生已有的生物钟而让其陷入疲劳和精神不佳的状态，而且可能使研究生产生一系列如失眠、焦虑和免疫力下降等身心健康问题，让其处于一种病态的学习和不良生活循环中。此外，长期作息不规律也可能使研究生陷入一种疲于奔命或者应接不暇的状态，并使其难以抽出时间和精力进行深入的科研思考与探索，这在很大程度上限制了研究生科研能力和创新潜力的发挥。在这样的学习环境中，许多研究生萌生了退出该研究课题的想法，但仔细衡量后或者碍于导师面子选择硬着头皮继续干，最终导致自己的身体和心理都处于亚健康状态，也失去了最初对科研的热情和动力。那么，面对这个困境，研究生有好的解决办法吗？丁老师在此给大家一些建议。

26.1 压力太大可以向课题组提出诉求

随着导师之间科研竞争的日趋激烈和学术界横向课题类型的不断增多，研究生不仅要致力于学术上的不断上进和科研技能的精进，而且要抽出时间进行多项课题的协同和快速处理，加之一些研究生在大学期间科研训练较少，使其承受的科研压力日益增大，也使得一部分研究生不得不选择熬夜工作学习解决自己的科学研究及横向课题。如上所述，有些研究生学术功底不牢、灵活处事的情商不够、协同安排时间的能力不足，长时间的加班或者熬夜成为他们难以回避的现实问题，这不仅影响了其身体健康和心理状态，而且降低了其后续的工作效率。在这种背景下，研究生有充分的理由向课题组提出调整工作和休息时间的要求，也应及时地向导师表达自身的诉求和面对的精神压力，以提升自身的科研效率和生活质量。研究生向导师和课题组表达自己的诉求与意见，实际上是在传达自己对加班问题的深刻关注和担忧，也是在表达自身已经出现身心健康问题并承受了很大的精神压力。这种反馈可能会促使导师和课题组重新评估现有的工作安排与管理制度，识别并解决当前横向课题存在的问题，并在未来制定相应的改进措施以减少不必要的加班现象。因此，研究生提出合理的诉求不仅是对自身权益的积极维护，更是对课题组制定更合理规章制度的积极推动，同时有助于营造更加和谐、高效和人性化的工作环境，以促进课题组学术研究的持续发展。

那么，研究生应该怎样通过合理的方式向导师提出诉求呢？丁老师的建议如下。**一方面，研究生可以与导师或课题组成员进行深入的沟通。**研究生与导师之间建立起良性的沟通环境是进行学术研究的关键，其不仅能使研究生获得导师更好的学术引领和科研环境的保障，而且能使研究生在遇到困难时及时得到导师的帮助，从而避免交流不畅或者双方互不理解而产生的矛盾。因此，当研究生感受到身体调节功能失衡、精神压力过大和身体疲惫不堪时，应与导师或课题组成员进行坦诚和充分的交流，表达自己在学习与生活上面临的困境和挑战，以寻求他们的理解和支持，并共同探讨解决方案。在此过程中，研究生可以提出解决问题的具体措施，如调整工作时间以确保足够的休息时间、优化每日工作流程以提升效率或向外界寻求心理辅导以缓解压力。**另一方面，研究生可以寻求学校或相关部门的帮助。**学校或相关部门往往设有专门负责研究生事务的机构或人员，以解决学生面临的心理困惑或者给有心理健康问题的学生进行分析诊断。这些专业人员不仅具备丰富的经验和专业知识，而且对研究生的需求和困境有着病理性与精神层面的专业理解，因此他们在研究生出现身心健康问题时能给出科学的见解和精准的建议，也能为学生缓解精神压力和治疗心理疾病提供真正的帮助。进行过心理咨询的研究生都知道，无论是关于课程安排、实验室设备、日常工作量，还是生活上的种种琐事，这些专业人员都会耐心倾听并尽力给研究生提供针对性的帮助和建议，也会从专业的答疑解惑视角和因病施药的逻辑方面给有问题的研究生提供医疗层面的专业帮助。同时，这些专业的机构或人员还能协调各方资源，帮助研究生解决生活中更复杂的问题。例如，当研究生与导师或课题组成员之间的沟通出现障碍时，他们可以介入调解并通过特定的渠道促进双方的理解和合作；当研究生的生活面临经济压力时，他们可以协助研究生申请奖学金、助学金等经济支持，以减轻研究生的经济压力和心理负担。

26.2 考虑其他方法

由于家庭环境、教育背景和经历的人与事不同，加之天生基因带来的气质不同，不同的研究生在面对加班压力时会呈现出不同的应对态度和行为模式。心理成熟和经历过一些世事洗礼的研究生，可能会选择主动与导师进行沟通并向导师明确表达自己对于不加班的诉求，在正确反馈、表达合适和导师理解的情况下最终成功得到导师的充分理解和支持。然而，也有一部分研究生在面对同样的压力时选择了逃避或者当作这件事没发生过，导致他们因不善表达、畏惧导师权威或惧怕承担责任选择在工作中彻底摆烂，并将工作负担转移给课题组的其他成员。从培养的角度来看，研究生阶段学生的核心任务应该是高效、高质量地完成研究任务，通过深入研究和实践不断提升自己的学术水平和专业能力，因此当研究生感到加班给自己带来了过大的压力并影响了自身的科研效率和身心健康时，完全有权提出自己的想法和意见，让自己回归正常的科研生活和学习轨道。此外，研究生也要认识到，自己从事的科研工作是整个课题研究中不可或缺的一部分，自己承担的工作的停滞，会对整个团队的研究质量产生深远的影响。因此，当研究生在考虑自己的利益和想法时，也应当学会站在其他团队成员的角度思考问题，通过换位思考理解和尊重他们的付出与努力，避免个人行为破坏团队的和谐与协作。

那么，研究生应该如何站在其他团队成员的角度考虑一些应对之法呢？**一方面，要重视团队协作与分工。**课题组中每一名研究生的角色和任务都是相互关联的，只有相互配合和协同推进才能保证整体任务顺利完成，产生高质量的集成性研究成果。因此，团队中任何一名研究生遇到困难或需要紧急加班时，都可以与团队成员共同商讨并对任务进行更加合理的分配，以减轻研究生个人的压力并提高工作效率，从而保障课题组进度的统一和产生高质量成果的速度。这样的团队协作不仅能提高工作效率，还能增强课题组成员之间的默契和信任感，因此，研究生应主动了解课题组每位成员的专业特长和兴趣领域，在分配工作任务与解决科研问题时，主动与其他队员配合，确保每项任务都能按时、高质量地完成。**另一方面，要建立开放的沟通渠道。**开放的沟通渠道不仅可以帮助课题组成员更好地理解彼此的工作状态和需求，也有利于减少工作过程中因彼此沟通不畅产生的误解和矛盾，同时保障出现问题的研究生根据导师和课题组成员的反馈及时调整其工作方法与态度，从而提升团队整体的工作效率和成果质量。具体而言，研究生可以在组会上积极发表自己的观点和建议，并与课题组成员共同探讨解决问题的方案，让导师充分了解当前课题面临的问题并制定协作的方案；研究生也可以在工作中主动承担一些力所能及的团队任务，通过积极参与团队活动重新建立与课题组成员之间的合作关系，共同推动课题的顺利高效进行。除了个人层面，研究生还可以向导师提出改进课题组沟通和协作机制的建议，如在适当的时机与课题组成员和导师共同商讨，让团队根据每个人的能力和特长合理分配任务，确保每个人都能在课题研究中发挥自己的优势。同时，研究生可以帮助导师和课题组成员制定详细的进度安排，明确课题每个阶段的具体目标和完成时间节点，以便课题组成员有计划地协同推进工作。

26.3 建议过渡一段时间

随着甲方对研究课题结项要求的提高以及截止日期的逐渐临近，课题组师生不得不为了尽快完成任务熬夜加班，以满足甲方和合同的要求。然而，如前文所述，长时间的工作和学习会使一部分研究生感到身心疲惫，难以保持高效的工作状态，甚至出现了抑郁焦虑的情况，以致对科学研究产生了抵触心理。研究生在觉察到自己的心理出了问题时，一定要先将手头的工作暂停一下，认真思考自己的工作方式与状态，必要时可以通过过渡一段时间调整自己的状态。通过过渡时间的调整，不仅可以使研究生从高强度的加班状态中暂时解脱出来，重新找回继续进行科学研究与参与项目的热情和动力，而且可以使研究生与导师、课题组成员形成新的沟通协调机制，使团队共同寻找解决紧急要求的合理方案并降低每个人产生心理疾病的风险。但是，长时间的过渡期很可能会对课题的进度造成一定程度的影响，因此，研究生在过渡休整之前，一定要与导师和课题组成员进行深入的沟通与交流，包括详细解释过渡策略的必要性、预期效果以及可能带来的风险，甚至给出这段时间其他成员的替代方案，从而确保各方对研究生的过渡期休整有充分的理解和认可。同时，研究生在过渡期内仍需要保持高度的自律性，不能因为计划调整完全放松对自己的要求，而应根据自己的科研进展及能力做出过渡期具体安排。那么，过渡期有哪些具体的实施方法呢？丁老师给出如下建议。

26.3.1 合理规划时间，确保过渡有效

研究生在过渡期需要清醒地认识到，合理进行过渡调整不仅有助于学术研究和项目组任务顺利进行，而且有助于维护身心健康、减轻心理压力并促进个人全面发展，从而让自己更有信心面对接下来的挑战。为此，研究生需要确保自己有足够的休息时间保持清晰的思维、充沛的精力和向上的劲头，可以制定一个详细的时间表以明确每天的作息时间、学习任务计划等，以确保自己在过渡期的每一天都能高效地利用，从而让自己既保证了休息质量又确保了新一轮的科研动力满满。

26.3.2 调整工作方式，提高工作效率

对于研究生而言，过渡期是从旧阶段向新阶段转变的节点期，更是一个重新审视和调整自己工作方式和方法的绝佳时期。因为，在这一时期，研究生有机会暂时脱离日常的忙碌，静下心来对自己的课题工作进行深入的反思并审视自己的研究和工作流程，沉下心来思考未来的工作重点和职业规划目标。此外，研究生还可以建议导师通过简化流程、合理分配任务和提高团队协作效率等，使自己未来在保证工作质量的前提下缩短工作时间，为自己留出更多的休息和充电时间，为新一轮的项目推进和集体性成果完成赋能续航。

26.3.3 加强交流沟通，获取团队理解

在学习生活中，研究生要学会从团队的整体利益出发考虑问题，在做决定之前主动与导师展开深入的对话以争取到导师的理解和支持，并根据导师的建议和指导为过渡计划的实施提供保障。同时，研究生可以在闲暇时了解其他成员的困扰并给予其必要的支持和帮助，因为这样不仅可以缓解其他成员的研究压力，解决他们当前面临的项目烦恼，而且可以让其他成员感受到过渡期你给予的团队力量和温暖之情。处于过渡期的研究生，通过与课题组成员进行充分的交流、沟通和协商，不仅能确保自己过渡期计划的实施不会

对课题进度产生较大影响，而且能让课题组其他成员理解并接受自己所做的决定，从而增强课题组内部的团结和提升集体的责任感。

26.4 和导师开诚布公地谈一次

对于研究生而言，完成一项横向课题是一场对学术和身心的双重挑战与考验，因为其间涉及学业能力提升、团体协同机制建立、师生关系协调和项目落地实施等多个方面。在课题研究的初期，研究生需要投入大量的时间和精力收集资料、进行实验和撰写报告，可能会遇到许多“新手期”意料之外的困难和挑战，这就需要研究生不断地调整研究方案和思路并学会与甲方等打交道；在项目进行过程中，研究生的心理状态往往会因为一些突发状况出现波动，有时可能会因为遇到难题无法解决而感到沮丧和失落，有时可能因为取得了一些研究进展而感到兴奋和自豪。当横向课题最终顺利完成时，过程中的所有痛苦与煎熬便会被巨大的喜悦和成就感替代，研究生看到自己付出的努力得到了回报、看到自己的研究成果得到了认可，那种深深的满足感和自豪感将无以言表。当然，课题结束后，研究生仍然需要与导师开诚布公地交流，总结这次横向课题给自己带来的启发和收获，明晰今后的研究重点和职业规划方向，为今后的职业选择和从事的具体领域提供支撑。

除了横向课题完成后与导师的坦诚交流，研究生还可以与家人、挚友和恋人深入表达自己在整个研究过程中的真实感受及遇到的困惑，也可以将过程中遇到的烦恼和困扰勇敢地分享出来以减轻前一段的心理压力。研究生在与导师谈话中可以具体描述自己在研究过程中遇到的困难与挑战，如加班的原因、频率以及加班对自己身心造成的影响等，方便导师根据这些信息深入分析目前课题组在任务分配方面存在的问题，并与研究生共同探讨可能的解决方案。通过总结这次谈话的经验和教训，研究生和导师可以共同制订更加合理的研究计划和时间安排，因为这不仅有助于提高导师对研究生心理和状态的理解程度，还能为课题组未来的研究工作开创新的局面。为确保与导师的交流取得积极效果，丁老师有如下建议。

26.4.1 做好准备与总结

在与导师进行交流之前，研究生应该对横向课题中遇到的各种问题进行深刻的回顾反思和全面复盘，以便在交流时向导师展示自己在项目中做出的贡献。首先，研究生一方面要对课题的研究背景、研究目的和研究意义进行回顾与梳理，以便在交流时向导师清晰地传达课题的重要性和价值所在；另一方面要梳理课题的研究方法，包括实验设计、数据收集和分析方法等，以便在交流时向导师展示研究的科学性和严谨性，让导师对研究生的科学研究水平提升有正确的认识。其次，研究生需要总结课题的研究成果和亮点。通过向导师介绍参与课题过程中的收获，不仅可以让导师了解研究生在该过程中学术成长的程度和上进空间，而且可以让导师通过成果了解研究生的精神品质和性格特点，还可以向导师展示研究成果的质量。此外，研究生需要深入剖析在研究过程中遇到的困难和挑战，针对解决问题的视角、应对挫折的方法和精神品质的提升等方面进行总结，从而为下次参与同类项目提供心理层面的抗击韧性。这些困难和挑战可能来自实验条件的限制、数据处理的复杂性、理论知识的不足等方面。此外，研究生在横向课题推进过程中经历的种种挣扎，也让他们在求索科研大道的过程中，在提升逆商、抗压力、塑造精神品格等方面有了更深刻的体悟。

26.4.2 保持开放与尊重

研究生需要认识到在课题研究过程中会不可避免地出现赶进度、加班等情况，这是课题研究进度、甲方催促和临时方案改变等多种因素造成的，而不是导师刻意施压和团队氛围不好引起的。这时，初次参与项目的研究生不要一味抱怨，也不要以责备的语气与课题组成员交流，避免过于坚持己见或在某些问题上与他人产生不必要的争执，唯有如此方能使自己在融洽的课题组氛围中高效完成任务。此外，研究生保持开放心态可以得到更多人生层面的成长感悟和道理，这是因为研究生虚心听取导师的建议意味着其愿意接纳导师的反馈，也愿意从导师的经验和观点中汲取人生成长的智慧与力量，从而使自己更深入地理解横向课题中经历的各种事情并深入反思自己的行为，促使自己在今后的科研道路上心理更加成熟、处事更加得体且行稳致远。

26.4.3 表达感受与需求

在课题研究过程中，研究生可能会承受巨大的身体疲惫、心理压力和精神负担。因为，在这一个过程中，项目的推进、学术的成长和抗压力的增强是一体的，也是研究生全面成长和心理成熟必须经历的一个环节。在遇到问题、烦恼和挫折时，研究生可以通过向导师倾诉内心的各种复杂情绪，而从导师那里获得一些理解和支持，或者一些缓解压力和疲劳的方法与建议，从而让自己在和谐的师生交流环境中提升心理韧性与抗压能力。此外，研究生还可以向导师表达自己的需求和期望，主要包括更多的实验资源、更合理的时间安排或者更具体的学术指导等。只有这样，研究生才可以让导师更加了解自己的实际需求，从而在今后的科研道路上获取导师更多的支持和帮助。

总体来说，虽然项目好似一座无形的大山，压得人喘不过气来，但是研究生的学术成长并不局限于项目的完成，而应反思在这个过程中收获的人生成长经验和精神蜕变的力量，让自己处于一个不断反思、追求上进和自我提升的良性轨道中。因此，在忙碌的学习生活与紧张的项目工作中，研究生要始终保持一颗敢于拼搏、敢担大任、敢闯难关的劲头，不忘自己选择走上研究生之路的初心和使命，不忘自己对未来的憧憬与期待，为祖国的现代化建设和世界科技进步贡献自己的力量。同时，研究生要保持对生活的热爱与向往，因为只有心怀阳光、手握当下、肩扛重任，才能让生活进入一轮又一轮的挑战和保持积极向上的状态。科研是生活的一部分，而闲暇之余的阅读、旅行、欢聚等也是生活中不可或缺的内容，唯有保持对生活的热爱、奋斗的志向和感恩的心态，以及对美好梦想的向往，方能更加坚定地走好研究生之路。

粉丝留言：

我感觉导师每次给我布置的任务都超出了我的能力范围，比如，导师让我在一周内将外国文章读透并做好翻译工作、两周之内学习一款软件或者让我一个月内精读一本书并写出一篇读书笔记，这些任务像一座座大山压得我喘不过气来。我该怎么办？

老丁心语：

老丁认为，导师布置这些看似完不成的任务，主要有以下四个方面的考量。

第一，评判你日常学习的投入状态。研究生的主要任务是进行学术探索和解决重大科研难题，导师布置这些任务主要是为了评判研究生投入了多少心血，而研究生最终反馈的文字或技术就是最好的证明。

第二，评估你的时间管理能力和反馈态度。 研究生的时间管理能力和反馈态度是评估其科研效率的重要方面。如果研究生在反馈过程中表现出拖延或不及时的态度，那么导师会质疑你将来处理紧急和重要事务的能力。

第三，考察你的科研潜力。 针对这一点，导师有时会故意分配一些看似不可能完成的任务，以考察研究生的应变能力和创新能力，从而检验你是否具备攻坚科研难题的潜力。如果研究生能在极端压力下取得一定成果甚至超出了预期，导师就有可能在未来的学术或职业发展中给予其更多的支持和培养。

第四，考验你是否有创新思维。 导师不仅期待研究生能保质保量地完成任务，更希望其能提出新的思路或发现新的研究方法，因为这是研究生进行创新思维的基本考验。如果导师给你布置了看似难以完成的任务，那么你一定要认真尝试解答和攻坚闯关，即便思路不成熟或结果不完美也要展示出自己独到的见解或者提出新的解决方案。

27. 研究生与周边科研人员的相处之道

研究生在读研阶段交往密切的对象是课题组内的导师及同门，以更好地形成学术团队和建立和谐的科研协作关系。因此，研究生在攻读学位期间与周边的科研人员形成积极向上、融洽和谐以及互相督促的友好关系，不仅有助于研究生个人科研效率与心智成熟度的大幅提升，而且对整个科研团队良好学术氛围的营造、科研动能的增强以及团队凝聚力和创新力的提升具有重要作用。值得注意的是，虽然研究生与周边科研人员存在一定的竞争关系，但采用不正当手段损害他人利益的行为是错误且不可取的，会影响科研诚信、学术纯洁和团队集体利益。因此，本章重点分析研究生如何与周边科研人员形成友好的相处模式并建立彼此信任的合作关系，以推进科研成果的高质量产出。

27.1　和师兄师姐的相处之道

研究生导师主要通过组会的形式集中指导学生，有时也会采用办公室面谈或者邮件回复等方式。也就是说，研究生不要总想着可以时时处处与导师见面，而应该整理好问题在组会上积极提问或者给导师即时留言，不要攒着问题等到自己认为“成熟”时再找导师。基于此，初入科研之门的研究生要多向师兄师姐请教问题，多从他们的经验分享中摸索自己的学习路径，这是研究生科研入门与夯实科研基础的重要途径，也是研究生快速融入科研生活和提升科研技能的重要保障。具体来看，研究生可以通过向课题组内师兄师姐学习实验操作方法、论文写作范式、数据处理方式以及图件制作技巧等内容，来提升自身的科研能力与论文撰写能力，以避免盲目投入太多时间而学习效果不佳的局面出现。此外，对于拥有保送机会的研究生而言，丁老师建议要合理利用本科最后一个学年的时间进行科研基础训练，并对未来研究生三年的科研学习做细致规划，从而比其他通过考研上来的研究生有更多时间进行职业准备和学术锻炼。例如，保研生可以申请提前加入实验室或研究团队进行科研训练，不仅能通过学习师兄师姐的研究课题和科研工作提升自己的科研认知，而且能更加深入地了解课题组内每个师兄师姐的专业能力，还能结合自己获取的有效信息与研究兴趣选择与自己适配度更高的师兄师姐进行深入交流。对于有意攻读博士学位的研究生而言，寻找一位正在读博士的师兄或师姐作为自己的学术伙伴尤为重要，因为通过提前参与博士师兄师姐的学术研讨以及导师的国家级重点项目，可以尽早熟悉未来科学研究工作的流程与内容，有助于培养自身独立解决科学问题的综合能力。

27.1.1 保持对师兄师姐的尊敬并积极向他们请教问题

课题组的研究内容往往具有传递性、持续性和跟踪性，因此新入校研究生要多学习课题组内师兄师姐掌握的科研知识、实验方法和操作技能，这些对提升其科研能力具有“传帮带”作用，也有助于迅速了解课题组的实验流程、工作模式和核心技能。研究生不仅要学会主动抓住向师兄师姐寻求交流合作的宝贵机会，而且要保持谦逊的学习态度。可以说，这种谦虚勤奋和主动进取的态度，不仅有助于增进研究生与师兄师姐的感情，还在很大程度上促进了研究生个人的学术成长。

27.1.2 保持积极的工作态度和自我驱动的学习精神

从国家对研究生培养的人才定位看，研究生需要成为具有独立思考和创新能力的精英人才，即在导师的引领下独立完成科研选题并做出一些创新性成果的研究型人才。这就意味着研究生要学会通过自主学习培养独立思考和解决问题的能力，同时在与课题组师兄师姐相处的过程中培养发现问题、解决问题和提出创新点的能力。需要注意的是，研究生在与师兄师姐的日常沟通中，一方面要抱着虚心请教、学习的态度明晰地表达自己学术咨询的要点和亟须提升的核心技能，以迅速提升自己的学术基本功和科研竞争力；另一方面应具备不害怕、不抵触师兄师姐对自己批评的抗压能力，不能一遇到困难就“撂挑子不干了”，而应保持积极乐观的心态反思自己的不足，并努力克服眼前的困难。当存在分歧时，研究生还应保持冷静、客观和存疑的态度接受建设性的评价，以达到“学理越辩越明”而非“矛盾越积越深”的进步状态。

27.1.3 主动参与学术会议和沙龙活动以促进交流互融

研究生主动参与一些学术汇报、沙龙研讨以及科研竞赛等活动，不仅能增加与师兄师姐的交流互动机会，还能深化彼此的了解与信任，促使课题组成员在共同投身科研项目和学术会议的过程中获得支持与鼓励。

27.1.4 学会感恩表达和礼仪性的交往

如果师兄师姐帮助研究生解决了重要的学术困扰、技术难题和写作困难，那么研究生可以通过微信留言、朋友圈互动、邮件等形式表达谢意。除了这些文字性的感激，研究生还可以通过请吃饭等方式加强关系，给师兄师姐留下好印象，从而为以后的日常交流奠定基础。需要注意的是，丁老师说的都是日常性的礼尚往来，如果不擅长社交就集中精力提升自己的科研能力、团队协作力和集体贡献力，而不要钻到这些不擅长的人情世故中。

值得说的是，虽然整个课题组的和谐氛围是所有团队成员共同努力的结果，但研究生不要奢望所有师兄师姐都会给自己如沐春风般的支持与温暖，因为每个人都有自己的性格脾气和为人处世的原则。因此，研究生在面对那些可能对自己学术生涯产生负面影响的师兄师姐，一定要坚定立场、提升辨别力并积极维护自身权益，减少产生矛盾的机会并提升自身的抗压力和应对力。在出现问题和矛盾时，研究生首先应寻求导师的帮助并利用其身份和影响力解决问题、化解矛盾。研究生导师不仅担任着学术指导的重要职责，也是整个研究团队的领导者、协调者和管理者，具有快速解决内部问题的能力和团队管理的技能，能确保研究团队内部各成员间的利益得到公正对待，从而营造相互理解的学术环境。

27.2 和师弟师妹的相处之道

研究生在与师弟师妹的相处中，既要扮演指导者的角色传授学术知识、实验技能和科研经验，又要扮演学长、朋友的角色给予其情感上的支持、协助与疏导。下面，丁老师探讨几个和师弟师妹的相处之道。

27.2.1 理解初入科研之门的不易，多给些帮助

研究生是在经历过很多不易和艰辛逐渐成长起来的，其在导师、师兄师姐和同学的帮助下逐渐从“科研小白”成长为研究者。因此，作为“过来人”

的师兄师姐要多给师弟师妹成长的空间、指导和“一对一”“面对面”的帮助。

27.2.2　传授快速提升技能的经验，多给些干货

有些研究生受限于资质、禀赋、学习模式等，掌握某些科研技能相对吃力，或者学习某些实验工具需要投入非常多的精力，使得学习进度迟缓，从而对科研心生抵触或者动力不足。在这种情形下，作为师兄师姐，可以直接给这类研究生传授自己初学时的技巧和让其快速提升能力的干货，以“多陪其做几遍”“多花时间帮其改进”“少吃几顿饭帮其渡过难关”等心态助师弟师妹成长。

27.2.3　体谅经常出错的科研忙乱，多给些理解

初入科研之门的“新手”，如果没有专人“手把手”带领，很容易在实验过程、设计思路和写作表达等方面犯各式各样的错误，甚至让人发出“你是来做科研还是来捣乱的”等感叹。在这种情形下，作为师兄师姐，一定不要不顾忌他们作为科研“新手”的承受力而直接对他们进行指责、批评和辱骂，而要多给些理解，帮助他们分析出错的原因，避免因自己的“嘴上不饶人”影响了他们循序渐进成长的节奏。

27.2.4　给予心理上的疏导和关怀，多给些温暖

有些研究生“脸皮薄”“不自信”“敏感”，不喜欢主动问师兄师姐，总喜欢把“自己认为重要的事情”藏在心里慢慢去悟。然而，科研攻关往往需要尽快找到问题所在并解决，如果总“钻”在里面不愿问且不愿寻求帮助，那么很容易延误科研进程。在这种情形下，作为师兄师姐，一定要尽早觉察师弟师妹的性格特点进行谈心和解疑，以“不经意地透漏给他们方法”“潜移默化地帮助他们解答”“谈心式帮助其疏导心理困扰”等方法帮助他们。

上面说了那么多方法，到底采用哪些具体的方法呢？丁老师认为可以从相互尊重、建立互信、经验分享与提供帮助等方面进行尝试。**首先，相互尊重是研究生与师弟师妹相处的基础。**作为师兄师姐不要总是要求师弟师妹替你干活，而应尊重其个人想法，在相互尊重的基础上进行任务安排和学术交流。因此，研究生不仅要给予师弟师妹足够的思考时间与表达机会，还应当尊重他们与自己不同的观点和想法，让其在关爱的氛围中成长为一名科研工作者。**其次，建立彼此之间的信任是研究生与师弟师妹相处的关键。**作为

"过来人"的师兄师姐，可以在师弟师妹出现问题时多与其进行沟通，以深入了解师弟师妹的真实需求与面临的困难，并为其提供帮助和支持，从而提高师弟师妹的学习和科研效率。此外，研究生还应该将自己"科研上遇到的坎儿""生活中的糟心事"等解决之道分享给师弟师妹，例如，可以通过组织经验交流会、撰写经验分享文章等方式，将自己的学习经验和实验心得传授给师弟师妹，进而帮助他们更好地适应学术环境和解决实际问题。**最后，提供帮助是研究生与师弟师妹感情升温的方式。**研究生应该主动关心师弟师妹的科研学习和日常生活情况，并适当地提供必要的帮助和支持，如帮助他们解决具体的学术问题点、科研疑虑点和操作困难点。同时，研究生应该鼓励师弟师妹积极参加学术交流活动，在与团队成员团结合作进行科研项目攻关的过程中，培养与师弟师妹的合作精神。

此外，研究生与师弟师妹相处时还应注意以下几点。首先，要注意自己的言行举止，避免在师弟师妹面前发表不当言论或做出不当行为，时刻提醒自己保持良好的德行。其次，要尊重师弟师妹的个人选择和发展方向。不要把自己的意见强加给师弟师妹，并要求他们按照自己的逻辑进行科研，甚至打压他们不让其从事与科研无关的活动或者考公考编，而是要尊重他们的兴趣和发展方向并给予必要的支持与鼓励。最后，要保持良好的沟通和合作方式，通过与师弟师妹定期交流或者课外谈心及时解决相关问题，以顺利推进学术研究。总之，师兄师姐有责任作为榜样并发挥自身在学术指导中的作用，引导师弟师妹沿着正确的路径前进，从而为整个课题组成员的健康成长和学术精神传承提供支撑。

27.3 和同级同学的相处之道

研究生阶段是学生提高自身综合能力与增长前沿科学知识的关键时期，不仅需要深入学习课题组所在领域的"专""精"知识，而且需要进行学科的交叉和综合以寻求新的突破点。因此，研究生需要加强和同级其他专业同学的交流，而非将自己囿于狭窄的学术和生活空间内。由于同级学生在研究生阶段大都面临着相似的学习困惑与生活压力，若能与身边的同级同学建立健康且融洽的关系，那么对身心健康、科研学习以及个人发展等诸多方面均具有正向促进作用。然而，由于研究生在评优奖先方面最大的竞争对手是同级同学，同学之间存在竞争关系是无法避免的，因而，研究生提前学习与同门和睦相处的有效方法对于避免矛盾非常有帮助。从现实情况来看，研究生与同级同学之间建立友好关系，一方面需要研究生取得相应的学术成果并积极融入集体活动，以赢得他人的尊重和赏识；另一方面需要研究生多关注同学的成长并善于解决同学遇到的一些日常难题，对同学取得的成果表示认同，形成相互鼓励、相互捧场、相互欣赏的共同进步文化。因此，研究生需要增进对同学的研究兴趣、聚焦领域以及发展目标等方面的了解，并在此基础上尊重同学的价值观念、性格特点和生活方式，以及允许其与自己持有不同意见。

研究生与同级同学和睦相处的关键在于建立良好的沟通和合作机制，形成“不攀比、不忌妒、不造谣、不拆台”的相处模式，从而形成人人上进、人人爱科研的学习氛围。具体来看，首先，保持积极沟通。研究生可以通过“你尽管问，我深入答”“有啥问题，我们当面讲”等沟通方式消除疑虑，认真倾听对方的观点并表达自己的观点，增进与同级同学的理解和信任。其次，建立合作机制。研究生可以和同学一起参与项目申报和学科竞赛，共同制订学习计划、参与课题讨论和学术会议等，在团结协作中提高学术研究的效率和水平。再次，尊重见解差异。研究生应该尊重与同学学术观点和研究方法的差异，不要一味地以自己的观点排挤其他同学或者以“一副高高向上的”姿态看不起其他同学的研究成果，从而让自己成为“高冷”的另类。最后，保持平和心态。在与同学相处过程中，研究生要保持包容、互助的心态，通过学术难题的讨论、合作机制的建立等实现和谐共赢的局面，从而让自己在和谐的学术氛围中获得高质量的创新性成果。

研究生在与同学相处时一定要注意提升个人的道德修养和文化涵养，为形成和谐、纯净、公正的科研环境和学术共同体贡献自己的力量。其中，**专业性是研究生学术成长的第一本领。**“打铁必须自身硬”，研究生学术成长的第一本领就是思考问题的深入性、研究问题的专业性和解决问题的科学性，而这些也是攻读研究生获得学位的核心素养。如果研究生失去了研究问题的专业性和解决问题的科学性，那么其发表论文的观点、进行实验的方法和论证的范式就会被质疑。因此，身处学术殿堂的研究生应努力提升研究问题的专业性，带着使命和担当探索物质世界的奥妙、自然界的运行规律和经济社会发展的法则，让自己成为解决科学问题的专业研究者。**合作性是研究生学术共进的重要支撑。**重大科学问题的解决往往需要几个领域的研究专家取长补短后进行联合攻关，所以研究生要学会尊重不同领域的研究者并积极寻找合作者，因为研究者必须以团结协作的方式和集体的力量才能解决人类发展中面临的各种问题。因此，研究生与同级同学建立紧密合作的关系有利于共同面对学术挑战，进而提高自身的科学研究效率和研究成果质量。**公平性是研究生安心进行研究的环境保障。**如果科研工作者都进行短视性学术研究而不探讨真正的科学难题，在争夺学术资源方面不择手段，在学术署名方面不遵守学术规范，那么科研工作者就会在学术竞争中迷失信条，使科研成果的公信力大大下降，科研工作者受人尊敬的话题也就无从谈起了。因此，研究生在科研中一定要营造自由、公平、公正的环境，严格遵守学术规范和约定俗成的规则，在学术资源的竞争、研究论文的发表和学术成果的署名等方面坚守信条，做出令人信服的科研成果。

27.4 在团队中找准自己的定位

研究生所在的课题团队一般由导师、导师组其他导师、科研助理、博士研究生和硕士研究生组成。虽然每个课题组成员都有不同的任务分工和研究重点，但整体是围绕一个研究领域或者聚焦一个研究目标展开的，因此，成员之间只有彼此协作和相互配合才能解决重大的研究问题。在这样的环境下，研究生只有明确自己在团队中扮演的角色，才能赢得团队的信任并做出创新性成果，从而为团队重大科研任务的攻关和重大科研成果的产出贡献力量。

27.4.1 明晰定位，融入团队

在团队分工中，研究生由于理论基础薄弱、科研训练不够、前沿问题把握不明等，往往只能承担基础性的研究工作，为团队提供基础性的研究数据、过程性的实验成果和探索性的实证分析。因此，研究生要明晰自己的定位，在前期认真完成任务的基础上多听导师、师兄师姐的安排，围绕研究主线和核心目标进行系统性学习，不能“一瓶子不满，半瓶子晃荡”，甚至因为“任性”而耽误了整体的实验进程，从而影响整体研究团队的重大成果产出。

27.4.2 提升技能，赢得信任

专业技能的提升是顺利进行科学实验的基本保证，因此研究生要花费大量时间进行专业训练，以确保自身具备从事科学研究的基础能力。若科研团队聚焦特定领域的基础研究，那么研究生应深化其专业知识并提升逻辑分析能力，以确保自身能在专业层面为团队带来独特的见解。若科研团队聚焦研

发性科研实践和实验性操作分析，那么研究生应重点提升研发论证能力和专业实操技能，以保证操作实践能精准地支撑团队所需。值得一提的是，在当今高度竞争的学术环境和 AI 化的智慧化作业中，研究生技能的不断提升和知识的更新换代是必不可少的，需要研究生参加专业培训、研讨会、学术会议拓宽视野和提升技能。

27.4.3 团结协作，和谐相处

重要的科研任务往往是导师、博士研究生、硕士研究生分工协作完成的，因此研究生要严格按照导师的要求和时间进度安排进行实验，不要以“我拖后一点不要紧”“反正师兄师姐会帮助我”“我完成不好影响不大”等心态拖延或者降低完成质量，让自己在课题组的信誉不断下降，进而失去参与重大科研任务的可能性。此外，重大研究课题往往需要及时沟通、充分交流和定时汇报，因而研究生要学会整理自己的研究观点、数据结论，以便公开汇报，敢于分享自己的想法，同时学会倾听和尊重团队其他成员的意见，使自己更好地融入团队。

27.4.4 勇于担当，积极贡献

一些重大的科研项目或者研究课题是要求按照时间节点破题的，需要迅速应用于生产生活实践，因此这些紧迫性的研究任务需要研究团队凝心聚力加速完成。在这种情形下，研究生要不怕辛苦、勇于担当，以高度的责任心和专业的研究精神忘我付出，而不能以“我太累了，完成不了”“这要求太高了吧”等借口打退堂鼓，从而影响课题组的整体进程和成果质量，失去了科研工作者应有的专业担当。

从现实情况来看，研究生确立在研究团队中的定位是一项高度专业化且极具挑战性的任务。究其原因，研究生首先需要对整个科研团队的组织结构、管理模式和长远战略有深刻而全面的了解，明晰自己在课题组“生态位”的具体位置，从而明确自己的分解任务。通过系统分析后的个人定位，有助于研究生理解团队的整体运作机制，更好地融入课题组的任务。同时，研究生应不断提升个人专业技能，通过掌握先进的科学理念、专精的研究方法和系统的研究思维提升自身的学术水平与科研竞争力，从而在团队中展现自身优势。此外，研究生还需要主动与团队成员进行沟通交流与问题反馈，了解成员的研究课题与主攻方向并从其身上学习宝贵的经验，积极主动发挥自己的

优势为团队提供有力的支持和帮助，从而增强团队的集体研究能力和协同攻坚能力。丁老师相信，上述方法不仅有助于研究生在团队中找准定位，而且有助于研究生科研潜力、学术韧性以及为人处世能力的提升。

粉丝留言：

我刚进入研一，感觉科研很难，也不想和导师、同学交流，该怎么办？

老丁心语：

研究生与本科生明显的一点不同就是研究生长时间待在实验室并在相对固定的位置进行监测、实验和写论文等，还需要经常与导师、实验室人员进行交流以保障科研课题顺利进行。由于你和实验室人员在同一个科研团队且天天低头不见抬头见，必然涉及相处问题，因此与实验室人员搞好关系是你必须正视的现实问题。如果你和实验室的各类人员关系融洽，内心的状态和做实验的心境就会平和很多，这不仅有利于推进科研任务和产出高质量的科研成果，而且有利于培养你坚毅沉稳的科学研究精神。倘若彼此之间关系不和，那么做科研的平稳状态就没有了，很容易产生实验错误或者让自己处于精神压抑的状态。

在老丁看来，导致自身和实验室其他人员关系不够融洽的原因，除了科研课题、奖学金评选、学术论文、毕业去向等重大问题上的矛盾和直接的利害冲突，还有平时自己不注意言行细节或经常以“高冷”“权威”“看不起对方”的姿态自居，因此研究生要多学习一些与人相处的技巧，多以谦虚有礼的方式与人交流，少一些争吵式的辩论和强势性的语言攻击。简言之，学会与课题组或者实验室人员和谐相处是一门必须学懂、会用和留意细节的学问，一方面要善于通过自己的慧眼观察每个人的性格差异，以同理心处理矛盾事件；另一方面可以通过搭建沟通桥梁、培养共同兴趣、进行相互支持与鼓励以及保持个人边界和尊重他人隐私等方式，营造一个既有利于学术研究又充满人文关怀的和谐环境。

爱情婚姻篇

28. 研究生应形成正确的婚恋观

由于研究生阶段的学生已经达到了法定的结婚年龄，加之很多父母一代传统观念的影响和家庭婚姻思想的催促，很多学生一进入研究生阶段就考虑着如何尽快毕业、快速适应社会等，谈恋爱问题也就考虑得更加务实，甚至包括未来的事业定位、家庭关系、城市落户等相关问题。也就是说，研究生一旦要谈恋爱，就会考虑未来双方工作的定位、家庭地位的匹配性和职业目标的一致性，而不再是懵懵懂懂的柏拉图式恋爱以及不考虑现实利益的浪漫主义者。所以说，学生在研究生阶段“能不能谈恋爱”这个问题，不仅涉及双方有没有天赐的缘分、有没有彼此来电的心动，更关乎着这份恋爱背后的成功概率和能不能走入婚姻殿堂的长远考虑，使他们在选择彼此的过程中更加谨慎、务实和长远。

28.1 长远的爱情观与婚姻观

莎士比亚说过：“真正的爱情是建立在共同基础上的心灵沟通，有一样的思想，一样的梦想，一样的追求，这才是志同道合的人。”现实生活中，研究生想要找到一个灵魂契合的伴侣并不容易，因为一部分研究生在这个阶段是为了恋爱而恋爱、为了结婚而结婚寻找爱情的。试想，一个人很理想，一个人很世俗，两者走到一起一定会产生很多方向性和价值观方面的问题，使得两人在追逐梦想的时候不能彼此兼容，最终造成不可避免的矛盾。作为一名研究生，树立正确的爱情观和婚姻观是拥有一段健康恋爱的前提，所以丁老师给出如下建议。

28.1.1 摆正恋爱与学业的关系

爱情是美丽的，它是生活内容的重要组成部分，但不是生活的全部，因为它要服从事业并促进两者关系的和谐发展。如果一名研究生在保障学业质量的同时投入足够的精力经营一份爱情，那么这份爱情会正向反馈其学业，从而助力其在无助、迷茫和困顿的时候找回自我，实现自身精神力量的增强和职业目标的坚定。也就是说，一个人如果能在学业和事业上都找到应对之法并取得成功，那么他的爱情之花会绽放得更加灿烂、芬芳。因此，作为一名研究生，要把学习和事业的关系理顺，不要把宝贵的时间花在没有精神支撑的“为恋爱而恋爱”的世俗行为上。没有学习和事业支撑的爱情就像在沙漠中播撒的种子，既没有坚实的地基和肥沃的土壤，也没有爱情之水的浇灌和滋润，因而就不会有旺盛而持久的生命力，很容易快速枯萎。

28.1.2 寻找同频爱人双向奔赴

爱情不是靠甜言蜜语、讨人欢心就能维系的，也不是简简单单靠纯物质性你来我往的交换就能实现的，而是通过建立共同的目标寻求内心感情、精神感应产生心灵火花的，是一种自然而然、心有灵犀的相互吸引。因此，在选择恋人时，最重要的条件是思想品德、职业理想和生活兴趣相契合。马克思和燕妮之间的崇高爱情是基于相同的人生目标、价值导向并心灵相通，也正是因为他们的爱情经受了艰难困苦的考验才成为一段佳话。

28.1.3 懂得爱是一种责任和奉献

爱不是为了得到对方，而是在承担责任和懂得奉献中组成爱情共同体。在社会生活中，正常的公民有两种责任：一种是个人对社会的责任，另一种是对家庭、父母、孩子、朋友和爱人的责任。其中，第二种属于私人生活的性质，主要取决于你是否具有良好的道德修养、自觉的责任感和可贵的精神品质。一旦进入爱的王国，人就要有强烈的责任感和奉献精神，只有这样才能获得高尚的爱情，否则很容易陷入相互指责、抱怨等纷纷扰扰的世俗泥淖中。

28.1.4 要保持期待并顺其自然

一千个读者心中有一千个哈姆雷特，每个研究生对爱情都有自己的理解，也会在未来的生活中拥有不同的爱情体验。虽然研究生对爱情的理解和期待不同，但不要为了谈恋爱随便找一个不喜欢的同学谈一场本不该时空交织的恋爱，最后伤人伤己，毁掉了你对爱情纯真、美好期盼的向往。因此，建议研究生建立积极向上、阳光和善的恋爱观，在遇到爱的人之前先拥有爱己爱人的能力和心态，顺其自然，迎其困难，渡劫历难，努力提升恋商并保持对爱情的美好期待，以便在爱情来临的时候可以爱得坦然。

研究生在选择恋人时，对方的哪些特征是需要我们认真考虑的？丁老师认为可以从以下几个方面考虑。**一是志同道合。**一把钥匙开一把锁，价值观和理想信念一致是男女双方从认识迈向婚恋的一个重要前提。无论最初的“一见钟情”“感觉良好”“颇有好感”“谈得来”多么甜美，如果相处下来志不同、道不合，天天埋怨对方的行为方式不对，那么这段恋爱关系是不能长久地走下去的，到头来问题重重、关关难过，伤害的还是自己的身体和灵魂。**二是爱的能力。**研究生要具有唤起爱、创造爱的能力，使对方在交往过程中感受到你丰富的精神世界和做人的真善美品质，赋予生活美好的想象，享受感情世界的馈赠。在和谐的恋爱关系中，爱比被爱更重要，“给”比“得”更能使自己满足，更能使自己快乐。因此，研究生应提升爱情价值观和守护爱人的能力，用感情和能力维系两人精神世界的支撑，进而通过爱一个人达到爱屋及乌，爱人世间美好事物的博爱境界。**三是可贵的品质。**很多研究生在选择恋人时把外貌摆在第一位，他们觉得“看到顺心”“颜值在线”“形象美才能气质美”，所以将外在的容颜特征作为择偶的重要因素。其实，这样的观点值得商榷，需要具体问题具体分析，否则容易出现一方利用颜值、外表迷惑、欺骗另一方的问题。在现实层面，以貌取人失败的案例比比皆是，所以建议研究生在“始于颜值”的同时，在交往中发现其颜值背后的可贵品质，最后迷恋其与常人不同的精神世界和“有趣灵魂”，让自己的灵魂也变得通透、美妙和高尚起来。**四是健康因素。**有些研究生的某些不良嗜好造成身体上的伤害，隐瞒自己可能给对方带来疾病的风险，在交往之后让双方陷入自责或者拖累对方的境地。因此，建议研究生首先对自己的健康负责或者提前向恋爱对象交代疾病方面的问题，之后在康复或者健康体检后进入一段对彼此负责的良性恋爱关系。有资深医生希望自己的孩子在择偶过程中，能在相互监督下做一次全面体检，如果都很健康再确定恋爱关系。初听起来，一般人可能难以接受，但仔细分析一下里面也有可取的地方，因此，研究生只有身心健康才能给予恋人足够的尊重和信任，从而在面临大风大浪时真正为对方考虑并能履行自己的责任和义务。此外，健康还有一个间接的因素，就是看对方的生活习惯，比如，作息是否规律、是否迷恋手机游戏和赌博、是否有不良饮食习惯等。如果恋人对其反复提醒，对方仍不够重视且无心改正，那么可以想象谁愿意和这样有潜在健康风险的人交往呢？**五是学历水平。**研究生喜欢寻找和自己学历相当或者略微比自己低一个档次的恋人，因为他们觉得学历相近能更好地理解研究生的生活模式和精神方面的诉求，也能为未来的职业选择和事业谋划提供生存与谋生的基础条件。虽然学历可以过滤“学渣”，过滤不了“人渣”，但学历能反映知识储备、精神意志等方面的品质，可以从侧面反映交往对象的职业素养、思想道德水平等，所以学历水平是研究生恋爱需要考虑的一个问题。如果双方学历不一致并没有导致他们相处不和谐，没有出现学历低的一方受到歧视，没有导致双方的价值观和处事模式不匹配，那么学历高低便不会影响两个人的深入相处和未来的婚姻关系。

28.2　形成正确的择偶观

作为爱情开始的必经环节，找准恋爱对象的动机和观念直接决定了未来爱情以及婚姻的状态，所以研究生在对待寻找人生另一半的问题方面要保持谨慎的态度，以免影响长远的人生征途。可以说，作为价值观在婚恋方面的体现，择偶观的水平高低以及正确与否，直接关系到一个人长远家庭关系的和谐程度和内心精神世界的幸福程度，可谓“爱情美则心灵美”。研究生群体在接受了长时间的科学教化塑造后，认知能力、逻辑思维以及抽象思维能力等逐步达到高峰，然而理性思维的强化也意味着其处理人际交流、恋爱往来方面的能力有所弱化，或者说其在处理感情问题方面具有“执着而不灵活”“理想而不愿世俗”等特性。研究生虽然在大学阶段的通识课、选修课学习中涉及世界观、人生观、价值观等方面的教育，但在人际交流、社交礼仪、情商提升、处世技巧等方面的能力还有所欠缺，因此研究生“追求卓越的研究范式”和“感性细腻的社会经验缺乏”的特质会导致恋爱中出现矛盾。所以，研究生群体在心理健康方面出现问题较为常见，突出地表现为在情绪上的自我控制、心理上的自我调适、情感认知上的自我把握等方面的欠缺，这使得研究生在受到来自社会环境的影响和价值判断不准确的情况下，加之不良风气和群体性思潮的入侵，相关的价值认知容易出现偏差并形成错误的婚恋择偶观。综上所述，不当的择偶观念会对研究生的身心健康及学业发展造成不良影响，需要适时、恰当地加以引导。那么，怎样树立一个正确的择偶观呢？丁老师给出以下几点建议。

28.2.1　提升自我认知

研究生只有在恋爱的过程中或者扩大恋爱圈的交流中提升自己对爱情的本质理解，才能让自己融入一份尽职尽责而又不丧失爱情浪漫光环的恋爱关系，从而建立科学的恋爱观和择偶观，让自己在恋爱中不迷失自我、不放纵自我和不伤害自我。也就是说，研究生群体只有在对自身有清楚的定位和择偶需求之后，才能形成正确的择偶目标。此外，自我认知也是健全人格、完善自我不可或缺的因素，因为只有提升了自身的认知能力，清楚了自己的优点和缺点，意识到了自己认知和行为中的偏差，才能在不断的自我调整中加强自我主体意识的形成，构建符合自身情况的认知评价系统。

28.2.2　提升自我修养

研究生的修养可以体现在生活中的方方面面，不仅可以从其谈吐、衣着、品位等方面直观感受，而且可以通过其与师长的交流方式、论文的修改态度、学术的远大追求等方面隐形地表现出来，是研究生在知识、理论、艺术、品性、思想等方面的真实水平。作为研究生，要注意自己的学术修为、道德修养和学历水平的匹配性，特别是要适时反思修正自己的婚恋观念和行为，要提升自尊、自信、自强、自立、自律的外在表现，要有自己独立人格和做人底线的坚持，要有不越界、不逾矩的内心良知和道德操守。物以类聚，人以群分。研究生只有不断提升自己的修养，拥有自己独特的气质，才能拥有长久的人格魅力，吸引到优秀的另一半。

28.2.3　提升爱的能力

每个人都向往令人神往和心动的爱情，因为它是一份上天赐予两个心灵相通的人的绝美礼物，它能带给人无与伦比的精神力量，使其身心愉悦，让人生的征程不再寂寞且有可依靠的港湾。爱情是人生不可或缺的精神存在，它不仅可以通过恋爱双方的照顾、依靠等活动获取、感知、体会爱情回流的震撼力量，又可以给予对方足够的心理支撑、精神安慰和前行力量。正如歌手刀郎作词谱曲的《爱是你我》中所唱："爱是你我用心交织的生活，爱是你和我在患难之中不变的承诺，爱是你的手把我的伤痛抚摸，爱是用我的心倾听你的忧伤欢乐……”研究生只有具备了爱的素养、修为和能力，才能更好地欣赏爱的艺术，在相互支撑下谱写可歌可泣的动人故事。

28.2.4 提升爱的逆商

逆商，简单说就是在不利局面下表现出抗干扰、抗压力、抗挫折、抗磨难的及时调整能力，就是在逆境中承受重大失败而克服心魔不断上进的能力。融入恋爱中，逆商是指研究生要能够从容地面对恋爱的失败，能够及时化解两人相处中的矛盾而不丧失做人的基本底线，能够避免“爱散情伤”“不爱即仇”“精神折磨对方”的现象出现。爱情虽然“直叫人生死相许”，但现实中恋人因为琐事吵架、产生矛盾的现象也经常出现，希望彼此多一些冷静的思考，带着同理心思考对方行为的问题根源，少一些冲动，避免“恶意相向”“报复伤人”的现象产生，快速提升自己的爱情修复能力和逆境反弹能力，结一份善缘，修一份善果。

28.3 研究生恋爱存在的主要问题

虽然研究生在谈恋爱方面更加趋于理智、长远和务实，但由于研究生学业任务和毕业论文写作的压力，经常出现这样或者那样的问题。**首先，一入学即失恋的现象时有出现。**很多研究生在本科阶段已有恋人，但毕业之后由于两人考入了不同领域的研究生院校或者一人继续学习而另一人参加工作，两个人异地恋且不能理解对方的所思所想，进而产生了行为目标的不一致性和彼此价值观的矛盾。可以说，如果恋人长时间不在一起，就会引起感情的相处不适，加之研究生对未来就业或者生涯规划更加明晰，因而在经过理智分析后很容易选择放手或者理解对方的选择，不会陷入前一段的情网关系中不能自拔。**其次，一年级谈恋爱的同学有所增多。**没有恋爱经历的研究生，在一年级时会参加很多大集体课程和集体活动，通过这些学习交流和实践性参与活动，很多同学考虑到年龄问题和谈恋爱的自身需求，会主动寻找恋爱机会且将未来的学习、就业、工作一并考虑进来，因此一年级同学谈恋爱并建立稳定关系的概率较大。**再次，二年级科研与恋爱平衡有困难。**二年级是科研生活最重要的一年，研究生不仅要进行各类实验、实践活动、谋划毕业大论文的写作，而且需要不断地投递学术小论文以达到毕业的条件要求，所以一部分研究生忙于科研任务、导师安排和论文撰写忽略了对恋人的关爱，使得科研、生活和恋爱时间分配不合理，从而产生感情生疏、不愿承担责任等问题。**最后，毕业季就业与婚姻抉择造成伤害。**毕业季一部分研究生选择继续读博士以实现学业上的精进，一部分研究生考虑家庭的压力和自己工作的诉求计划投入工作岗位，使得恋爱双方一方面在工作地点、行业岗位、结婚生子等方面产生了分歧，另一方面由于家庭父母介入产生了很多世俗的压力及矛盾，从而使双方的选择对彼此造成伤害，甚至走向不同的城市和行业，结束这段不堪回首的情感。

粉丝留言：

自己在读研究生之前没有谈过恋爱，有时候感觉很难琢磨女生的心思，我该如何在爱情中提升自己，有没有相关技巧？

老丁心语：

老丁看到这个话题，想到了研究生的爱情应该注意几点内容。

第一，男生应该有交心的习惯。一般而言，恋爱中的女生特别喜欢被呵护、被关爱甚至被宠爱的感觉，所以，男生可以每天晚上给她打个电话，对她表达一下爱恋，给她诉说当天的一些表现，给她说点新鲜事，等等。这种你爱说她爱听的反馈，就是恋爱的好习惯，让女生有了安全感，因为女生每天的期待得到了反馈，心的距离就近了。因此，男生对女生的这种电话仪式感或者反馈习惯非常重要。虽然有些同学是异地恋，但心里有“近在咫尺”的感觉。

第二，男生应该给予足够的包容。两个人因爱情走到一块儿非常不容易，是由“形”到“心”的共同认可。从爱情到婚姻，两个人需要不断磨合、理解和包容。老丁认为，这个“包容”主要是指男生的包容，因为女生更在乎情绪感受，情绪来得快也退得快。也就是说，女生更在乎男生给她的感觉、反应和语言反馈，可能是几句安慰的话，也可能只需静静地陪同、靠近、支撑。如果两个人吵架了，那么男生应该更加包容一点，不要直接抱怨女生做得不好。总之，男生要包容心强一点，要理解女生的感性需求，如此可以减少很多摩擦。

第三，男生应该制造小惊喜。男女恋爱要想维持得长久，必然少不了小惊喜、小浪漫的瞬间，因为这些让人铭记的闪光点和记忆点，能让爱情有持久的黏合力，回忆起来也是乐事。也就是说，有些时候男生精心谋划或者出其不意地给女生买一点小礼物或者制造浪漫温馨的感动瞬间，女生会认为这是一个有爱心、懂生活、有情趣的知心爱人。试想，如果两个人的交往平淡如水且场景一模一样，感情世界没有起伏变化，这段缘分很可能就无疾而终了。所以，研究生应该有研究生爱情的样子，男生要有足够的包容性以及真诚对待这份爱情的态度，只有这样的爱情，才能有令人难忘的瞬间。

29. 研究生扩大恋爱圈的办法

有些研究生认为“爱情始于同一圈子的交集”，所以他们不想扩大交际圈，将自己囿于熟悉的圈子或者兴趣一致的团队，从中进行良缘的捕捉；还有些研究生认为自己单身是因为认识的人不够多，缺乏足够的优质备选项，使自己没有选择的余地。其实不然，谈恋爱既可以在志趣相投的同一个圈子深耕，也可以通过扩大恋爱圈进行交叉融合进而异性相吸。在研究生阶段，由于研究生所在的班级规模普遍较小且专业之间存在交流壁垒，加之“三点一线”的科研活动限制，他们的交流圈和释放情感的空间较小，降低了他们找到合适伴侣的机会。那么，研究生该如何扩大交际圈呢？

29.1　是否要谈恋爱

研究生期间的恋爱会涉及个人情感、学业发展和未来规划等，使要不要恋爱成为一个现实问题，因为要考虑今后的发展方向、就业途径和婚姻的匹配度。也就是说，读研期间要面临很大的学业压力和时间限制，同时要面临三年后的抉择和事业的归属，因此“要不要谈恋爱”“要不要扩大恋爱圈”成为研究生恋爱必须面临的一个现实问题，且需要衡量自己是否有足够的时间和精力投入一段感情。此外，作为研究生，还需要做好处理各种情绪和进行时间管理等方面的准备，因为一段感情的维系需要付出足够多的时间和精力。如果双方在感情中经常吵闹且处理不好感情纠葛，那么谈恋爱产生的问题和时间的消磨就会对研究生的学习生活与研究成果产生影响。不管怎样，研究生阶段都应该以学业为主。

29.1.1 研究生阶段是一个相对自由的时期

除了一年级的课程和集体活动多一些，研究生阶段一半以上的时间是以开展学术研究、论文写作和专业实践为主，因此研究生可以在学习之余进行恋爱交往和其他娱乐活动，以调节相对枯燥的业余时间。虽然研究生需要投入大量时间进行学术钻研，但过度投入会使自己的探索之路变得孤寂，甚至出现苦熬、折磨的心理状态，而通过恋爱进行感情疏导和心灵支持，会对科研生活产生积极影响，同时增加生活的多样性，使研究生的生活更加充实和有意义。

29.1.2 恋爱可以让研究生在感情上有所依托

如果研究生在学术研究的道路上遇到各种难题，加之自己独立承受压力的能力很弱，那么其可能在面临压力和重大科研攻关方面出现焦虑、抑郁等负面情绪。如果有一个爱人能够理解、支持和关心自己，研究生就会有感情上的依托，助力自己完成各项任务。

29.1.3 恋爱可以让研究生更快地融入社会

一味地沉浸在学习中，不进行各类社交活动，往往会难以适应当今公共场所的交流方式以及爱情的表达方式，不知道如何对心爱的人表达关心和支持，毕业后融入社会的适应程度和生存能力就会有所下降。很多研究生在谈婚论嫁和讨论安家立业时，往往会将关注点放在职业定位、婚姻方式、买房等问题上，进而涉及家庭责任承担和父母关系处理，有助于深化对现代婚姻制度的思考。

29.1.4 恋爱可以解决研究生在社会层面的认知问题

“老大不小了，该考虑结婚了”“你看看周边的同学都结婚了，人家的小孩子都很大了”等家长关心的问题一直困扰着研究生阶段没有恋爱的同学。虽然说“该结婚的年龄结婚合适，该生小孩子的时候生小孩子合适”，但对现阶段的研究生而言更多的是围绕一些重大的科研任务进行学术探索，所以可以通过恋爱的形式回应一些家长“过分”的关爱。此外，一部分研究生可能还会考虑生理和心理上的需求，迫使自己走入一段或真或假的感情，这也是成年人世界必须重视的一点，但无论怎样双方必须多考虑责任并做好承担责任的准备。

不可否认，一段健康、良性的感情关系不仅能给人提供精神层面的支持，还能激发人的创造力和激情，因此感情的稳定在一定程度上能使研究生的科研探索更加努力，并激发其科研创造力。同时，如果恋爱双方都是研究生或者学术领域的从业者，那么在与伴侣分享自己的研究成果、倾听对方的意见和建议时，可以更好地理解科研工作的不易。然而，过度投入感情生活可能导致分心，甚至影响学业表现和时间管理，因为有些理工科实验需要长时间坚守在观测一线，分心会导致科研工作的失误。同时，恋爱分手或者感情纠葛会带来挫折和伤感，让研究生不能长时间投入科研一线，甚至严重影响个人生活和与导师的相处。因此，研究生在谈恋爱时一定要平衡好感情与学业的关系，合理规划时间并找到适合自己的释放方式，确保自己的研究工作不过多地受到干扰。事有两面，所选不同。对于一部分研究生来说，一段健康稳定的感情能够为他们带来积极影响；而对于另一部分研究生来说，学术稳定后再投入感情更适合。因此，无论是否选择恋爱，研究生都要根据自身情况进行权衡并合理安排时间与精力。

29.2　扩大恋爱圈的方式

相较于本科阶段宽口径的授课模式，研究生阶段的学习更加专业化和系统化，研究聚焦在相对狭窄的领域，日常交流的对象除了导师，就是师兄师姐、师弟师妹或相同研究领域的同学，交际的范围自然窄了很多。在学习场地的限制下，研究生接触到其他专业领域同学的机会也少了很多。此外，课程学习方式和师生相处模式也是研究生交际圈收窄的一个原因，因为多数学校、学院和研究所以小班授课为主，且课程内容以学科前沿、专业讲座、实验实训实践为主，课堂上研究生敞开心扉交流的时间较少。由于研究生术业有专攻且通常聚焦于一个非常小的“点”进行研究，他们的独立探索意识强且投入实验分析、论文写作的时间较长，同一专业不同研究领域同学之间的交流相对较少，恋爱的际缘和圈子也狭小了很多。同时，研究生阶段学生的精神压力对恋爱圈的扩展产生了一定影响，如学术上的竞争压力、未来职业发展的焦虑以及经济压力等都会影响研究生的心理状态，使其更加注重个人的学术成就和职业规划，而对恋爱关系持谨慎的态度。

研究生阶段是一个人进入社会前能力得到全面提升的重要时期，因此研究生不仅要重视学术研究、专业实践，而且要通过与导师的交流、会议的切磋、出差的社交、同门的相处和恋爱的交往培养自己的社交能力与团队合作能力。扩大恋爱圈不仅可以提升研究生的相关能力，也可以提升研究生的恋商和情商。**首先，可以促进研究生的自我成长。**研究生通过与不同类型的人相处，可以更好地了解自己的优点和不足，从中找到自己的定位和突破口，从而提升自己认人、识人和辨人的能力。扩大恋爱圈不仅可以使研究生找到自己的心仪对象，而且可以使其通过与他人交流、互动和爱恋，打破自我局限并突破自我舒适区。**其次，可以丰富研究生的生活。**研究生通常会面临课程学习、科研训练和论文写作等任务，往往投入研究性学习任务的时间长而社交活动少，通过扩大恋爱圈调剂业余生活，可以帮助其寻找放松和娱乐的方式，增加生活的趣味性和多样性。**最后，可以谋划研究生的职业定位。**通过扩大恋爱圈和选择心仪对象，可以让研究生更加明确自己的发展方向，从而为职业规划提供支撑。

研究生要想扩大自己的恋爱圈，一定要多接触不同的人与事，不能关闭自己的心门，否则很难让阳光照射进来。下面是丁老师提供的一些扩大恋爱圈的小建议，希望对大家有所帮助。**第一，多参加集体社交活动。**如果学校和课题组组织了一些联谊活动或者沙龙论坛，那么研究生可以积极提交论文或者进行才艺表演，通过茶歇或者介绍性环节多结识新朋友，扩大交叉领域或者行业圈的人脉。**第二，多服务一些集体讨论群。**通过自己所属领域的微信群等，多进行一些资源分享、技能帮扶和团队宣传活动，在虚拟的交往群里展现自己的特点和魅力，从而吸引更多志同道合的朋友，为良缘提供一些机遇。**第三，多参加一些运动类项目。**研究生多参加一些体育运动、健身活动和娱乐性项目，不仅有助于锻炼身体、增强体质、娱悦身心，还可以提升团队归属感和内部认同感，从而让兴趣相同的人增加对自己的了解。**第四，多参加一些学术交流会议。**研究生跟着导师参加学术交流会议，不仅可以分享自己最新的研究成果以引起他人的关注，而且可以通过交流互动环节提升对科研人的认同感。此外，研究生可以通过会议的小组讨论、考察交流、野外实践等环节，进一步拉近与同行的关系，展现自己真实的一面。**第五，多参加一些志愿者活动。**研究生多参加一些会议服务、下乡帮扶、敬老爱幼等志愿活动，在志愿活动中结识心中有爱、行动有光的同人，从而在互帮互助的情谊中展示自己的人格魅力。**第六，多把握一些交流机会。**有些研究生擅长与数据、论文打交道，甚至觉得这些更有职业认同感，而缺乏同学间嘘寒问暖的情意投送，在交流中缺乏主动性，也不敢去捕捉一些良机。因此，丁老师建议这些同学不妨多一些主动表达，从而使自己的感情释放和学术研究协同起来，助力自己在学业有成的同时获得一份佳缘。

研究生扩大恋爱圈的方式有很多，但请记住不要因家庭的压力而恋爱，如果没有合适的机会或者没有碰到心中的那个人不谈也罢，因为勉强交往反而会陷入感情纠葛和利益纷争，从而影响自己的学业和大好前程。

29.3 恋爱前的准备

研究生阶段是一个科研型人才学术发展和职业上升的关键时期，也是一个充满挑战和变化的时期，其面临着毕业后是投入工作还是考博发展的选择，这里潜藏着很多恋爱的不确定性，使一些研究生充满了担忧。如果想恋爱，那么需要做哪些准备呢？丁老师给大家一些建议。**一是对自己的学业目标和规划有清晰的认识。**研究生阶段是一个专注于学术研究与科研工作的时期，研究生需要投入大量的时间和精力保证学业任务完成，避免陷入延误毕业、恋人分手的尴尬境地。因此，研究生在与他人建立感情关系之前，需要明确自己的学术目标和职业定位，并确保有足够的时间和精力投入研究。同时，研究生要与导师和学长进行深入沟通，了解在研究生阶段如何平衡学术与个人生活，从而更好地处理各种关系。**二是关注自己的情感和心理健康状况。**研究生阶段学业压力较大，很多学校要求研究生必须发表论文才可以申请学位。因此，研究生在选择恋爱对象之前，首先，确保自己已经做好了心理准备，能够应对可能出现的挫折和困难；其次，考虑自己的理想对象选择和情感慰藉的需求，从而以良好的身心状态建立稳定的关系；最后，要承受毕业后的变化和与恋人事业的异向选择，从而为好聚好散、成就对方提供感情方面的支持。**三是考虑自身的时间管理和生活规划。**在研究生阶段，学术任务和研究工作会占据大部分时间，因而研究生在这期间恋爱既伤神又耗精力，需要在时间管理层面有充足的准备。谈恋爱非常重要的一点就是双方需要有时间和精力维系关系，能够在忙碌的学术任务中平衡好个人状态与情感生活，否则这段恋爱时光可能会伤痕累累、一片狼藉。**四是了解学校关于恋爱的相关规定和要求。**研究生多数到了法定的结婚年龄，有自由恋爱和结婚的法律许可，但有些巨大的科学实验和项目需要投入更多的时间与精力攻关，这些对研究生恋爱和结婚提出了更高的要求。所以，研究生在谈恋爱甚至结婚时要和导师进行充分交流，不要因为恋爱、结婚耽误了重大科研项目推进，否则需要承担延后毕业、拿不到学位的后果。

29.4 选择合适的伴侣

作为一名研究生，选择一个合适的伴侣对于个人的成长与发展至关重要。那么，研究生该如何根据性格特点、职业定位和恋爱指数选择伴侣呢？

29.4.1 知识和兴趣的相似性是选择伴侣的一个重要因素

一方面，研究生阶段是一个非常专业且需要深度钻研的时期，研究生必须不断进行学术研究和交流提升自己的专业度。如果研究生的伴侣与自己具备相似的知识背景和兴趣爱好，那么伴侣就可以更好地理解研究生的学术追求和科研挑战，给出有用的学术建议，更好地给其以情感力量和背后支持。例如，在日常学习生活中，研究生在承担大量学术任务和研究项目时，伴侣能够给予其鼓励和支持，并共同面对困难和挑战。双方就能承担科研命运共同体的责任并互相激励和认可，从而帮助对方更好地应对压力，坚持到科研任务完成和优质成果产生的最后时刻。另一方面，研究生阶段是学生学术兴趣和职业目标形成的重要时期，需要坚定的目标和持续努力才能取得成就。如果有志趣相投的人支持，其科研道路会更加顺利。

29.4.2 共同的目标和理想是建立一段健康关系的基础

步调一致的恋人走得更远，节奏匹配的爱人会更坚定地给予对方支持。在研究生忙碌和充满压力的学术挑战中，如果双方有共同的追求和前进方向，那么在相互鼓励和支持中双方可以增进彼此的情感联系，共同度过艰难的求索过程。这个共同坚持的过程又反过来增强了双方的感情认同，也能培养出更加坚韧和乐观的人生态度。如果你在读研阶段对自己要求很高，一心想产出高质量的成果，对方却是一个划水型研究生，总是给你泼冷水，那么两个人在未来规划上势必会产生分歧。此外，研究生常常面临各种挑战和压力，如论文写作、实验研究、项目推进等，如果找到合适的伴侣，其不服输的劲头就会进一步增强。找一个拥有相同目标的伴侣，不仅可以带来内心力量的支持和克服困难与挑战的勇气，还能够减轻一个人面对压力和困惑的无助感。

29.4.3　人品好、价值观一致是选择伴侣的基本准则

学历可以过滤“学渣”，但过滤不了“人渣”，所以研究生在选择伴侣时，一定要将品行考核放在第一位，否则选错误终身。研究生不要认为只要对方学历高或者与自己学历相近就可以带给自己幸福，因为人品是在相处过程中逐渐体味出来的，不要抱着学历光环选择伴侣。一方面，研究生阶段是个人价值观逐渐形成和稳定的时期，选择一个与自己价值观一致的伴侣对于个人成长和学业发展至关重要，因为共同的价值观能够促进双方更顺利地实现梦想。也就是说，价值观一致能够使双方在学术领域产生更多的关心和理解，能够产生精神认同感，从而在彼此理解中挑战未来更多的可能性。如果两个人的价值观存在差异，甚至相悖，那么在遇到难题或者人生挫折时会产生分歧和误解，从而陷入相互埋怨、诉苦的境地，最终影响双方的学业成就和个人幸福感。另一方面，与一个人品和价值观同自己一致的伴侣在一起，不仅能给予个人积极的情感支持和价值认同，而且能结成稳定、和谐的伴侣关系。

粉丝留言：

男朋友读了研究生之后和我的交流变少了，他对我的关心和情感投入也变少了，感觉我们两个人之间产生了隔阂，我该怎么办？

老丁心语：

老丁和大家聊聊如何有效关心自己的女朋友或男朋友，让他或者她觉得你特别体贴、懂事。当然，这和情商也是密切相关的，需要大家在日常生活中不断加强对生活细节的关注。

第一，要切实为对方考虑。比如，女生给男朋友打电话说自己头疼，男朋友就说那你去喝点热水吧；女生又说自己牙疼，男朋友又说你多喝点热水吧。总之，无论女孩说自己哪儿疼，男朋友总是用一句“喝热水”解决。对于这种情况，建议男朋友从对方的角度考虑问题，赶紧买药过去关心或者给出一些实质性的就医方法，或者多陪女朋友说说话。

第二，要切实付诸行动。研究生的学术研究充满挑战甚至煎熬，作为伴侣的你一定要从对方面临的困难出发，给出实实在在的行动方案。比如，研究生天天面临学业、学术上的压力，作为伴侣的你可以提高相关方面的能力，帮助对方解决一些制图排版和文字校核的任务，对方会非常高兴，因为你真的帮助其解决了学业上的事情，而且付出了实实在在的行动。

第三，要学会情绪疏导。如果你的女朋友面临学业竞争的压力、朋友相处的矛盾，内心情感无法释放，那么你应该给她一些言语方面的开导，甚至通过陪伴让她内心逐渐稳定下来。之后，通过一些有爱心的小礼物帮助其转移情绪，让其愿意向你倾诉。此外，可以找点她喜欢做的事情如唱歌、散步、看电影等，多和她交心，从而给出抚慰心情的具体办法。

第四，要提升恋爱小技巧。爱情和婚姻都需要维系，希望研究生在业余时间多学习一些恋商、情商的知识，多从行动和言语上给对方满满的爱意关怀和行动关爱，包括如何进行快乐式交流、幽默式关爱、疏导式安抚等，在自己变强大的同时，也让伴侣变得非常体贴。研究生未来是家庭的顶梁柱，要有为自己事业奋斗的精神，让伴侣感受到责任和力量。

第五，要体现应有的温度。有温度，就是你有一些小心思、小情怀，甚至制造一些小惊喜，从而让伴侣感受到你有情调。老丁觉得浪漫的事该做还是要做，不要觉得情人节送花就是俗，不要觉得见面或者出差买个礼物就是形式主义。有时候也可以多一些细节表达，通过邮寄一些小礼品、小特产、零食，或者带伴侣去兜兜风、小酌几杯，都是可以的，因为多关注伴侣喜欢的东西，就是一种彼此认同的表现，也是有温度的感情维系方法。

30. 同门之间谈恋爱的利弊

研究生相处时间最长的莫过于同门了，因为他们长时间在研究所或者实验室一起开展学习活动、组会交流和完成项目，一起在生活中参与集体活动或者聚餐娱乐，因而同一个导师组所带的同学就形成了内部交流学习、互诉衷肠、谈心论事的生活圈。如果师门内男女生的年龄相仿且人数比例相差不大，大家在同一个实验室里学习、工作时间长了，就会在你来我往和互帮互助中产生别样的情愫。但不少研究生出于“兔子不吃窝边草”等想法，在对同门有触动瞬间或者爱意传递时，内心虽然悸动但往往开始纠结，不敢往前一步，将这份感情掩藏在内心最深处。也有的研究生所在的课题组环境轻松且导师组对同学间的恋爱不加干涉，他们就以“近水楼台先得月”的策略寻找自己的恋爱对象，如果恋爱成功就会成为同门之间羡慕的对象。然而，如果两个研究生相处了一段时间感觉彼此不合适或者因为某些事产生了不可调和的矛盾，那么两人吵架或分手后会将课题组的氛围搞得异常尴尬。关于同门之间能否恋爱一直是个有争议的话题。一部分导师认为内部恋爱会影响科研进程而有意识地传递出禁止信号，以维护学术独立性和消除潜在的利益冲突；另一部分导师认为研究生如同自己的孩子，到了谈婚论嫁的年龄应该帮助他们解决个人问题，所以对同门之间恋爱表示支持或者默许。

30.1 要分专业看情况

如上所述，“研究生同门是否可以恋爱”是一个充满争议的话题，各种观点不一而足。但是，研究生阶段所处的实验室、研究所不同于本科生阶段的开放教室环境，不同专业研究生之间的学习与生活节奏相差很大，所以，同门之间谈恋爱是否被允许，在不同的专业也差异较大。理工科研究生大部分时间待在实验室或机房里参与团队项目，与同门在科研上的合作比较密切，牵涉的权力和利益分配等问题较多；而文科研究生通常需要阅读大量的书籍和论文，通常独自一人待在图书馆或办公室里，与同门的联系不太紧密。因此，不同学科研究生的相处时间与模式有很大差异。理工科研究生在入学之后，通常会以课题组为单位组成一个小集体，在实验室、外出采样等共享空间中频繁接触，在面对复杂实验、艰深理论时经常会在一起共同解决，共同的挑战和压力让研究生之间的联系更加紧密，大家在互相支持和鼓励下容易产生爱情。同时，在课题组内，导师通常会安排师兄师姐对师弟师妹进行指导，这种一对一的交流容易让两个研究生在短时间内迅速了解彼此，不经意间擦出爱的火花，但是一个课题组的理工科研究生处在同一个场所的时间较长且内部难免会牵扯到实验处理、论文署名、横向课题等利益纠纷，恋爱中的两个人在触及利益时难免会产生分歧，因此理工科研究生在面临同门间的爱情时会出现较多问题。丁老师认为主要有以下几种问题。

30.1.1 尺度把握困难，公私难分

研究生在面临重大课题攻坚时难免会遇到实验人手不足、论文写作困难等需要求助于人的情况，如果是普通的同门关系，师兄师姐或者同学稍微指导一下应该注意的事项就可以，但如果是男女朋友，一方大概率会对另一方产生依赖，一些实验或者论文通常会让能力稍强的一方手把手帮忙。这样一来，最后这个实验或论文究竟是谁的贡献大难以厘清，甚至会在署名问题上产生矛盾。同时，同一课题组的研究生往往在研究领域、课题研究上有着直接的竞争关系，若两人发展成恋人，这种竞争压力就可能对恋情产生负面影响，同时可能影响两人在学术上的高质量成长。

30.1.2 影响师门氛围，不免尴尬

同课题组的研究生通常会形成一个较小的圈子，科研学习、生活娱乐都在一起进行。当圈子里出现一对情侣时，其他在场的同学总会或多或少感到尴尬，从而影响集体性项目的效益。如果一个课题组内部的同学都在拼命干活，而成为恋人的两个同学却在忙乱中不理会集体项目的进展，甚至在频繁交流中眉目传情、暗送秋波，这种行为就会被同学认为不懂是非轻重和场合礼节，从而影响同学间的和谐相处。同门恋爱的双方在出现问题吵架或分手后，不能像其他情侣一样“老死不相往来”，两人依然是“低头不见抬头见”，

并且会同时出现在实验室里，也会尴尬。

30.1.3 阻碍职业发展，悔不当初

理工类研究生对学术的诚信和公平性要求很高，同门研究生之间发展恋爱关系可能会引发道德和职业问题，对研究成果的认定和成果归属产生分歧等。同时，如果同门恋爱最终没有修成正果，那么两人之间不愉快的相处经历可能会导致他们在职场上对彼此有不公正的评价，从而影响个人的职场竞争力。文科类研究生的学习和研究更加注重个人创新思维与综合归纳能力的提升，对合作的需求比理工科低，课题组内的利益与竞争关系较少，因此，文科类同一个课题组的研究生在发展成为恋爱关系时，对研究工作的影响相对较小。同门研究生谈恋爱是否会影响学业和职业成长，需要综合考虑学术和职业道德、个人和情感需求以及合理管理与专业分工等诸多因素，不能一概而论。

因此，研究生应该在个人情感和学术研究之间找到平衡，处理好恋爱关系与学术任务之间的关系，确保自身的良性发展和课题组的正常运行。最重要的是，同门研究生谈恋爱不能对其他同学和课题组造成不必要的困扰与冲突。

30.2 同门恋情和普通校园恋情的区别

有一种声音认为，同门恋情和办公室恋情一样，都不值得提倡，果真如此吗？丁老师简单谈一下同门恋情和普通校园恋情的区别。

30.2.1 相遇场合

同门谈恋爱的情侣，是因为被同一个导师招进了课题组才相互认识的，即便两个人最终没有走到一起，也注定会在学习过程中日益增进了解。然而，普通校园恋情发生的场合较为随机，有可能是某个学生活动或者上同一堂课，也可能是一次运动场的美妙邂逅，甚至有可能是在图书馆恰好坐到了隔壁而产生的瞬间心动。相较于普通校园恋情，同门研究生的学习背景与生活经历有很多相似性，遇到“渣男”“渣女”的可能性较小。

30.2.2 相处方式

相较于普通校园恋情，同门研究生谈恋爱不需要在彼此空闲的时间进行，

两人完全可以相约在实验室里一起做科研、一起读文献等，并不像普通校园恋情那样需要腾出各自的空闲时间约会，维系关系的成本较低。然而，如果同门研究生恋情不小心给课题组其他同学“喂了狗粮”，就可能遭受冷不丁的“白眼”；若被导师知悉，还可能受到导师的监管和敲打。

30.2.3 情愫产生

青春少年在同一个研究生实验室里朝夕相处难免互生情愫。据丁老师的观察，同门研究生谈恋爱并非刚刚开学就在一起，通常是到第二学期或者第三学期之后才确定关系，因此他们是在长时间的交流中逐渐产生的情愫，即日久生情。普通校园恋情则随机性较大，如果不是一见倾心或一见钟情，那么不熟悉的双方很难再有机会走到一起。

30.2.4 双方感觉

同门研究生的恋情，多在师妹与师兄或师弟与师姐之间发生，同级之间反而较少，这是因为如果师兄、师姐愿意带着师弟、师妹做科研，乐意帮助他们解决一些难题，这样一来彼此之间就会产生一些依赖、爱慕心理，久而久之互生情愫的可能性很大。对于普通校园恋情，双方在学习与工作方面的接触不多，因此较少出现一方在学习或者科研方面特别依赖另一方的情况。

30.3 利弊分析

同门恋情一直是颇具争议的一种关系，这是因为同门研究生恋爱既能带来科研上的互促共进，也会因为双方之间的情感矛盾产生意志消沉、止步不前等问题。

30.3.1 主要弊端

①影响科研效率。同门研究生之间的恋爱涉及情感关系，因此在处理情感矛盾时难免会影响科研状态，甚至让学术精神和科研灵感消失，从而迷失在情感世界不能自拔。此外，由于在同一个实验室开展科研工作，两人的情感交往可能影响实验室的其他人。如果恋爱双方处于冷战期或者由于某种原因闹分手，吵吵闹闹的行为和矛盾激化就会让实验室的氛围尴尬不已，同门其他研究生也不想在这种压抑的环境中开展实验。**②存在依附关系。**社会行为学里有一个经常被用到的词汇——“权力关系”（power relationship），

它是指一段关系中如果双方存在权力差异，那么占据主导地位的一方会对依附的一方产生权威和支配影响。在同一个实验室里，师兄师姐和师弟师妹也是一个比较典型的权力关系，在这种情况下，师弟师妹看待师兄师姐就可能戴着滤镜，觉得后者什么都好、什么都厉害，这样形成的恋爱关系在最开始就带着不平等的权力关系，促使一方依附另一方。在这种影响下，占据优势的一方想要对劣势一方施加压力，就可能使劣势一方产生心理问题。**③影响同门往来。**研究生与同课题组的其他同学谈恋爱，可以有两三年的时间朝夕相处。如果双方能够坚持下来，那么一定是一段非常美好的姻缘，经过婚姻和岁月的磨砺后会非常怀念这段甜蜜的恋爱往事，其间的点点滴滴可能会被其他同学拿来调侃。一旦了解到他们谈恋爱了，其他同学就会自然和他们保持一定的距离，体现出礼貌的谦让和远离。这种行为并非同门同学对他们的排斥，而是谁也不愿意做一个“电灯泡”。**④分手影响氛围。**和同门同学谈恋爱，如果谈了很久后又分手，那么最尴尬的莫过于“抬头不见低头见”的实验室相遇瞬间，因为每一个角落都有两人的回忆，分手之后每一次遇见都难免会尴尬，实验室的其他人也会感受到氛围的不和谐，有意无意地逃避某些东西。

30.3.2 主要益处

①缓解科研压力。无论是在学业上还是在心理上，恋爱双方都可以彼此支持鼓励，分享实验室内外的心事并找到双方的共情点，这种情感上的默契和支持可以提高双方的幸福感，从而缓解科研攻关方面的压力。**②促进学术成长。**恋爱双方可以通过交流自己的研究成果、经验和方法，促进双方在研究理念和学术进展上的结合，从而产生科研前瞻方面的学术创新，加深对研究领域的理解和认识，提升双方的创造力。**③减少相处矛盾。**由于恋爱双方在同一个实验室做实验、搞研究，两人每天的作息是一致的，有了更多的相处时间。这样的相处模式使恋爱双方很少会出现一方忙而另一方闲的情况，因此在一方需要陪伴时，另一方会有充足的时间对其关怀呵护，从而减少双方因为要协调时间出现的矛盾。**④拥有更多理解。**同门恋爱的双方对于研究的学术前沿具有较高的认知度，因此会从对方那里获得更多的理解与支持，形成学术利益共同体。例如，双方可以相互交流新的研究方向或课题设计思路，也可以共同检查论文稿件和研究报告的规范性、科研性、精美度，从而

在学术成长的道路上有更多动力，给予彼此充分的包容和支持，但这些在其他情侣间可能不易理解。

30.4 要尊重彼此的选择

恋爱是人类最基本的情感需求之一，因此研究生谈恋爱是很正常的事情。作为一名深处科研环境中的研究生，应该以完成学业和追求科研上进为核心任务，不应该在科研、实验过程中因感情问题裹足不前或者自暴自弃，从而耽误自己的大好前程。研究生在面对学业进步和恋爱矛盾时，一定要处理好两者的关系，如果将科研与感情交织在一起不分时间和场合，那么不仅会耽误学业，也会伤害恋人。虽然大多数导师会说“谈恋爱这件事，我不支持也不反对”“只要不影响科研就好了”等，但他们也害怕同门研究生恋爱后耽误学业。此外，鼓励同门研究生恋爱不符合严谨的学术圈风气，因为很多严谨和富有科研理性的导师如果经常在实验室看到研究生“打情骂俏”或者在公共场合“秀恩爱”，难免会影响他们对研究生科研潜力和钻研精神的判断。

丁老师认为，爱情本来是没来由的，同门研究生只要是正常的恋人关系，在正常的时空中开展且不影响科研学习进程，就应该得到尊重和理解。作为一名研究生，一旦与同门擦出了爱的火花，就要结合自身情况多做评估，多思考一下双方未来的计划以及分手后的不利影响，不应陷入“不冲动还算什么爱情”等一时享乐的恋爱。不可否认，同门研究生间谈恋爱确实会牵扯很多的利益与关系，恋爱双方分手后，难免在以后的相处中尴尬，甚至有些较为极端的同学还会出现一些报复性的行为以达到情感的释放目的，满足“我得不到，别人也得不到”的畸形心理。如果同门研究生恋爱分手后能祝福对方，而且发自内心地为了对方好，或者怀着“放手也是一种爱”的心理，理解对方放弃这段感情的原因并能尊重对方的选择，那么这场恋爱在人生旅程中便是一段美妙的记忆。如果研究生带着“私心”与同门恋爱，那么在朝夕相处下对方一定会察觉这份虚情假意，从而影响自己的学业进展并招来道德上的谴责。总之，只要同门研究生恋爱出于真心且有长远规划，朝着积极的方向发展并守护着心中的恋人，那么一定能规避一些不好的现实问题并解决心理层面的困扰，收获一份属于自己的良缘，活出一份自信的青春担当。

粉丝留言：

我们实验室要产出高质量论文需要长时间做实验，有时候很难抽出时间陪女朋友，怎么平衡好学术与爱情的关系呢？

老丁心语：

有人说，爱情和事业双丰收就是人生赢家。老丁觉得这很难，自古很难两全，因为两者都需要投入大量的时间去经营和维系。老丁给男孩一些建议。

第一，不要擅自替女朋友做决定。无论是一些小事，还是桌子上的一点小东西，没有经过她的允许，都不能随便当成自己的东西处理。如果你没有经过她的允许，将她的东西处理了，不仅会让她觉得被冒犯或者私人世界被支配了，而且会让她觉得自己是你的附庸而不被尊重，这是不行的。**第二，女生的思维是偏感性的。**在出现问题时，不要拿正常的道理安慰女朋友，因为讲太多道理反而会忽视她情绪上的感知，没有给予她足够的心理支持和安抚，从而让你们渐行渐远。也就是说，你可能赢了吵架，但输了非常重要的人生选择。**第三，对于重要的事，你要舍得时间和成本去陪她。**老丁觉得，当你的工作和家庭出现冲突了，甚至有一个几十万元的项目要做，但家里的老婆孩子急需你的陪伴，你怎么选择？老丁觉得还是以家庭为重，因为家里安定了，未来还会有更多的机遇。如果你为了所谓的重大工作而不顾及家庭，那么你们家庭的问题和矛盾会越积越深，最后得不偿失，甚至妻离子散。**第四，两个人之间一旦有许诺，就要努力做到。**女生往往会对细节格外在意，即使是特别小的事儿她也能装在心里。所以，你随口说的一件小事，她可能就当真了，一直盼望着某一天你给她某些小东西或者实现这个承诺。如果你总是随便许下什么小事，又总做不到，那么以后她跟你爆发的时候，你的脑袋是不够用的。**第五，要学会静默地陪着她。**老丁觉得，两个人在一块儿，不是说非得天天卿卿我我，甚至去吃顿大餐，而是你愿意花费更多的时间陪着她，去感知她心中的喜与乐，去为她排忧解难。万一两个人吵架或者发生什么重要的事了，你一定要多陪伴她，安安静静地待在她身边甚至不用任何言语。因为需要陪伴的时候，真诚地感知对方的情感所需和内心温度，比一束鲜花要好很多倍。**第六，两个人在一起必须相互包容，不要相互侵占私人空间。**每个人都是具有独立人格的个体，所以不要总是干涉对方的一些私生活和私密空间，不给对方任何独立的思考空间和自由的行为模式，不然你们之间会产生多重隔阂，从而渐行渐远失去心中曾经的她。所以，建议你尊重对方的一些选择或者交流模式，不要什么事情都强加干涉，心敞开了，两个人会走得更远。

31. 追求心仪对象的方法

进入研究生阶段以后，不似大学阶段那般轻松、惬意和自由，因为面临繁重的学业任务和实验工作，因此在面对心仪的对象时心里难免会犯嘀咕，“我要不要追”“会不会耽误学业”“我该怎么追”，不知道如何应对爱情方面的向往。不可否认，研究生在学业方面面临的压力较大，害怕自己因为投入大量的时间和精力恋爱会耽误学业，也害怕自己谈了一场以感觉和体验为主的恋爱而耽误了长远追求，从而使自己陷入不敢为、怕错为的境地。如果研究生具有正确的恋爱观、婚姻观和价值观，能够坦诚地面对恋爱中的各类问题并有长远的奋斗目标，那么谈一场属于自己的恋爱，是无可厚非的事情。遇到心仪的对象，研究生该怎么追，有什么技巧吗？之前，丁老师作为大学生、研究生“小白”的时候，年少经历的事情少且对爱情懵懵懂懂，和诸多研究生“小白”一样，觉得谈恋爱、追女孩没有捷径，但经过多年的磨砺和对青春往事的回忆，丁老师认为还是有一定技巧的，因此以过来人的身份给大家简单谈一些方法和策略，希望给犹犹豫豫、害怕恋爱的“恐爱一族”提供些小建议。

31.1 读书

第一，获取书中的灵感。读一本好书，如同欣赏跳动的音符，如同香茗在心灵深处散发的芬芳，如同一位智者打通任督二脉后焕发新的生机……研究生可以在展开恋爱前，一方面，阅读书中关于恋爱的隽永句子、经典案例和隐喻故事，从中获取一些恋爱的启示与智慧、深层次的感悟与灵感、践行的方法和途径，从而在进入恋爱状态后迅速适应出现的各类问题；另一方面，通过阅读典型案例和经典故事，吸取宝贵的经验和教训，从而有正确的心态和舒适的心境解决各类恋爱矛盾。**第二，获取书中的技巧。**研究生通过阅读恋爱技巧的书籍，让自己获取一些实用的技巧和策略，增强与恋爱对象沟通的能力以及相互吸引的能力，建立良好的沟通渠道。比如，盖瑞·查普曼的《爱的五种语言》一书探讨了人们表达爱和接受爱的不同方式，介绍了五种爱的语言：肯定的言辞、贴心的服务、身体的接触、高品质的时间和礼物的赠予。研究生通过了解恋爱中的五种语言力量，可以更好地满足恋爱对象，从而有助于增强彼此之间的感情力量；约翰·格雷的《男人来自火星 女人来自金星》一书则通过幽默和通俗易懂的方式，解释了男女之间的性格差异、思维特点和行为偏好，可以帮助理解男女双方的情感需求、思维方式和沟通方式，从而更好地建立和维护两个人的情感关系。**第三，感受书的魅力。**很多年轻人通过阅读恋爱方面的故事和寓言，感受到高质量爱情的精神力量、浪漫故事主人公的坎坷经历、坚贞不渝爱情的可贵坚持，让自己对爱情有了更深入的了解，从而散发不一样的人格魅力。当然，阅读这些恋爱方面的书籍只是提升恋爱技巧的一部分，还可以通过高人指点、好友出谋划策等方式提升自己的恋商、情商和人际交往能力。

如何有效地利用这些书籍提升自己的恋爱能力？丁老师认为，可以按照以下步骤来阅读。**第一，明确阅读目标。**首先要明确你希望从这本书中获得什么样的知识和经验；其次有针对性地阅读，将书中的技巧尽快转化为实践。**第二，学会主动思考。**不要被动地接收书中传递的知识信息和恋爱技巧，而要主动地进行自我思考、总结和反思，判断书中的观点和案例是否适用于自身，学会选择有用的内容进行实际操作并检验可行性。也就说，要学会鉴别和提取书中的有用内容，以批判性思维从不同角度思考和分析书中的观点，之后再进行具体践行。**第三，摘录形成笔记。**在阅读相关内容后，可以发挥自己读文献述评的功底，摘录有用的知识点、感悟点和践行点进行反复琢磨，在形成有用的技巧后再真正去恋爱。**第四，实践反馈真知。**阅读恋爱方面的书籍只是告诉你如何更好地谈恋爱，但实际遇到的恋爱对象往往具有理论的不一致性，因此，在追求心仪对象时，除了尝试运用书中的技巧和策略，还要反思如何更好地把握恋爱对象的性格特点，从而形成自己的恋爱心得，开启属于自己的爱情之旅。

其实，丁老师就是想让大家注意以下几点。**第一，自我反思。**要经常进行反思和评估理论在实践中应用的可能性，思考自己的行为和表现是否符合书中所讲的原则和技巧，然后结合原则和技巧进一步调整、改进自己的行为，从而更好地塑造自己的形象。**第二，实践锻炼。**可以将书中所学的技巧和策略进行实践锻炼，并根据对方的反馈进行调整和改进，因为只有通过实践验证才能真正体会和掌握这些技巧。**第三，寻求反馈。**根据自己行为的应用情况，寻找好友评估行为的适用性和存在的盲点，之后通过好友的建议进一步调整自己的行为，从而以第三方视角印证书中原理的可行性。**第四，持续学习。**由于追求心仪对象是一个动态的过程，需要不断学习和适应新的场景与条件，及时进行反馈和更新，与好友交流面临的问题和潜在的困难，不断提升自己的追求能力。

31.2 打开方式

31.2.1 可以多参加一些聚会或聚餐活动

进入研究生阶段的同学已经到了谈婚论嫁的年龄，因此在选择恋爱对象时会考虑对方的家庭、教育背景、发展潜力等因素，从而以未来的可能性等综合判断对方的人品和综合实力。通过参加聚会或聚餐活动，研究生能展现自己的特点，更能在现实中受到心仪对象的青睐。如果在这些场合中你表现出对他人的关心、照顾，甚至得到大家对你人品和性格的认可，那么你吸引潜在恋爱对象关注的可能性会大很多。通过参加聚会聚餐等活动，可以结识一些朋友圈中的异性朋友；通过朋友的介绍和推荐，可以更轻松地接触到心仪对象，也可以建立更多的社交关系。需要注意的是，在这些社交场合中，你要展现出真实可爱的一面和独特之处，不要刻意逢迎他人，因为只有保持自信才能吸引真正欣赏和喜欢你的人。此外，如果在聚会中遇到了心仪的对象，可以主动与其交谈进而找到共同的话题和兴趣点。同时，一定要学会倾听和关心他人，以赢得心仪对象的关注与尊重，这样会让你更加受人欢迎，也能与心仪对象建立更深入的人际关系。

31.2.2 可以多参加一些课题研讨活动

研究生是带着科研任务努力求索上进的人，因此当你汇报科研成果、研究心得和实验进展等，可以展示自己的形象特征和长远目标等，这也是扩展社交圈、增加与心仪对象接触的重要途径之一。研究生可以主动参与学校、学院举办的各种活动，因为通过参加这些集体性的社交活动，不仅可以结识更多赏识和关心你的人，还可以获得更多与学术圈同行交流的机会，甚至有了进一步与心仪对象交流的机会。需要注意的是，有些课题组禁止组内的恋爱关系，但这不妨碍你在校内外获得其他相关研究者的关注。在学术活动中，往往会有一些沙龙分享、茶歇交流、野外考察的机会，你可以展现自己的真诚和善意，让他人感受到你的热心和关怀，因为这种真实会让他人对你产生好感，进而引起心仪对象的注意。

31.2.3 可以融入一些爱好类拓展圈

融入爱好类拓展圈，你不仅可以尽情地放松身心，而且可以在运动和娱乐过程中展现个人魅力，还可以拓宽社交圈子。在这种爱好类集体活动中，你不仅会遇到许多有相同兴趣和爱好的人，而且可以收获更多接触异性好友的机会，让你有更多的话题与心仪的对象畅谈。在有着共同爱好的活动中，通过买水、递毛巾、喊加油口号等细节，更容易获得心仪对象的青睐和爱意传递，有更多与心仪对象互动的机会。同时，在这样爱好类的运动中，如果你的才艺具有超人的优势，那么在这个过程中建立的自信心更容易彰显魅力，也能在与他人交往和追求心仪对象的过程中发挥重要作用。

31.2.4 相亲或许也是一种合适的途径

如果你没有特别突出的技能、才艺或能力，加之家里的长辈催得比较紧，那么通过相亲的方式找到心仪的对象也未尝不可。事实证明，很多研究生就是通过这种方式找到合适伴侣的，因为这种方式更直接，能更直观、真切地了解对方。有些研究生可能因为家长、朋友的催促或导师的安排开始考虑谈恋爱，却很难找到合适的对象，那么相亲就成为一种机会。需要注意的是，在相亲过程中，你要保持清晰的思考和独立的判断，因为相亲仅仅是提供了一个相互认识的机会，两人适合不适合相处，还需要双方进行深入交流以进一步判断共同恋爱的价值和长远发展意义。同时，在相处过程中，要保持开放的心态，不要给对方过高的期望。值得一提的是，相亲双方不仅需要时间适应和探索这段感情，而且需要通过磨合确认这个相处对象是不是自己想要的伴侣，而不是为了迎合他人的期望而屈就自己真实的感受。

31.3 实用小技巧

在追求心仪对象时，许多研究生常常会感到迷茫和不知所措，既渴望与对方建立深厚的感情，又担心自己的行为会过于主动或者冒犯，因此，了解一些小技巧是非常有帮助的。丁老师针对这个问题给出以下几个方面的建议。

31.3.1 提高自身的吸引力

人只有做到了内在魅力的外在绽放，才能实现形与魂、外与内的有机统一，吸引更多人关注自己，因此可以通过提升自己的外在形象和内在素质增加他人的关注。在外在形象方面，要注意穿着整洁、得体，不要一味地追求时尚潮流。除了合适的穿搭，还要经常打理自己的妆容和发型，保持良好的仪态和姿态，表达自己的个性和品位。值得一提的是，无论是休闲装还是正式的穿搭，都要保持精神向上的气质，展现应有的自信和舒适，从而散发自己的魅力和底气。在内在素质方面，可以通过持续学习提升自己的知识水平，不断增长自己的见识，这可以让你在与心仪对象的交流中更加有话题。人只有内外兼修，才能以积极的心态面对生活中的困难，才能经常保持乐观、自信的人生态度，而这也能让心仪对象感受到你的积极能量和共同面对未来复杂生活的可能性。此外，研究生还可以发掘自己的兴趣、爱好和才艺，形成独特的魅力和个性，从而让对方被你的气质吸引。

31.3.2 建立良好的沟通和互动

在交流时，要注重倾听和理解对方的想法和感受，因为只有看到对方的情绪和面部变化后，才能更好地理解对方话语的深层含义。如果能与恋爱对象建立良好的沟通机制，并且能积极地回应对方的言行，那么对方便能感受到你的关注和尊重，从而敞开心扉与你交流。当对方与你分享自己的故事、想法和困惑的时候，你要认真地倾听，少打断对方，并在对方说完后真诚地表达自己的观点，让其有知己、好友般的感觉。只有这样的互动，才能增进双方的了解和信任。有些爱情建立在友情的基础上，只有恋爱双方交往日深，爱情之种才会发芽、开花和结果。此外，建立良好的互动关系还需要你给予对方独立的思考空间和活动空间，不要改造和干涉对方你觉得不妥的行为，因为不是所有事情都是按照你的理解发展的。值得一提的是，有时候，即使是一些小细节也能让对方在心里为你加分，如记住对方的喜好、重要节日送上祝福或者小礼物，这都能让对方感受到你的真诚和关怀。

31.3.3 寻找共同的兴趣和活动

当你有了心仪的对象后，要主动了解对方的兴趣爱好并尝试参与其中，因为共同的爱好能让你们加深了解，从而在日后的相处中有更多的共同语言。同时，通过发现彼此的共同爱好，可以找到一起分享的领域，从而以亲密战友的身份探索生活的乐趣，调节生活的压力。除了共同的兴趣爱好，也可以通过共同的活动增进你们之间的联系，从而产生一些依赖的情愫和真正的情谊。此外，参与共同的活动还可以让你们有更多的相处机会，提高双方的亲密程度，从而使两人逐渐产生爱情的火花和精神上的契合。

31.3.4 注意言行与内心一致

在与心仪对象交往时，不要夸大或者掩饰自己的情感，更不要说一套做一套，或者表达出与内心真实感受不符的话语，一旦日后被对方洞察，你们的关系就可能戛然而止。相反，当你真诚地表达自己的想法和感受时，对方一定能感受到你的真实和自然，反而会更加信任你，同时减少误解和猜测，从而建立更加稳定的关系。言行与内心一致还意味着要保持一致的行为和态度，不要在对方面前隐藏自己的真实想法，在掩饰过程中反而会暴露自己更多的缺点。试想，你在追求心仪对象时表现得非常体贴和关心，但平时对其他人漠不关心，对方就会产生疑惑，甚至会觉得你背后的动机不良，从而在相处的道路上渐行渐远。

31.3.5 舒适的关心和真诚的关爱

在追求心仪对象时，舒适的关心是非常重要的。如果总是一天到晚不分场合过度关心而且约束对方的行为，那么会让对方感受到压力和无所适从，从而丧失更多深入交流的机会，使对方故意疏远你。在现实情境中，你可以通过一些小举动表达对对方的关心，比如，在合适的节日送一份小礼物给对方，在寒暄中主动询问对方的近况，在闲聊中关心对方的身体和情绪，或者主动为对方提供帮助和支持，这样能让对方感受到你的真诚和善意，同时能表现出你对对方的重视。需要注意的是，在表示关心和关注时，要把握适度的原则，不要过于热情或者过于依赖对方，以免给对方造成困扰或压力，同时要保持适度的距离，让对方有足够的空间和时间回应，一旦超过这个度，就会让对方感到有压力，甚至产生反感。

31.3.6 在坚持自我中寻找共鸣

追求爱情是美好的，但不能为了追求心仪的对象丧失人格，失去生活的平衡深陷情网不能自拔，甚至为了迎合对方一味地卑微依附，造成自己生活和精神上的混乱，如果是这样，那么恋爱不谈也罢。因此，研究生在谈恋爱时一定要保持自我人格的独立，以合适的节拍与心仪对象交往，建立更加平等健康的关系，使彼此在交往的过程中琴瑟和鸣。此外，当你有事业和生活追求时，就能够与对方分享你的成长和经历，就能够不完全依赖对方，从而实现具有各自人格特点和舒适节拍的和谐发展。

粉丝留言：

想追一个女生，感觉对方都不记得我的样子、名字，怎么让女生对我有印象并产生好感，怎么提高自己的恋商呢？

老丁心语：

第一，提升自身的形象。无论是大学生还是研究生，要想让另外一个人记得你，一般情况下是始于颜值，陷于才华，忠于人品。始于颜值意味着男生尤其理工男需要注意个人形象，最起码不能太邋遢，要有青春的气息。现在的研究生喜欢追求个性，但要有基本的形象，穿戴要干净整洁，甚至可以稍微讲究一点。总之，要提升自身的形象。

第二，需要具备一些才艺。只要你有一些才艺技能，抓住一些展现的机会，就能吸引一些女生的关注，给心中的她留下深刻的印象。如果男生具备一些运动特长，如游泳、打篮球、健身等，是非常加分的。此外，男生在谈吐方面要表现得落落大方，因为开朗阳光的男生也能获得女生的青睐。俗话说，"女追男隔层纱，男追女隔座山"，所以，男生要有一些拿得出手的才艺，说不定就被一些钟情的女生看上了。

第三，创造产生关系的通道。如果两个人同处一个班级或同一所学校，那么可以通过学习产生联系，途径之一就是通过写作业产生联系。如果你的作业水平一般，可以向对方请教问题或者让对方帮助你解决作业上的难题，从而建立联系并以答谢的方式进一步发展；如果你缺少实验材料等，那么可以以此为理由来寻求对方帮助，通过好借好还的方式，创造更多的接触和交流机会。你需要找准合适的机会，加上联系方式，之后就可以利用闲暇时间增进彼此的认识。此外，还有很多社交方式可以建立恋爱的通道。

第四，要有一些外围借力。从外围借力是指男生可以从与女生关系较为密切的好友出发，先了解女生的兴趣爱好和所需所求，如她爱吃什么、有什么兴趣爱好等，与她的外围产生关系。这样，你就可以从外围慢慢渗透，再创造一些邂逅的机会打探一些内部消息。如此一来，你就可以有针对性地提升自己，从而为深入交流打下基础。另外，要善于抓住一些重要活动的机会，如聚会聚餐等，在共同交流的过程中展现你的闪光点，进而和她产生共同的话题。

32. 研究生结婚生子的注意事项

随着社会对年青一代学历要求的提高和大学生婚恋观的自由，越来越多大学生在准备考研或者进入准研究生阶段时开始考虑是否要在攻读学位期间结婚和生子，以平衡学业、事业和家庭的关系，从而真正活出年青一代属于自己的人生。不可否认，很多研究生在攻读学位期间不仅顺利完成了学业，而且在学习的过程中举办了婚礼、生育了小孩。然而，多数研究者认为，研究生阶段虽然有婚恋自由，但如果投入恋爱、婚姻的时间过长甚至需要承担照顾孩子的重任，就很难平衡好学业和家庭的关系。因而，在“研究生是否能结婚生子”这个话题上，大家的观点差异还是很大的。从现实情况来看，理工科研究生需要投入大量的时间进行科研实验和论文写作，结婚生子势必会影响学业的推进和科研的攻关。延毕或者不能毕业会使很多导师头疼不已，因为浪费了太多前期投入成本和宝贵的科研材料，因此，很多理工科研究生导师不建议研究生在学生阶段生孩子，但结婚是可以接受的。然而，不了解研究生培养机制的普通大众认为研究生有权利选择自己的生活方式，只有有了爱情的滋润和婚姻的保障才能为枯燥的研究生生活带来更多的成长空间，激励研究生更加努力地追求学业和科研上进。诚然，每个研究生都有自己的婚恋态度和情感理念，只要不违背公序良俗，就可以根据自身情况做决定，但一定要协调好学业和家庭的关系。

32.1 导师做不了研究生结婚的主

一般情况下，研究生导师的职责主要集中在学术指导和科研技能训练方面，不会过多干涉学生的个人生活，因而结婚、生子等个人生活大事不是导师能左右的。然而，结婚要求研究生平衡好学业成长和家庭生活的关系。研究生如果因此陷入不断处理私人事件的泥潭，那么必然会难以集中精力投入研究工作。因此，研究生在做出结婚等重大决定之前，一定要和导师进行沟通。值得一提的是，虽然导师可以给研究生提供具体的规划意见，但不能强制其做决定，因此，研究生在读研期间是否步入婚姻，要综合考虑多方面因素做出决定。

32.1.1　要充分了解自己的学业情况

研究生步入婚姻意味着将面临新的家庭责任和角色，需要扛起照顾配偶、处理家庭事务的担子，原本应用于学业的时间可能会被家庭琐事占据。如果研究生自身的学业正面临着巨大的挑战甚至连毕业都极为困难，那么此时选择婚姻一定是充满困扰和压力的，必将与自己期待的幸福美满生活相去甚远。因此，研究生在决定结婚前要对自己的学术目标和职业规划有一个清晰的认知，充分理顺学业成长和家庭责任之间的关系，并考虑是否有足够的时间和精力兼顾学业与家庭。

32.1.2　要充分考虑自身的经济状况

经济状况是研究生开启一段具有质量和安全感的婚姻生活的基础，也是两个人长久生活在一起必须考虑的物质保障。如果研究生尤其是男生在婚前的经济状况不足以承担起买房、购车、养育子女等家庭经济责任，那么两人在婚后因为经济问题产生的分歧会让彼此身心俱疲。因此，研究生只有在经济独立和稳定的基础上步入婚姻，才能追求美好的未来，迎来爱情、婚姻、学业与事业等的多丰收。

32.1.3　要充分尊重双方的家庭意见

上点年纪的人都清楚地意识到结婚不仅是两个人的你情我愿，还是两个家庭的相互结合，因此研究生在考虑是否结婚时一定要征询双方家庭的意见。只有对双方家庭充分了解并充分尊重父辈的意见，才能更好地理解双方家庭的婚姻期望，做出合理的权衡和调整，为日后和谐婚姻关系的建立奠定基础。同时，研究生充分了解双方家庭状况能帮助其更好地了解对方的价值观等，只有这样才能避免日后因观念不同发生争吵。

32.1.4　要考虑学校和导师对待学生结婚的态度

如果学校和导师对结婚持开放的态度并对学生婚后给予照顾，甚至给学生提供更多灵活的学业安排和支持措施，如住房安排、劳务补助或津贴等，使其更好地平衡学业和家庭生活，那么研究生便有顺利毕业的保障。如果学校和导师对结婚持保守态度，甚至一部分导师对学生结婚表示抗拒，那么对研究生的学业会产生一定的压力和限制，进而导致各种师生矛盾、课题纠纷和家庭矛盾等。因此，在决定结婚前，研究生应充分了解学校和导师对结婚的态度，以便做出更明智的决策。

由于研究生阶段学生通常会面临繁重的学术研究任务，选择结婚意味着要承担更多的家庭责任，必然会对学术的投入和产出产生一定的影响，进而影响学业攻关和家庭责任。因此，计划步入婚姻的研究生应该认真评估自己的情况，考虑自身的时间管理能力、抗压能力、家庭支持度等因素，并根据自己的情况做出明智的决策。总之，无论研究生结婚后是一心以学术为主，还是选择兼顾学业和家庭，都必须充分利用时间和资源为自己的职业目标努力奋斗。

32.2　生子的事应该和导师沟通

生孩子是一个可以改变人生节奏与未来规划的重大决策，照顾孩子需要付出极大的精力，还要投入母爱的关怀、父爱的责任和父辈的“隔辈亲”等无形的爱意，因此会使研究生“三点一线”的生活变为复杂的社会关系应对。对于研究生而言，学生身份的特殊性使这个问题显得更加复杂，因此生孩子这项重大人生决定需要更加慎重地考虑，并与导师进行充分的沟通以征求导师的同意，从而避免日后出现各种学业问题和家庭矛盾。导师是研究生在学校期间的重要指导者，不仅要关注学生的学术进展和研究成果，还要时刻关心学生的生活状态和人生选择，因此，导师害怕学生生孩子会对学术投入、成果达成以及生活轨迹产生不利影响。俗话说，“事先预防胜过事后治疗”，研究生在决定生孩子前一定要与自己的导师进行沟通以了解导师的态度、顾虑和担忧，最理想的结果是导师能为你提前安排一些事宜并给出一些措施，只有这样才能为自己的决策做出更明智的选择。

32.2.1　要考虑自己的学科属性

不同学科的特点和要求会给研究生生育带来不同的影响，例如，理工科研究生往往要进行大量的实验和数据分析工作，需要消耗大量的时间和精力，生孩子会造成时间投入不充分等不利影响；文科类研究生时间与空间相对自由，只要研究生有充分的时间与导师进行精细化沟通，是有可能完成学业任务并顺利毕业的。因此，研究生在考虑生孩子之前，要充分了解自己学科的属性，评估自己是否有足够的时间和精力兼顾科研与家庭的需求，预判各种情况并提出解决方案。另外，不同学科的竞争压力也不同，如理工科对研究生的科研成果和论文有较高要求，因而对研究生的身体素养、抗压能力和成果产出有更高的要求；土木、机械等学科更加注重实践经验和专业技能的培养，需要有长时间的实习实践，而要平衡好学业和结婚生子的关系也需要付出大量的时间和精力。从上述简单列举可知，不同学科研究生的生活状态可谓有天壤之别，因此，研究生需要明确自己的职业规划，并根据学科特点判断是否适合在研究生期间生育，不要因为错估了形势和利弊失去了美好的人生旅程。

32.2.2 要评估个人情况和家庭情况

在决定生育一个孩子之前，研究生作为肩负家庭责任的个体一定要充分考虑自身是否具备足够的经济条件，如能否承担孩子抚养、教育和医疗等方面的支出，能否给予爱人足够的家庭关怀等。因此，研究生只有在确保家庭有稳定经济收入的基础上，才能在繁忙的科研工作中为孩子提供一个良好的成长环境。同时，养育孩子需要大量的时间和精力，这要求研究生有良好的时间管理能力和组织能力，确保自己既能完成学业任务又能给予孩子足够的关爱和陪伴，否则很容易陷入“两头忙，两头慌，两头凉”的被动局面。此外，研究生还要考虑是否有家人、朋友帮助照顾孩子，来回在家庭和学校中奔波，来回在导师和爱人面前解释，往往会使自己筋疲力尽。

32.2.3 要考虑个人目标和价值观

结婚生子是个人情感需求和家庭责任的外在表现，因此研究生在决定这些人生大事之前需要对职业规划等进行充分论证，从而为幸福的生活提供保障。无论做出哪种选择，研究生都要明确自己人生目标和阶段性目标的优先级，并做好相应的准备和规划以确保能够平衡好学业和家庭生活。预则立，不预则废。研究生只有明确了个人目标和价值观，做足了前期的结婚生子准备或者谋划了更合理的婚后生活和事业发展，才能为日后的家庭关系提供支撑。总之，家庭的和谐与稳定对研究生的个人成长和学术研究至关重要，研究生在决定生孩子之前，不仅要与导师进行充分的沟通，还要综合考虑自身的学业情况、家庭责任和目标，只有这样才能实现个人和职业的双重发展。

32.3 该话题被热议的原因

大多数研究生的学习生活充实而繁重，在这个时候考虑结婚生子必然会分散精力，造成学业上的困扰和生活上的负担。一方面，结婚生子会给夫妻双方带来巨大的经济压力。另一方面，研究生承担的家庭责任会占用大量的时间和精力，进而挤占科研时间影响学习进度和科研状态，给原本需要投入长时间攻关学术难题的科研生活带来额外的压力。从现实层面来看，结婚生子的研究生不是很多，但“研究生时期能否结婚生子”的话题为何会被人们热议？丁老师认为，这主要牵涉以下几个问题。

32.3.1 研究生对自己的未来充满期望

由于研究生面临着学业和生活的巨大挑战与压力，很容易因协调不开各种压力陷入困顿、意志消沉、抗压力不强等状态，因此许多研究生渴望能从枯燥无味的生活中寻找到自己喜欢的人，盼望能在合适的时机与恋人步入婚姻殿堂，从而排解学业上的压力。也就是说，研究生同普通人一样有情感需求以及对家庭的渴望，也想享受婚姻生活的点滴温暖，其对爱与家庭的追求是不会被压抑的，这是他们渴望结婚生子的一个重要原因。

32.3.2 社会对于结婚生子的观念在不断改变

在过去的概念里，人们通常认为研究生只是一个在读学生而已，他们在学校里应该首先完成学业，在有了固定工作之后，才能考虑婚嫁的事，所以研究生应该毕业后再考虑成家。然而，随着社会对个人幸福感、家庭生活质量等方面的关注与民众对研究生结婚的认可度逐步上升，加之很多研究生开始注重自身的情感需要，很多研究生希望能在研究生阶段实现成家的梦想，不想错过最佳的婚育年龄。同时，新时代研究生已经开始关注个性解放、生活质量等多元价值观要素，他们既能客观看待结婚和生子对学业产生干扰的因素，也能理性思考自己的爱情走势和婚姻生活，认为婚姻和家庭不是与学业和事业发展相排斥的选择，而是相互促进的。

32.3.3 每一个研究生伴侣的情况不同

不少研究生的恋爱对象是在高中或大学阶段就确定了。大学毕业后，两人站在未来的岔路口可能做出了不同的选择，很容易“痛失好局”而“分道扬镳”。此外，生活轨迹的差异可能为恋爱中的两人增添许多不安定感和不确定性，如果提前确定未来的伴侣，建立稳定的家庭关系，那么婚后集中精力追求学业或者事业不失为一种选择。

综上所述，研究生能否结婚生子虽然一直是备受关注的话题，但因为每个人的情况不同而没有明确的答案。有些学生可能会在研究生阶段寻找自己的伴侣，并计划在适当的时候步入婚姻殿堂，且在职业规划和婚姻生活中取得更好的平衡。另一些学生更注重学业进步、科研提升和个人职业的长远谋划，将结婚和生子放在毕业之后，将重心放在学业任务和事业发展上，以减少冲突。无论选择何种道路，研究生都要根据自己的科研能力和家庭愿望等情况进行综合判断，以做出适合自己的决策。

33. 谈恋爱受伤的振作之道

研究生在攻读硕士学位期间，如果两人因为各种原因分手了，生活中就少了那个人的关怀和爱恋，可能久久不能释怀。可当爱情的甜蜜逐渐消散，留下伤痕累累的心和无法摆脱的抑郁情绪时，该如何是好？面对谈恋爱受伤或者分手后的痛苦不堪，很多人都感到迷茫无助，不知道如何走出过去的阴影和走入一段新感情，就如同自己被禁锢在爱情的黑暗隧道中，无法找回曾经的光和爱，也不知道隧道尽头的光和爱在哪里。但丁老师想说的是，恋爱的失败并不意味着生活的终结，你可以从失败中吸取教训，重新审视自己和他人，并寻找新的机会和可能性。当然，你要相信这句话："爱情是一段充满波折与挑战的旅程，这个过程注定不是一帆风顺的，应该做好爱人的心理准备和受伤后的无怨前行，而不是停留在不切实际的浪漫回顾和太过功利的婚姻向往中。"失恋的痛和伤是需要自己找解药的，因为每一次心灵的创伤都是爱情的考验，希望经过短暂的休整的你向着未来那份属于自己的良缘迈进。

33.1 受伤的心结该如何解

33.1.1 如果是人品问题，你问心无愧就可以

我们经常说，"大学过滤了'学渣'但过滤不了'人渣'，爱情能掩饰人的缺点但掩饰不了人的品行"。真正的爱情应建立在相互尊重与人品可靠的基础上，无论对方有多高的学历都无济于事。某脱口秀演员有这样的表达，"正常人遇到渣男，第一反应是不行，我得跑；恋爱脑遇到渣男，第一反应是我要拯救他"，这反映出一部分人在恋爱里面容易失去自己的心理底线。

丁老师认为，如果恋爱中发现对方人品不行，就不要相处下去了。**首先，恋爱并非生活的全部。**有些研究生还停留在大学阶段，向往一份浪漫的爱情

邂逅，幻想着心中的他 / 她的样貌，但要对恋爱对象多一些现实可贵品质的考察，选择一个人品可靠、懂得疼人的人携手走好人生下半程。**其次，反思之前的审美视角。**多数人在谈恋爱的时候，总是以“样貌”“气质”“品位”等词审视对方，忽略了对人性的考察，建议再次恋爱的时候不要总是“看对了眼神，遇到了对的人”，而应该“陷于才华，忠于人品”，让自己的慧眼真正看到人性的美。**最后，在反思中改进爱情观。**有些人总觉得“以后要当一个不婚主义者”“以后再也不和某种样貌的人或者某个星座的人谈恋爱了”，将自己的爱情局限于很小的范围。其实人生的路或短或长，我们要学会树立正确的爱情观和婚姻观，多发现生活中懂得感恩的人，多与善于发现真善美和照顾家庭、关爱朋友、奉献社会、心向光明的人相处。走走停停，兜兜转转，说不定就能碰到合适的人了。

33.1.2　如果是异地缺交流，那么还是爱得不够深

如今，异地恋几乎成了距离挑战、沟通障碍和感情考验的代表。当爱情面临地理上的隔阂时，不少人开始怀疑这份感情是否足够深厚，能否抵御空间的考验，甚至逐渐不相信对方。三年的研究生生涯在人生长河中不算太久，在异地恋关系维护方面也没有像真正工作在两地的人投入的成本大，所以，在真正相爱的人看来，研究生在求学方面的异地恋问题是可以通过彼此的心灵沟通、假期探访、日常交流解决的。

当恋爱双方出现问题时，请反思如下问题。**首先，彼此是真的相爱吗？**从古典爱情故事到泡沫爱情剧，真正相爱的人给我们带来了很多美好和浪漫。三年的研究生生活，如果对方真的爱你，那么不会因为距离的改变而改变，长距离的恋爱不是爱的缺失，而是对爱的考验，需要双方互相信任、理解以及支持。试想，如果两地分隔能让爱情消逝，那么这样的情感也许还不够成熟，还不足以承受生活的风风雨雨。**其次，你真的给对方空间了吗？**如果恋爱的双方足够包容，就不会因为对方有重要的事情不回电话而苦恼不已，不会因为对方没有办法经常陪在身边而无助，也不会因为对方疏忽你一时的感受而心存怨气。真正相爱的人，会给彼此行事的空间和边界，允许对方在不告知自己的情况下独立地处理某些事情，给对方足够自由空间的同时给予对方理解和认可。不是每段异地恋都有结果，但每段努力的异地恋都值得尊重，因为异地恋是一场马拉松，它不仅考验恋人间的忠诚和信任，更是对个人自

控力和情感稳定性的挑战。面对这样的挑战，你要认识到，爱情不仅是相守的温暖，更是分离时刻的坚守与期盼；要学会在孤独中成长，在思念中保持自我，只有真正理解并接受考验，才能让恋爱关系在时间的洗礼中越发坚固。**最后，你真的为对方做出贡献了吗？**异地恋的双方需要互相理解和倾力付出，因此在这份感情中必须有人多付出一些。如果恋爱中的一方经常感受不到对方给予的关爱和情感表达，抑或身边还有很多爱慕者，就会很容易怀疑这段感情，甚至会在心里特别疲惫的状态下寻求新一段恋爱。婚姻需要经营，恋爱也一样，不仅需要小礼物，还需要多陪伴，如果两个人仅仅是心里想着对方，没有任何物质表达和情绪价值，那么这种“空气”爱情很容易在忙碌的生活中失去原有的味道。

33.1.3 如果对方移情别恋了，就要庆幸已经分手

如果两个人的缘分已经走到尽头且对方不再是自己从前喜欢的模样，那么正视另一方的离开可能是一种释然和洒脱。然而，很多时候，对方悄悄地放弃这段感情，无疑会使你的内心受到沉重的打击，甚至怀疑自己的眼光。在失恋的痛苦中，隐藏着成长、启迪和蜕变的机会，你规避了一个与自己不契合的人生旅伴。你可以给自己时间哀伤失去的爱情，但要设定期限，不要无休止地自怜，从而失去下开启一段美好恋爱的动力。当你在成熟的道路上回望那段曾经令你心碎的恋情时，可能会意外地发现，自己竟然可以说出一声“谢谢”。因为，正是那段充满挑战的日子，塑造了一个强大、坚不可摧的你，从而让你有了面对各类挑战的勇气和动力。用一颗宁静而有力的心，迎接生活中的每一个转角，带着微笑面对每一个新的挑战。

33.1.4 如果“心不死”，就交给时间吧

“时间是最好的医生”，这句话虽是老生常谈，但它蕴含的真理是无可辩驳的。当你在情感的旋涡中挣扎时，总希望能立刻找到解药，让自己的痛苦瞬间消失。然而，心灵的创伤、难以释怀的情感和久久难以平息的怨气，不同于肉体的伤害和表层的创伤，它需要时间慢慢治愈，也需要时间慢慢地将其淡化。在时间前进的过程中，你没有了抱怨的动力、憎恨对方的心劲和不理解对方作为的苦思，也没有了之前带着“棱角”去伤人的锐气。释然和重新出发，并非临阵退缩或毫无原则的妥协，而是一种内心的蜕变，一种面对现实的深切洞察，一种对过往不再执着的超脱。达到此般心境诚然不易，但

这是人生道路上必须迈过的坎儿。你唯有松开紧握的情感纠葛，方能真正开启自我重塑的旅程，带着一颗勇敢无畏的心向前迈进。所以，如果你现在还忘不掉心里的那个人或那段经历，就交给时间吧，相信时间的力量，也相信自己的能力，终有一天你会发现，时间不仅抚平了你的伤痛，还带给了你成长的智慧，让你有了更强劲的动力迎接生命中的每一次挑战。

33.2 “为什么受伤的总是我”

33.2.1 真心对真心，不要过度自责

在爱的旅途中遭遇挫折，很多人都会感到痛苦、失落和不堪，陷入深深的自责，这样很容易形成心灵的重负，让自己过度沉浸在悲伤中。恋爱的双方应该是真心对真心的回应，而不是一方卑躬屈膝地忍让和过度依附，因为这样会使一味忍让或者过度依附的一方陷入心理负担，在受伤后难免抱怨“我做了那么多，为什么受伤的总是我”。面对情感的创伤，首先要做的是接受现实，因为失恋并不意味着你不够好，而是你的真心没有得到回馈和感应。每个人都有自己的长处和魅力，不应因为一段关系结束就否定自己。失恋后要学会宽恕自己并正视别人的选择，理解每个人都可能犯错，尊重彼此的成长，这是走出情感困境的第一步。分手后，给自己一段时间愈合伤口，不必急于寻找新的起点，因为盲目、仓促和混乱间的选择往往会陷入另一段感情旋涡。在这个过程中，失恋中的你要试着思考在这段关系中自己学到了什么，它如何塑造了现在的你，从而为下一段感情做好心理准备。成长总是伴随着疼痛，不经历风雨怎么见彩虹？所以说，每一次痛苦难忘的经历都是积累和修炼的过程，都是向更成熟、更理性的自己迈进的过程，也是蜕变和腾飞的开始。不要将过去的关系作为衡量新关系的标准，因为每段情感都是独一无二的，“别拿前任的尺量现任的腰”，否则会让你陷入对过往恋情的回忆。当你准备好了，愿意再次打开心扉时，记得保持真诚和开放的心态，因为遇到真爱后，你真心付出的同时对方也会真心对待你，不要遮遮掩掩和隐藏真实的自己，否则对方无法了解你内心真实的想法。

33.2.2 现实很无情，不要过于责怪自己

在恋爱中，我们都希望遇到对的人，但这个人能否出现在我们的生命中往往与时间、场合有关，因为现实中的恋爱走向受复杂因素的影响，甚至有

些因素是不可控制的。从未来的就业选择来看，研究生恋爱不仅要考虑爱情中的你侬我侬，还要考虑工作性质、就业城市、家庭关系等。因此，对方不爱你了，不仅是感性方面情感不合适，更是对现实因素的复杂考虑，甚至对婚姻生活的恐惧。即使有时候两人三观一致、在一起的感觉很好，如果彼此的成熟度、生活阶段或未来目标不同步，那么这段关系也可能难以为继。因为，受现实经济利益、家庭关系的束缚和职业目标的适配等复杂因素的影响，两人渐行渐远，忘记了恋爱中曾经美好的自己。这不是你的错，也不是对方的错，而是时机、场合和前进方向的综合影响。

人与人相处是一门艺术，不仅需要心理层面的付出，而且需要利益的支撑，因为研究生毕业后面临养家糊口、安家置业、子女教育等方方面面的事，空有情感价值而没有现实物质基础是很难让这段感情继续下去的。即使彼此曾经是最佳伴侣，随着时间的推移和工作的适应，恋爱双方的需求和愿望也会发生变化，需要在相处的过程中重新审视以往的爱情观。当一方无法适应另一方变化时，这段感情便可能产生裂痕，因为每个人都有追求幸福的权利，需要学会接受。

33.2.3 身体的伤可以治愈，心灵的伤需要勇气

在爱情的世界里，没有常胜将军，也没有永远的幸运儿，需要我们正视爱情创伤带给我们的痛。当你在倾注心血于一段自认为海枯石烂的爱情时，往往是付出全身力气的；当这段感情结束时，你会感觉身体被掏空，不敢相信这段感情就这么结束了。失去心爱的人而坠入过往的爱河的确让人身心疲惫，但如果你不理解父母的殷殷期盼和拳拳之爱，不理解亲朋好友对你的良苦用心，那么你曾经的远大志向到哪儿去了？所以，当你遇到爱情困境时，想静心逃避一段时间是可以的，但不能忘了自己作为社会一份子应尽的责任和义务。

身体之伤可以在父母、亲朋好友的陪伴下逐渐恢复，但心灵的创伤往往需要专业的心理医生或者给你生命力量的人慢慢治愈，不要让自己独自生活在“醉生梦死”“行尸走肉”的痛苦中。心灵的创伤是隐秘而深重的，人们因情感积压使回忆不断在脑海中重播，从而陷入难以自拔的状态。这种内心的挣扎虽不像身体上的伤口那样看得见、摸得着，却无时无刻不在侵蚀着你。“心塞”“扎心”“掏空”这些词语虽然带有戏谑的成分，却道出了失恋者的真

实感受，以及对过往的不甘。但是，失恋后真正勇敢的人是敢于面对这些负面情绪并逐渐调整自己的心态的，而不是一味逃避让自己陷入过去情感的泥潭。你需要认识到，每段关系的结束并不是对个人价值的否定，“你值得更好的”也不是一句安慰的话，而是一种力量和精神信仰。所以，丁老师希望你可以学会从失恋中吸取教训，有朝一日回首那些曾让你心碎的时刻，可以微笑着对自己说：“那是我成长的一部分。”

33.2.4 婚姻和爱情的是是非非说不清

分手后，许多人会沉浸在“为什么受伤的总是我”这样的疑问中，也有很多人陷入“说好一块儿结婚”的深入反思中，甚至对爱与不爱、爱情和婚姻产生了错误的认知。其实，爱情和婚姻之间虽有界限，但有时候清晰，有时候模糊，有时候是纠缠在一起的。爱情的世界，恋爱双方更多的是沉浸在“看对了眼”“确认过眼神”“彼此在一起感觉很好”的状态中，是一种两人在一起很般配、合得来的感觉，较少考虑家庭琐事、社会关系等复杂因素，甚至缺乏长远的规划。婚姻，往往被看作爱情的归宿，是一种责任和承诺，需要考虑现实利益和价值目标。它不仅是两个人的结合，更是两个家庭的联合。在婚姻中，爱情可能是基础，但更多的是相互扶持和共同生活的决心与责任心。相较于婚姻，爱情更为纯粹，它是两颗心的碰撞，是激情和浪漫的感觉追求。也就是说，爱情可以超越物质，超越常规，甚至超越时间和空间，让两个人愿意不问世事陷入没有约束的相处空间。如果爱情带有婚姻的目的，那么两个人的长久相处会受到各种考验。当婚姻带来的这些考验成为障碍时，爱情可能会变得脆弱，甚至破裂，让两个人都不想深入交往下去。

34. 研究生开启新恋情的心态

34.1 如何开启新恋情

34.1.1 你已经能够适应没有前任的日子了吗

在一段感情结束后，许多人都渴望重启自己的爱情之旅，因为生活的压力和责任需要自己继续前行，但是，在出发之前，你要郑重地问自己“我真的准备好迎接新的爱情了吗”“我真的不念过往了吗”，因为开启一段新的爱情航程，需要自己有“空杯”的状态和追求浪漫的勇气，否则新恋情还没有开始就会被前任的影子打败。适应没有前任的生活，是一个自我修复和成长的过程，它不仅需要时间和勇气，也需要自我坚持，因此当你在没有前任的日子里感到孤独和不安时，可能是在提示你需要更多的时间理解和消化过去。如果你适应了没有前任的日子，就意味着你已经拥有独立应对下一段恋情的勇气，这种独立不仅是崭新生活的开始，更是情感上的精神自足。如果你适应了没有前任的日子，你开始享受独处的时光，开始欣赏自己的独特。此外，开启新恋情不能急于求成或者随便找个恋人，而是要在价值观一致的前提下建立相互尊重的关系。丁老师相信，当你真正准备好时，新的爱情会在不经意间闯入你的生活。

34.1.2 你到底想要遇到怎样的恋人

在恋爱的世界里，我们常常听到“理想型”一词，甚至有人列出了自己理想对象的清单，包括身高、学历、性格、爱好等。在现实中，很多人往往很难匹配到“理想型”，即使是有“开封王婆”的撮合，也不一定能达到预期，因为现实的爱情不会按照剧本来，当你真正遇到那个心动的人时，那些条条框框可能会被冲得无影无踪，坚持过多的条条框框往往会让你失去有心动感觉的对象。也就是说，你可能会在意想不到的地方，遇到中意的人，然后一起走上一段充满期待且不可预知的旅程。死守那些条件，你可能错过那个能和你一起共渡难关的人，也可能错过有心动感觉的意中人。外貌确实是加分项，但随着时间的推移，你会发现那些能够陪你聊天到深夜，能够在你失落时给你肩膀的人，才是真正值得珍惜的。

34.1.3 不要盲目找替代者

分手后的情绪往往是复杂而微妙的，你可能会感到悲伤、愤怒、失落甚至解脱，因为情感的丢失或背叛往往会让人陷入一段迷失期，想快速结束上一段恋情而寻找下一份感情依托。在这个时候，有的人为了让自己早一点有情感归属，会寻求快速的解决方案缓解痛苦，如迅速开始新的恋情甚至“闪婚”，但这种做法只是一时的逃避，并不能真正帮助你走出情感的低谷，甚至再次让自己陷入情感纠葛。“换个人来爱”看似快速疗伤的方法，实际上可能会导致更多的问题，因为内心的情感所需很难快速契合。现实中，不是每一段感情都需要马上有个后来者，如果你没有给自己足够的时间去反思，就匆忙投入新的感情，很可能陷入相同的困境。被恋爱刺伤的你要有大格局，不要因一时的内心空虚去寻找下一个前任，而要给自己一段时间去沉淀、反省和成长，用崭新的自我迎接生命中真正的良缘。如果心里实在空虚，可以做一些一直想做却搁置的事，让自己在工作的踏实感、旅行的放松感和亲人的陪伴感中积累积极的情绪体验，从而以更加自信和从容的状态迎接下一次美好爱情的到来。丁老师希望你把分手当作学习和成长的机会，胸怀坦然地体味生活的美好，或许“蓦然回首，那人却在，灯火阑珊处”。

34.1.4 心静则静，心空则空，心顺则缘随

分手后，许多人会感到世界失去了色彩，爱听的音乐总不在调上，心中充满了迷茫、痛苦和不安，久久难以释怀。这个时候，保持内心的平静显得尤为重要，因为不安的状态、醉酒的心态和逃避的窘态往往让自己不能反思过往的是非对错，无法投入下一段感情中。心静则静，意味着你需要接受现实，而不是逃避或否认。分手是上一段恋爱的结束，并不代表失败，很多时候对方比你看得开，你没有必要陷入“自我迷失”的情感状态。心空则空，是指在分手后要懂得放下感情纠葛和爱恨情仇，让自己以“空杯”的状态迎

接另一段感情的到来，让过去的回忆随着关系的结束而过去。虽然这不是一件容易的事，但放下过往是向新感情迈进的第一步。正所谓“放得下的是包袱，放不下的是担子”，让回忆成为成长的一部分，就有了进入下一段爱情的“大胆”。心顺则缘随，意味着当你心态平和且积极面对新的情感时，新的缘分自然会随之而来。这里的“顺”是一种随遇而安的生活态度，不强求、不执着于某个特定的结果，让自己分手后有心态调整和自我成长的“道”，从而避免陷入失恋的痛苦，以平和的心态和正确的价值观应对未来的新情感。

34.2 保持随缘的心态

34.2.1 天天嘴上说不结婚的人，未必不结婚

无论是电视剧还是现实中的婚姻故事，天天嘴上说不结婚的人，在真正遇到让自己心仪的对象时，很容易发生转变，因此有人说“缘分天注定”“千里姻缘一线牵”，使“缘分”这个词总是被赋予神秘而又不可抗拒的色彩。不管怎样，当两个人因为某种看似偶然实则必然的力量走到一起时，我们往往会感叹：“这就是缘分吧！”缘分这东西，真的像那些天天嘴上嚷着“不结婚”的人所想的那样，是一种可以轻易摒弃的东西吗？非也。因为这些人中，有的可能是因为对婚姻的恐惧让自己在嘴上占些道理，有的可能是过分向往自由而不想让自己承担更多的责任，还有的可能是产生“理想主义对象”不存在的逃避感，但是，在他们内心深处，或许都有一个渴望被爱和给予爱的温暖角落，等真的缘分到来时就忘却了自己的条条框框。现实中，真正缘分到了的人不是嘴上嚷着抗拒就能决定的，两人在坠入爱河并产生相伴终身的感觉时，很容易下决心走入婚姻的殿堂。真正的爱情是两颗心的相互吸引和彼此靠近，需要的是双方共同经历风雨后的信任和担当，需要的是无论是顺境还是逆境都不放弃彼此的决心。所以，那些嘴上说着不结婚的人，在遇到那个让自己心动并愿意为之改变的人时，也会想要步入婚姻的殿堂。缘分不是简单等待，也不是随意放弃，而是一种积极寻找和勇敢追求。在这个过程中，你可能会受伤迷茫，但只要不失去对爱情的信念，相信总有一天会找到那个能携手一生的人。

34.2.2 天天想着结婚的人，未必做好了准备

在传统家庭关系和婚姻体制的影响下，很多没有做好准备的青年人在家

庭的压力下不得不想着结婚。殊不知，一个人没有做好准备，只是为了结婚而结婚，很容易迷失在家庭琐事的纠纷中。在这个快节奏的时代，恋爱仿佛成了一场速战速决的游戏，结婚似乎成了恋爱的终极目标，但这真的是你想要的吗？你追求的可能只是一种社会认同感，是一种“到了年龄就应该结婚”的无形压力。如此，你脑子里天天想着结婚而频繁相亲，反而忽视了恋爱中的彼此了解和成长。恋爱是两个人的事，结婚则是两个家庭的事。如果你没有与对方进行深入了解和相互磨合，就匆匆步入婚姻的殿堂，这样的“闪婚”很容易带来婚后生活的不和谐，让你不得不反思这段婚姻的是与非。如果你是经过亲友、媒婆、同事牵线形成的恋爱关系，那么一定要有一段相处时光，多一分对对方的信任考验，让自己找到真正欣赏对方的理由，在矛盾和摩擦中寻求共同的价值观，从而真正了解彼此的心之所向和情之所系。当然，结婚不是一件坏事，而是爱情的一种升华，是对未来生活的承诺，是双方共度此生的一种担当，但是，在天天想着结婚之前，不妨先问问自己“我真的准备好了吗”“我了解对方吗”“我们的价值观、生活习惯能和谐共处吗”等问题，如果答案是肯定的，那么结婚就是水到渠成，如果答案是否定的，那么不妨再给彼此一些时间适应。

34.2.3 天天说爱情和婚姻是一体的人，往往起起伏伏

在恋爱的甜蜜氛围中，很多人会说爱情和婚姻是一体的，殊不知恋爱双方往往会带着主观性思维向往婚姻的美好，而非真正了解对方的家庭责任、社会定位和心理所求。如果在恋爱的过程中，一方家庭主动提出了对另一方的考验并带着不满倾向，那么爱情和婚姻是一体的理念很容易发生动摇，很容易让你瞬间看清对方家庭的功利心，从而产生对这份爱情归属的不确定感。也就是说，带着婚姻想法憧憬爱情浪漫的人，在现实中往往伴随起伏不定的情感体验和反复协商的现实利益考验。这种起起伏伏的波动不仅考验双方的感情，更是对个人成长的挑战，因为一旦将爱情和婚姻合体考虑，就要衡量各种现实问题，还要考虑婚后双方的家庭关系和社会责任。如果你陷入爱情的罗曼蒂克主义，那么很难走进真正柴米油盐的婚后生活，很容易产生冲突和问题。当爱情走进婚姻时，它不再只是甜言蜜语和浪漫约会，而是涉及生活习惯、经济管理、亲子教育等实际问题，既考验着至死不渝的爱情观，也检验着生活情商和处世技巧。爱情和婚姻之间存在本质区别，爱情可以是自

由、潇洒和充满激情的，婚姻则需要更多的务实、责任和承诺，两者的结合必须牺牲一部分浪漫主义进入家庭的责任分工。如果你不能培养解决复杂问题的能力，那么婚后的生活可能会变得一塌糊涂。因此，准备步入婚姻殿堂的恋人需要认识到，婚姻不是爱情的终点，而是另一种形式的开始，它需要双方在恋爱时不断沟通协调，学会如何处理冲突和在平淡生活中发现乐趣。只有这样，才能更加从容地面对起起伏伏的人生之事。

综上所述，如果谈恋爱受伤了、抑郁了，该怎么办？丁老师认为，若是情感不和，我自坦然处之；若是误会重重，我以真诚化解；若是缘分已尽，我以微笑释怀。在这个过程中，丁老师希望你可以明白真正的强大不是无坚不摧，而是在受伤之后依然能够温柔以待，希望你可以在爱的旅途中学会坦然、真诚和释怀，最终收获一个更加成熟和坚韧的自己。

34.3 不恋爱结婚行不行

34.3.1 恋爱的事是随缘的

在现代社会中，不恋爱已经成为一种可选的生活方式，因为爱情的苦让人难以自拔，甚至让人陷入迷途，失去正确的人生观和价值观。有些人选择单身，不是因为恐惧或排斥爱情，而是因为他们更加重视个人的独立性和自我实现。在价值多元、青年人更注重个性化表达的今天，这种选择并非不行，关键在于是否符合个人的真实需求，因为每个人所处的环境不同，也不可能具有统一的模式。当然，不恋爱的人可能会面临一些挑战，如孤独和社会压力。希望你在面对这些挑战时，敢于坚持自己的选择并为自己的幸福负责，每个人都有权利按照自己的意愿生活，刻意迎合他人的期待往往会让自己进入不正确的生活轨道，也会让自己陷入精神失控状态。恋爱的事随缘，但这并不意味着每个人都必须经历恋爱，每个人都有自己的生命价值，不要陷入他人的爱情观。丁老师希望每个人根据自己的情况、动机、状态和愿望决定是否走进恋爱，而不是盲目地追随他人的脚步开始一场不属于自己的恋爱。

34.3.2 结婚的事是看自己的

在传统观念中，“男大当婚，女大当嫁”是大多数青年人需要考虑的人生大事。然而，根据硕士、博士研究生学历教育对学习成果的要求、职业发展的需求，很多研究生会考虑毕业后再结婚。一部分高级知识分子或者具有独立个性的人形成了“可以谈恋爱，不愿意结婚”的理念。此外，随着女性地位的提升、价值观的多元化，一些女性对婚姻看得不那么重要了。在这些理念和思潮的影响下，“不婚主义”悄然兴起并成为一些人的选择，但这一决定究竟是否可行，年轻人还需要从多个层面审视。首先，从经济层面考虑，单身人士或许意味着背负更少的经济负担。“不婚主义”者无须为婚礼、购房、买车、育儿等庞大的开销担忧，可以更自由地支配个人财产，追求以“我”为主的高品质生活。然而，缺乏伴侣可能在生活中缺乏相互扶持与经济共同体的安全感。其次，从社会层面考虑，单身人士或许缺乏在婚恋方面的共鸣。人是社会性动物，需要情感交流和陪伴以强化内心喜悦、排解心中烦忧。如果长时间处于情感的真空期，就会让人缺乏进入下一段感情的勇气和胆量。一段稳定的伴侣关系能提供情感支持、心理共鸣，缓解压力，从而让自己处于积极的情感体验中，很自然地处理生活的人与事、情与理、德与法等。最后，从情感层面考虑，单身人士需要在情感上寻求自我调适或通过其他社交渠道填补自己的情感空缺。值得一提的是，在某些传统文化中，结婚和生育被视为成年人的重要里程碑，单身人士可能会受到来自家庭和社会的压力，甚至将其排除在家族谱系之外，因此成年人选择结婚是一种融入社会关系的形式。不结婚的选择并非一概而论，它既有自由自在的优势，也伴随一定的风险和挑战，研究生需要根据自己的实际情况和价值追求，做出最适合自己的婚姻选择。

34.3.3 不结婚会影响日后的交际

对于单身人士来说，不结婚是一种自由的表现，是一种对传统婚姻观念的反击。然而，这一选择的背后隐藏复杂的社会和心理影响，因为在人际交往中，婚姻往往被视为一张入场券，不仅关联两个人的生活，更是融入特定社交圈的桥梁。也就是说，婚姻扩大了两个人的交际圈，让双方融入了更大的交际圈，也使双方以更加多样化的身份参与社会分工。在婚姻制度的影响下，“朋友介绍对象”是常见的社交活动，且已婚者往往在这个过程中扮演着“红娘”的角色，催促年轻人“快点结婚”以融入家族体系，因此产生了七大姑八大姨关心结婚的相关话题。在现实中，每逢过节的时候，“不婚主义”者都会发现自己在家族聚会场合中变得边缘化。然而，不结婚的选择反映了个人对自由和独立的追求，而不是仅仅为了扩大社交圈而结婚。因此，不结婚是否“行”，取决于个人的追求，而不是让自己处于不断应付他人的眼光和挑剔中。

35. 对没谈过恋爱的研究生的建议

研究生通过三年的学习要想获得硕士学位，需要在导师的引领下进行科研攻关，很多研究生为了完成毕业论文的撰写任务投入了大量时间在实验室忙科研、在办公场所忙论文，忽略了谈恋爱这一人生大事，在毕业回顾研究生生活时发出“都毕业了还没有谈过恋爱”的感慨。虽然研究生毕业标志着个人知识储备的累积和思维能力的成熟，也预示着向全面融入社会过渡，但并不意味着其美好婚姻生活即将到来。在即将毕业时，你可能觉得自己在情感领域没有任何进展而内心泛起阵阵忧愁，也可能发出没有主动开始一段恋爱的感慨，还可能提出未来我能否找到理想伴侣的疑问。这种感受蕴含对是否错失重要人生体验的困惑以及是否应当暂停前进步伐的思索，会让你沉浸在错失谈恋爱美好时光的哀叹中。然而，爱情这一复杂但美好的情感并不总是机械地遵从预设的时间表，它对个人的学历、经济状况或年龄并无先入为主的偏见，它有时会不声不响地降临，有时则需要在恰当的时空背景与合适的人之间寻找那份独特的共振。鉴于此，对于即将毕业但尚未经历爱情的研究生，丁老师认为无须因缺少这段经历而感到伤心，而应以开放和包容的心态迎接生活中的各种可能，因为无论是在职业发展还是在情感旅程中，生活总会以各种方式回报那些怀揣希望、无畏前行的人。

35.1　别着急，新生活就在眼前

研究生快毕业了还没有谈恋爱？别着急，新生活就在眼前。这不仅是一句安慰，更是一种对未来充满无限可能的展望，因为生命中的每一个阶段都有独特的价值和意义，那段充满了知识探索和自我成长的研究生生涯更是一份无价的财富。**首先，正视这份心态。**二十五六岁就必须谈恋爱吗？我们应该为没有谈过恋爱悲伤吗？其实大可不必，因为“年轻人就要谈恋爱”“老大不小就应该谈恋爱”是一种社会构建的规范，这种规范忽略了个体差异和个人选择的重要性，因为每个人的生活节奏都是独一无二的，你的感情生活不需要迎合他人的期待。**其次，恋爱要有自己的定义。**遇到对的人并与其谈恋爱是一个自然而然的过程，是两个心灵有感应的个体产生情感共鸣的结果，不是没有感情基础随随便便谈场恋爱，因为“毫无来由我爱你”“因为空虚我要谈一场恋爱”的行为往往得不到期望的美好，也会耽误双方的青春。因此，没必要为了追求恋爱而恋爱，更不应因此而感到悲伤，每个人都有自己的姻缘良机。相反，研究生应该将注意力集中在个人的成长上，无论是职业生涯还是兴趣爱好都是构建丰富内心世界的重要部分，也能为美好爱情的到来提供心灵层面的交流支撑。**最后，只有新生活才有新机缘。**研究生毕业后的你将拥有更多的自由探索未知的世界，在有职业或者财富的支撑后，你能在工作场所、社交环境中遇到更多机缘。此时，那个能与你心灵相通的另一半或许就会出现，你要在生活中多一分爱情期待，珍惜身边爱你的人或者寻觅自己的意中人，或许爱情就在不经意间降临。

35.2 别沮丧，且听老丁言

研究生快毕业了还没有谈恋爱，别沮丧，且听丁老师言。恋爱关系的建立是基于个人自愿的选择，不是评价你全面成长与发展的充分条件，也不是判断你社会适应能力的唯一标准。**首先，要认识爱情因人因境不同。**有的学生在大学期间或者研究生开学前就有过或者开始了恋爱，有的学生是在研究生科研探索的路上寻到了情投意合的人，有的学生则是在工作后遇到了合适的伴侣。由于每个人的生活场景、性格特点和为人处世方式不同，且生活经历、学习环境和工作节奏不一，研究生期间没有谈恋爱并不意味着情感生活的匮乏和没有吸引异性的魅力，只是每个人的节奏不同而已，因为恋爱作为一种情感体验需要缘分。**其次，恋爱不是必须完成的任务。**社会上存在各种关于“适婚年龄”或“恋爱经验”的刻板印象，但这些都不是衡量一个人成熟与否的标准，因为每个人对爱情对象的期待不同、对爱情憧憬和爱情归属的认同不一，你要有属于自己的爱情价值观和成熟的思维体系。成熟的标志是能够对自己的爱情生活有清晰的认识和规划、对婚姻问题有自己的见解并能做到对自己和他人负责。**再次，在职业技能的提升中吸引他人。**一个人如果有了社会价值并做出了重大的社会贡献，个人光环就会得到放大，爱情机遇和浪漫机缘或许很快就会来临。也就是说，专注个人的持续成长和自我提升不仅能增强未来情感交往中的自信，也能在提高魅力的同时使自己成为更具吸引力的伴侣。**最后，要以开放之心迎接未来。**爱情不是赛车的你追我赶，也不是混沌世界的随机安排，它不需要你当第一名取得胜利，也不需要你盲目比拼凑成一对搭档。在未找到合适的伴侣之前，不妨先享受单身的自由，阅读经典书籍让自己内心充盈起来，培养一项爱好让自己更热爱生活，出门旅游领略一些未曾感受过的风景，或许这些经历能在遇到浪漫情缘时为你提供莫大的支撑。

35.3　正确看待介绍的对象

研究生快毕业了还没有谈恋爱，别灰心，请正确看待介绍的对象，因为有时候相亲得来的那一位可能真的合了你的意，让你走上幸福的婚姻之旅。毕业后，你可能会通过朋友或家人的介绍遇见一些相亲对象，你不要不愿参与，因为不遇见潜在的朋友就不能遇到优质的相亲对象，也不能在自己设置条条框框后增加认识潜在伴侣的机会。**在这个过程中，最关键的是保持对自己清晰的认知。**在相亲的过程中，你要坚守自己的价值观和生活目标，不要因为外界的压力或急于脱单而草率地开展一段凑合的恋爱关系，也不要因为家庭施压进入自己不想要的婚姻。恋爱是两个相互欣赏、相互尊重的人之间的心灵配对，不是无人品认可、无共同价值的人之间的搭伙凑合。因此，你应该用平和的心态了解相亲对象，同时反思自己是否在这段互动中感到舒适和快乐。这些相识的经历不仅是找到伴侣的机会，更是自我成长的宝贵体验，而且在与不同的人交流时，你可以更加清楚地了解自己理想的伴侣类型。**在这个过程中，你一定要坚守“不将就”的原则。**不要因为内心孤独而降低对伴侣的期望，也不要因为内心焦虑而忽略那些与价值观不符的迹象。耐心等待是很重要的。**在这个过程中，你要知道爱情只是生活的一部分而非全部。**爱情固然重要且令人期待，但你的个人成就、职业发展、兴趣爱好以及与家人和朋友的关系同样重要，因为这些都会让你的生活丰富多彩且默默塑造一个完整的你。总之，不要因为爱情的不顺或者找不到理想的对象而过分伤心，而要有为社会贡献自身价值、融入社会主义伟大建设的自觉。

35.4 不妨主动出击一回

研究生快毕业了还没有谈恋爱，别难过，不妨主动出击一回。如果你曾暗自欣赏某个人却未曾迈出追求的步伐，那么在临近毕业时勇敢一次或许会有奇迹发生。主动出击不一定会成功，但它至少可以让你释怀且不留遗憾。这份勇气不仅关乎恋爱能否有机会，更是一种面对自我情感、冲破心理障碍的历练，它能教会你正视自己的感受，并去追求自己内心深处的愿景。这条道路可能会面临诸如被拒绝等挑战，但这些经验不仅能教会你如何在复杂的人际互动中进行有效的自我调节，还能增强你在逆境中保持坚韧的能力，为你应对各类生活挑战奠定坚实的心理基础。因此，请你不要害怕主动出击和失败，因为尝试会让你看到一份结果，会让你有所成长，也会让你更加珍惜愿意和你一起走过人生旅程的人。

最后，丁老师想说的是，生活可视为一幅徐徐展开的画卷，其本质不在于急速抵达既定的终点，而在于体验途中每一处独特的风景，因此你要正视谈恋爱给你带来的欢乐和痛苦，不要因情生恨、不要痴陷情网。丁老师始终认为，你的价值不是由恋爱状态定义的，而是取决于你如何活出真实的自己，如何在天地间寻求属于自己的价值。临近毕业还没谈恋爱的研究生不要悲伤，请以果敢的态度迈向崭新的生活，用热情与智慧积极面对并探索前路所有可能的机遇和挑战。

爱情的确能给人带来怦然心动的感觉，但美妙的爱情背后是日常的种种琐事，所以请女生不要总畅想花前月下的美好，也请男生不要天天想着制造浪漫，而应该在朴素的现实生活中，让相爱的两人感觉到关心关爱。生活是油盐酱醋的调和，如果一味陷入爱情的痴迷不理生活的琐碎，那么再美好的爱情都会灰飞烟灭。其实，打败爱情的可能是彼此的不真诚、不忠诚，也可能是婚姻里的琐事，希望看到文字的你多体谅爱人，必要时舍弃一些工作时间多和爱人说说贴心话，有时候静静地守候也是一种陪伴。

粉丝留言：

感觉自己在研究生阶段忙于科研且社交圈很小，如何才能扩大自己的社交圈？

老丁心语：

老丁依据对研究生社交环境的观察，提出了几个扩大社交圈的策略。

一是参与饭局。在参与由导师或同学组织的非正式饭局中，你有机会通过与他人的互动培养深层次的人际关系。这种饭局不仅是一次聚餐活动，更是一种潜在的社交机会，能让参与者在轻松的氛围下通过共享美食、交流思想、分享经历等增进了解。

二是参加 KTV 活动。尽管在某些传统观念中，KTV 活动可能未被视为典型的正统社交形式，但其提供了一个独特的社交平台，允许个人通过展示歌唱才能吸引异性的关注。因此，KTV 活动不仅是一种娱乐方式，更是一种潜在的社交策略，能通过歌声的魅力，在异性心中留下深刻印象。

三是参加联谊活动。无论是研究生会组织的，还是其他形式的联谊活动，都是建立新关系的良好契机，这些活动提供的平台可以让大家在专业或学术领域搭建起新的桥梁。此外，联欢会等集体活动也有助于扩大社交圈，让参与者在轻松愉快的氛围中结识来自不同背景的人，从而使其扩大社交网络、增强社交能力。

四是提供帮助。拥有一技之长并在他人需要时提供帮助，实际上是一种社会互助行为。通过个人的专业技能不仅能为他人解决问题，也能在互助的过程中建立信任。相信在这样的互助关系中，研究生能显著提高自我价值感和社会认同感。

五是由导师牵线。许多导师会通过策划多样化的聚会和活动，为研究生创造有益的交流机会。这不仅使研究生得以融入新的社交圈，还提供了与各领域专业人士交流的契机，极大地提高了其建立新人际关系的可能性。

六是经朋友介绍。研究生阶段由于学术和科研压力，生活圈子可能会相对较窄，经朋友介绍不失为一种扩大社交范围的途径。所以，不要轻易拒绝这些机会，因为在由朋友牵引的社交场合，很可能会遇到具有相同兴趣和爱好的同伴。

七是保持同学联系。想寻求情感生活的发展，不妨考虑与高中、大学时期的同窗好友保持联系。在忙碌的学术生涯中，通过与友人的交流可以缓解研究压力，更有可能因彼此的深入了解擦出爱情的火花。高中、大学时期建立的友谊基础坚实，共同的回忆和价值观可能为恋爱的萌生提供土壤。

36. 研究生应对孤独的方法

相较于本科阶段，研究生阶段的社交活动及社交人群相对单一，通常仅与同门和室友进行交流和接触，多数时间常常是自己一个人沉浸在科研与生活的学术空间中，因此会感到孤独。首先，研究生阶段的学术压力较大且对科研成果要求较高，通常需要在有限的时间内完成大量研究工作和学术论文，这种较高强度的工作负荷使部分研究生没有足够的时间和精力与他人社交。其次，在研究生阶段，传统意义上只管学习的学生进入科研初期，但不是做具体工作的教师或研究员，这种身份的过渡和自我认同的缺乏可能导致研究生孤独。最后，研究生往往需要到陌生的城市攻读学位，社交圈子和环境的转变可能使其一时间无所适从。综上所述，研究生的孤独感不仅涉及心理层面，还受所处社会环境、学术环境以及就业压力等多重因素影响。因此，只有找出研究生产生孤独感的原因，才能制定出更好的应对方法和策略，最终使生活更加充实、愉快。

36.1　学习方式不同

研究生阶段的学习领域更加专一且学习内容更加专业，加之毕业论文的要求和科研任务的压力，研究生不得不舍弃很多社交活动以适应静心研究的氛围和承担重大科研难题的责任，因此学习方式也需要相应调整和改进。

36.1.1　研究生的学习方式更加自主

学生在本科阶段的学习方法主要依赖课堂教学和教师的实习指导，学习内容相对固定，作业也多是小组合作讨论的形式。在研究生阶段则需要制订个人学习计划，并根据研究需要进行深度学习以掌握专业领域的前沿知识。

值得一提的是，这种自主学习的方式虽然培养了研究生的自我管理能力，并且提高了其独立开展科学研究的能力，但使其在科研求索道路上显得更加孤单。

36.1.2 研究生的学业要求更加严格

学生在研究生阶段不仅要完成规定的课程学习，还要撰写并发表具有创新性的学术论文，这就要求研究生具备严谨的实验设计和数据分析能力，同时学会论文写作的基本要求与投稿技能。学术论文的撰写一般包括选题、文献综述、研究设计、数据收集与分析、结果讨论和结论等环节，需要研究生投入足够多的时间进行科研训练和学术攻坚。在本科阶段，学校基本通过课堂作业和期末考试评估学生的学习水平，学术要求相对较低且深度和广度有限，因此学习环境较为轻松且学业要求较为宽松。

36.1.3 研究生的实践经验更加丰富

大学生的科研机会和学术锻炼都较为有限，科研创新活动主要限于课堂实验和短期实习，研究性实践内容较为基础且实践经验的积累相对较少。研究生需要参与各类科研项目和实验室创新性分析工作，通过实践积累研究经验和实验技能，不仅可以直接将理论知识应用于实际问题，还可以从一线的科研活动中提高自身的实践能力和创新能力。此外，研究生还能参与各种学术会议，在会议上与其他学者交流学术思想，接受同行的建议，不断改进自己的研究工作。

36.1.4 研究生的学习时间更加灵活

学生在大学阶段的学习时间安排相对固定且主要按照课程表进行，从事集中性科研的时间较少，且对资源的利用相对单一，主要依赖课堂教学和教材。相比较而言，在研究生阶段学生能自由安排学习时间，灵活调整学习计划和研究进度，并且选择适合自己的学习节奏；可以利用的科研资源更加丰富，不仅包括图书馆提供的书籍、期刊、数据库等丰富的学术资源，还包括实验室采购的最新学术期刊、研究成果以及各类专业的电子数字库。此外，实验室还为研究生提供了先进的实验设备和技术支持，可以让研究生在实验室中积累实践经验，为产生创新性研究成果奠定基础。

36.2　研究生为何显得孤寂

从学生的创新能力培养和潜能激发来看，研究生教育作为高等教育的高级阶段，不仅是学生学术水平和研究能力的提升期，更是学生迈向职业生涯的重要转折点，因此学生在研究生阶段投入创新性活动的时间较之前更集中且效率更高，静心思考和沉浸科研的时间更多。同时，相较于本科阶段，学生在研究生阶段还面临着学术压力、社会环境、学术环境、个人心理因素等多方挑战，显得更加沉稳和孤寂。

36.2.1　学术压力是研究生产生孤寂感的重要原因

一般而言，研究生阶段对学术成果的要求远高于大学阶段，需要学生在导师的引领下产生创新性成果，这就使得研究生不仅要完成大量的课程学习，还要进行深入的科学研究并撰写高水平的学术论文。这种学术任务使得研究生的时间安排非常紧凑，需要他们花费大量时间在实验室或研究室学习，因而参与社交活动和娱乐活动的时间明显减少。此外，研究生的科研项目通常需要他们独立进行，包括静心思考、设计实验、收集数据和分析结果，这些繁重的科研任务进一步增加了研究生的压力。

36.2.2　社会环境是研究生产生孤寂感的重要因素

学生在大学阶段通常生活在一个相对稳定和熟悉的环境中，且校园会经常开展各种班级活动、社团活动和课外实践等，这些活动为大学生提供了丰富的社交机会，使其与同学之间有着密切的联系。然而，进入研究生阶段的学生常常需要前往新的城市或国家进行学习和研究，而这种环境变化要求他们重新适应和建立新的社交圈，因此容易感到孤独、无助和彷徨。

36.2.3　学术环境是研究生产生孤寂感的外在环境

学生在本科阶段主要通过课堂学习获取知识，在课上可以积极发言与教师交流，在课下可以与同学一同参加各种类型的社团活动和竞赛活动，交流人群较为广泛且学习氛围较为活跃。学生在研究生阶段的学习更加注重自主学习和独立研究，这使他们需要更加专注学术研究，减少了与他人日常的交流。

36.2.4　心理因素是研究生产生孤寂感的内在原因

一些研究生由于性格内向或社交能力较弱，在进入一个新环境后难以主动建立社交关系，从而产生孤独感，甚至觉得科研氛围存在某些压力。研究生阶段的学生年龄相对较大，往往面临职业发展和未来规划的压力，这使其更倾向于独自面对问题，减少了很多与陌生人的无效社交。与本科阶段相比，研究生在心理上虽然更加成熟稳重，但也更加敏感脆弱，需要独自面对更大的不确定性和挑战。

这种孤寂感不仅可能影响研究生的心理健康，还会对他们的学习效率和学术表现产生不利影响，因此，如何有效地应对孤寂感，成为研究生亟须解决的问题。

首先，培养属于自己的爱好。广泛的兴趣爱好不仅能丰富研究生的业余生活，还能为其提供一个释放压力、放松心情的途径，从而为疏导科研压力和建立健康的社交关系提供支撑。例如，研究生适当参与体育运动，不仅能强身健体，还能结识志同道合的朋友；通过阅读、绘画、听音乐等艺术活动，能提升审美情趣、开阔视野并陶冶情操，在丰富的兴趣爱好中找到属于自己的快乐，从而有效减轻读研阶段的孤寂感。

其次，积极参加学术活动。研究生参加学术交流不仅能拓宽学术视野、提升学术水平并结识更多的同行和专家，而且能在会议上与他人分享研究成果、交流学术心得，还能碰撞出科研创新方面的思想火花。此外，学校和学院也会组织各种形式的学术沙龙活动，如学术论坛、创新研讨会和科技作品大赛等，研究生可以积极参与其中并积极展示自己取得的研究成果，通过结交不同专业、不同研究方向的新朋友扩大自己的圈层。

再次，主动进行心理辅导。孤寂感往往伴随焦虑、抑郁等负面情绪，使研究生陷入被动、消极的状态，从而影响其科研状态和学术成果产出。如果研究生的不良情绪得不到及时疏导和调节，就可能会对其心理健康造成严重影响，甚至影响其从事科研的心境。因此，研究生在遇到心理问题时，一定要主动寻求专业老师的帮助，通过专业的心理咨询剖析内心的真实感受并给出应对策略。

最后，积极寻求社会支持。家庭、朋友和导师是研究生重要的社会支持系统，他们可以在研究生感到孤寂时提供情感上的支持和帮助，为其提供经验和心理疏导方法。一方面，研究生可以与家人和朋友保持密切的联系，通过电话、视频等分享自己的生活和学习情况，并倾诉自己的烦恼和困惑，寻求对方的理解和支持。另一方面，研究生可以与导师保持良好的沟通，寻求导师的指导和帮助，让导师排忧解难或给出解决方法，因为导师很多时候是将研究生作为自己的孩子培养和对待的，其不仅是研究生学术上的引路人，也是研究生生活中的良师益友。

36.3 宿舍关系不够亲近

研究生宿舍的室友是学校随机分配的，因此不同方向课题组的同学大概率会被分到一间宿舍，然而不同研究领域、不同作息以及不同学术圈子的几个人，相处起来不似大学阶段同班室友那样亲密，研究生在面对保持一定界限的室友时，往往会感叹宿舍生活缺乏心理认同上的亲近感，一时间难以适应。

36.3.1 学术压力和时间管理不同

研究生通常面临繁重的科研任务，长时间的实验、文献阅读以及论文写作占据了其大部分时间，使其难以投入过多精力在与舍友互动上，这就使得宿舍生活更加匆忙和疏离。

36.3.2 生活习惯和学术聚焦不同

研究生宿舍通常会聚了来自不同研究领域、不同文化背景的学生，他们在生活习惯、兴趣爱好和交流方式上存在较大差异，这虽然能丰富个人的社交网络，但增加了相互理解和融入的难度。此外，来自不同地区的研究生，在饮食习惯、作息时间、宗教信仰等方面可能存在显著差异，而这些差异可能成为彼此之间缺乏深入交流的另一个原因。此外，来自不同研究领域的研究生由于研究方向和学术兴趣点的差异，可能缺少共同话题，从而出现情感疏远的情况。

36.3.3 网络交流与现代科技的影响

随着数字化时代的发展，研究生越来越依赖社交媒体交流，这在一定程度上替代了传统的面对面互动，也在一定程度上减少了彼此间深入交流的机会。宿舍成员即便住在同一个屋檐下，也更倾向于通过手机和现代社交媒体与自己的朋友交流，这就减少了与室友面对面沟通的机会。也就是说，现代科技的便利性和即时性使研究生更倾向于通过社交网络、即时通信工具等进行交流，这种在一定程度上减少了真实情感的交流。

36.3.4 心理需求和情感需求的转变

研究生阶段正是青年向成年过渡的重要时期，面临学业、职业和个人发展的多重压力，这种压力使得研究生在宿舍生活中更倾向于寻求个人空间，而非依赖宿舍成员的各种情感支持。此外，许多研究生由于科研工作的压力和不确定性，容易产生焦虑、压力等负面情绪，从而减少了与舍友的交流和互动，而增加了与课题组成员的交流。随着研究生的年龄和阅历逐渐增长，其在处理人际关系时更倾向于用理性和务实的方法，这也使他们在宿舍生活中难以像本科生那样轻松自在地建立各种关系。

36.4 要有属于自己的节奏

由于学生在研究生阶段承受着一定的学术压力并适应着学者科研“闯关”般的生活节奏，如果研究生科研不顺或者产出的成果不能顺利被期刊接受，那么这种孤独感不仅影响研究的学术表现，也会对其心理健康和意志力产生负面影响。因此，如何在这个阶段找到属于自己的节奏、养成良好的习惯并充实地度过每一天，是每个研究生都需要认真思考和努力践行的。

36.4.1 制订合理的时间管理计划

学生在研究生阶段的学术任务较重且科研事务较多，往往需要投入足够多的时间进行科研训练、师生相处和论文写作等，也需要他们有系统的时间管理意识和规划应对能力。如果没有时间管理意识和规划应对能力，研究生就会处于一种盲目应对的状态，在工作效率低下的时候往往会精气神不佳且孤独感加重。因此，研究生需要制订详细的时间表，把每天的学习、研究和休息时间安排得合理、有序，从而更好地掌控自己的生活以减少无序和拖延带来的孤独感。可以说，研究生主动制定合理的时间表可以减轻科研压力、提高科研效率，在繁忙的生活中找到属于自己的节奏，从而保持心理的平衡和稳定。

36.4.2 积极参与学术和社交活动

如前文所述，如果研究生局限于与同门的相处中，就会经常忽视与他人的交流和互动，从而加剧读研期间的孤独感。因此，研究生在校期间一方面应主动参与各类学术会议、讲座和研讨会，拓宽自己的学术视野并扩大自己的交际范围；另一方面应积极参与社团活动、兴趣小组和体育运动，让自己在情感上获得满足感和归属感。

36.4.3 主动培养健康的生活方式

研究生在高强度的学术压力下容易忽视身体健康，在忙于做实验、不规律的饮食和忘我写作的过程中心情易于低沉，在身体疲惫和心理压力较大的环境下容易加剧自身的孤独感。因此，研究生应养成规律作息和健康的生活方式，保证充足的睡眠、均衡的营养并定期进行体育锻炼，这样不仅有助于保持良好的身体状态，还有助于提高学习效率，在繁忙的学术生活中保持充沛的精力和良好的情绪。

36.4.4 设定明确的学术和个人目标

研究生阶段的学习往往需要长期的努力和坚持，因此设定明确的短期目标和长期目标，可以帮助研究生在漫长的学术旅程中保持动力和方向感。也就是说，研究生可以将大目标分解为一个个小目标，在逐步实现这些小目标的过程中获得成就感和充实感，从而让自己有坚持的动力。

36.4.5 保持乐观的生活和学习态度

研究生阶段的学术和生活挑战会给一部分研究生带来压力和困惑，但若能保持积极的心态和乐观的态度，就能轻松应对这些挑战。因此，研究生应学会接受和面对压力并找到合理宣泄情绪的出口，通过积极的思维、向上的状态将压力转化为动力，保持对学术和生活的热情和信心。

粉丝留言：

我刚进入研究生阶段，入学之后我发现自己非常不适应导师的性格、周围的社交环境以及学习的节奏，感到非常孤独，不知道接下来该怎么应对。

老丁心语：

老丁给大家四个方面的建议。

第一，调整自己的心态和学习方法。学生在本科阶段的学习任务相对明确和具体，但进入研究生阶段后学习的自主性和难度显著提高，要求研究生具备自主学习能力和科研创新能力。因此，研究生可以通过参加各种学术讲座和研讨会，主动向导师、前辈和师兄师姐请教，拓宽自己的学术视野，丰富自己的知识储备，从而逐步适应研究生阶段的学术要求。

第二，调整自己的生活习惯和方式。许多研究生在离开熟悉的家庭和校园进入一个全新的环境后，面对陌生的人际关系和生活方式会产生一定的心理压力与不适应感，这种不适感是很常见的，不必因为一时的不适应苛责自己，但是，研究生应积极调整自己的学习方式、生活习惯以尽快融入新的环境，通过参加各种校园活动、学术活动和联谊活动建立新的社交关系，从而缓解生活环境变化带来的不适感。

第三，调整自己的期望和目标。研究生在入学前往往对自己的学术成就和职业生涯有着较高的期望，但这种高期望如果与自己的科研水平不相匹配，就可能带来心理压力和挫败感。因此，研究生应根据自身的实际情况和科研能力合理设定目标和期望并逐步实现。在此过程中，研究生应保持积极的心态接受和面对各类挫折与挑战，通过不断努力和学习提升自己的综合素质与能力，从而逐步适应研究生生活以取得更大成绩。

第四，学会管理自己的时间和精力。研究生阶段的学术任务和生活压力往往较大，因此研究生应学会合理分配自己的时间和精力，以保证学习、科研和生活的平衡。具体而言，一方面，研究生可以通过制订详细的时间管理计划安排好每天的学习、研究和休息时间，从而提高学习和科研的效率，以减少无效劳动；另一方面，研究生应保持健康的生活习惯和规律的生活节奏，在保证充足的睡眠和营养条件下定期进行适当的体育锻炼，从而缓解自身的学术压力和心理压力，并保持良好的身心状态。